一九世紀の豪農・名望家と地域社会

福澤徹三　著

思文閣出版

〔図表目次〕

第3章

一九世紀の豪農・名望家と地域社会

序　章　本書の課題と構成

一　問題の所在

本書は一九世紀の豪農・名望家と地域社会の関係を、上位権力（領主など）や都市と取り結ぶ関係にも留意しながら総合的に検討する。これによって、近世・近代移行期の特質を解明するための地域社会論の提起を目指すものである。近世と近代にまたがる時期を対象としているので、関連する研究史を個別に検討していく必要があろう。以下では、研究史の整理をおこないながら、このような課題を設定した理由を論じていきたい。

とりあげる対象地域として、畿内・信濃の二地域を設定した。この両地域は、従来の先行研究では、それぞれ先進地域・中間地帯と呼ばれ対照的な地域とされてきた。そのような区分に批判はなされているものの、生産力の観点からすれば差異があることもまた事実といえよう(1)。異なる地域において、同時代の同一課題を追究して共通性と差異から知見を得ることは、時代の特質を捉える上で重要と考える。したがって、本論文では一九世紀の畿内・信濃の二地域を分析対象として設定する。

1　世直し状況論から地域社会論への展開過程

(1)　六〇年代末〜七〇年代の世直し状況論とその批判

佐々木潤之介によって提起された世直し状況論は、地主制論・階級闘争論・幕藩制国家論を組み込んだ「総合型」の議論であり、個別の批判は展開されているものの、全面的に乗り越えられているとはいえない研究状況にある。したがって、この内容の検討から始めなければならない。[2][3]

佐々木の世直し状況論は次のようなものである。宝暦・天明期からの商品経済の浸透によって階層分解が進展し、豪農と半プロレタリアート（半プロ）が非和解的な関係として析出されてくる。豪農とは、村役人にして村方地主および高利貸商人としての三側面をもつ。開港以降深刻化する社会情勢の中、半プロを指導して社会変革を成し遂げる歴史的役割を果たすべきであった豪農は、その変革主体としての役割を果たすことができなかった。その理由は、政治には直接参加しない兵農分離制と、年貢収奪の重みを直接には感じさせにくい石高制によるとされた。明治二年（一八六九）以降、明治政府による大規模豪農の編成がおこなわれ、中小豪農は没落の危機に瀕することとなった。このような豪農は、地租改正反対一揆、自由民権運動を闘っていく、と見通している。[4]

この世直し状況論には、以下のような批判が出されることになった。[5]①豪農の政治的役割を過小に評価し過ぎている、②豪農の規模の別を明治になって急に理論に組み入れるのはおかしい、③村落共同体が十分議論に組み込まれていない、④幕末期の豪農の負のイメージと自由民権運動を担う豪農とがつながってこない、⑤世直しの担い手は半プロではなく（没落しつつある）小生産者ではないか、といった五点が重要であろう。そして、⑤をのぞく批判点は、そのまま、八〇〜九〇年代の研究史を形作ることになった。

（2）八〇〜九〇年代の諸研究

A　政治的役割の研究

この分野の研究を推進してきたのは久留島浩[6]、藪田貫[7]、平川新[8]の三氏である。久留島は、甲州と備中の幕領組合村を対象として、村々が組合を作り定期的に寄合をおこない惣代庄屋・郡中惣代を立てて行政を請ける広域行政の内容や、重層的に徴収・支出される組合村入用の在り方を明らかにし、これを「公共性」と位置づけて豪農が果たした政治的役割を重視した。藪田は、畿内における村々の訴願活動（国訴）において取り結ばれる「頼み証文」を国訴惣代制と定義し、「代議制の前期的形態」を見出した。平川は、近世社会のタテの関係よりもヨコの関係に着目するとして、地域社会を諸利益集団が群立する社会としてとらえ、「民衆」は訴願をおこない、時には政策自体を「献策」することによって政治に参加していた、とする。このような空間を平川は「公共圏」、地域を牽引する存在を地域リーダーとして現在も持論を発展させている[9]。

これらの研究は、世直し状況論では見落とされざるを得なかった豪農の政治的役割を明らかにした点で大変重要な成果といえよう。しかしながら、社会構造分析との接点を切り落としてしまっており、それまで蓄積されていた膨大な社会構造研究や階層構造の分析などと整合性を取りにくい研究状況となってしまった。また、訴願する「民衆」がどのような階層的利害を背景としているのかという疑問から、豪農層と小前層とを区分して分析すべきとの批判もなされている[10]。しかしながら、この二点の批判に対してこれらの論者は積極的な対応を示してはいない。

B　社会的権力論の潮流

次に、佐々木の議論を引継ぎながらも、豪農の社会的編成を問題とする立場からの研究に吉田伸之による社会的権力論の提起[11]がある。都市史研究者の吉田は、佐々木の村方地主論を再評価したうえで、①在地社会の構成要素として、社会的権力、小農共同体、「日用」的要素の三つをあげることができ、この要素によって構造化された単位社会を地域とする、②社会的権力とは、村方地主＝村役人層であると同時に、広領域におよぶ社会を一定の社会秩序・社会構造の下へと定位せしめるヘゲモニー主体であり、③一九世紀以降は、在地社会における商人・高利貸資本の具現者たる豪農（社会的権力）と「日用」的要素が激しく対立するにいたる、④この構造は、都市社会における構造ときわめて相似的な相貌を呈する、とする。この吉田の問題提起は、地域社会論の研究に大きな影響を与えているが、その影響とその後の議論の進展は、（3）の①と②で検討する。

C　村落共同体研究

この分野の研究を推進してきたのは、神谷智[12]、白川部達夫[13]、大塚英二[14]、渡辺尚志[15]の四氏である。神谷と白川部、落合延孝[16]は、たとえ土地が質流れとなっても質置人側に請戻し権が残っているという無年季的質地請戻し慣行の研究を進め、その請戻し権原が検地帳名請・百姓株式・イエの相続のうち、どれを根拠とするのかについて論争がなされた。また、大塚は、有力農民が借金を返済できない場合におこなわれる分散について、そこでは村内だけでなく領主・組合村などの関与も重要であった点を明らかにし、さらに村役人の融通機能を金融センターと位置づけ融通と高利貸の定義づけを図った（後述）。渡辺は、村落共同体の本質が土地所有の問題であるとしてこれを追究し、従来入会地などに限るとされていた村落共同体の土地への関与が個別百姓の高請地にまで及ぶことを明らかにした。これは、割地制・質地請戻し慣行・他村への土地移動の防止・村借・村追放にみられる村落共同体の耕地に関する関与から、近世においては、村落共同体の意志で、個別農民の耕地所持権の制限、ひいては否定までなされることを間接的共同所持と定義したものである。

以上のような研究成果は、戦後歴史学が村共同体＝村社会が有する強制の側面を重視し、それによって個別経営＝小農が自由な創意を持って生産を進めていくことが不可能になっている点・停滞性を問題にしていたのに対し、個別経営を村共同体が保証していく自律的な規制として捉えなおし積極的に評価していこうという座標軸の転換をともなっていた。このように、村落社会をどのように評価するのか、という価値観をも問題にしていたので、村落共同体内部だけではなく、分散や村借の分析では地域にまでその視野を広げている。

このように、村社会の本質とその評価基準をも問題にしてきたこれらの諸研究の成果は、地域社会論のなかでも積極的に取り入れていくべきだが、A・Bの研究ではそれが生かされているとはいえない。これらの研究成果を地域社会の分析に生かしていく手掛かりとして渡辺の提起した豪農類型論がある。[17] 幕末期の豪農層の動向を、①自村を飛び出して政局に身を投じ、「草莽の志士」として尊王攘夷運動に奔走した「草莽の志士」型豪農、②活動の基盤を村に置き、自己の経営発展の不可欠の前提として一般農民層の経営の維持・安定、村落共同体の再編を重視する在村型豪農Ⅰ（村との共生志向型豪農）、③自己の経営拡大、利益追求が中心目的である在村型豪農Ⅱ（自己経営最優先型豪農）、に分けた類型化は、幕末期の豪農層の政治的活動を村落共同体との関係を基準に位置づけた点で重要である。地域社会における豪農の活動を評価する際の基準として、それが村落共同体および一般農民層の経営に役立つ行動であったか否かという点は、最も重要だと考える。

（3）　最近の主要な研究動向①

八〇～九〇年代の諸研究の中で政治的役割の研究の系統（（2）のA）の最近の成果として山﨑善弘による播磨国三枝家の分析があげられよう。[18] 山﨑は久留島や藪田の研究を自治的運営の研究に留まっており、領主支配の展開の中に有機的に中間支配機構が位置づけられていない、と問題を提起する。そして、同国の地域的公共性を問題にし、惣代庄屋は中小豪農が就任し村に捉え返される傾向が強く、農民的論理に従って「百姓成立」を追求したのに対し、巨大豪農は「取締役」に就任し領主的論理に従って「百姓成立」を保証した、とする。そしてこのような巨大豪農は、政治的ヘゲモニーと軍事的ヘゲモニーのみ掌握し経済的ヘゲモニーの掌握を企図する武士により編成された存在、としている。

しかしながら、Aに対して長らくなされてきた批判（社会構造との接点がない等）は全く顧みられておらず、この点については問題を積み残したまま、といえよう。また、巨大豪農と中小豪農という類型化は、岩田浩太郎の類型化と類似し（後述）、岩田は政治的側面の検討もおこなっているのに、それについて言及がないのは理解に苦しむ。ただし、豪農の経営規模が地域での政治的役割に区分をもたらしている、という見解には留意しておきたい。

次に、社会的権力論の系統（(2)のB）の研究成果として町田哲のものがあげられる。[19] 町田は、村落社会の固有性を裏付けている所有対象となる土地の「自然的条件」と、集落・村役人・家・座・講などに具現化した組織や社会関係を村落という場に即して統一的に把握し（村落の内部構造分析）、それをもとに、社会的権力や、彼と生産・生活・労働の諸側面で関係を取り結ばざるをえない人々の社会秩序＝地域社会構造の解明を課題としている。そして、対象となる村の用水と耕地形態の把握などに基づき、村落構造、村内小集落の分析をおこなっている。

町田の研究は書名（『近世和泉の地域社会構造』）にあるとおり構造の把握には成功しているものの、その構造を動かしていく要因の分析を欠いている点が残念である。序章で吉田の社会的権力論を評価しながら、肝心の社会的権力＝磁極である豪農自体の分析を欠落させており（終章では今後の課題としている）、吉田の理論的提起の受け止めとしても難点がある。

また、信濃をフィールドとして、社会的権力論に関しての問題提起をおこなったものに、多和田雅保の研究がある。北信地方の米穀流通の実態とその担い手、市場構造をつぶさに明らかにした氏の研究からは多くを学ぶことができるが、地域社会論としての「おわりに」での提言は、先行研究に対しての言及が十分でなく、唐突感が否めない。しかしながら、氏が明らかにした穀屋の実態からは、特に天保期以降の北信地方の里方では、相当な財力が豪農の手元に蓄積されていると考えられる。本書ではその成果を十分にくみ取っていくことは難しいが、今後氏の明らかにした流通構造と担い手の実態と、本書で明らかにする金融活動との関係を検討していくことは、重要な課題であると受け止めておきたい[20]。

そして、最近の研究潮流でも独自の位置を占めるものに平野哲也の研究がある[21]。平野は、下野国芳賀郡をフィールドに、主穀生産地域と戦国時代の宇都宮崩れによる武士層の土着によって、主従関係を持った武士がそのまま開発名主として在地に定着するという地域特性に留意しながら、百姓の生業を地域資源の活用という観点から幅広く分析した。また、一八世紀中期以降のいわゆる「関東農村荒廃論」に対して、米価・日雇い賃・肥料価格の関係と百姓の動向を跡付け、「荒廃」を百姓の積極的な市場対応・戦略が生み出した、結果としての耕地荒廃、離農行動だった、とする。そして、従来の研究史では名子・被官などと同様の隷属民とされていた前地と前地主の関係を役割の分担とし、その協同面を重視した見解を打ち出した。

平野の研究は、地域特性や生業のさまざまな在り方をつまびらかにした点で評価できるものである。また「荒廃論」に対する批判・論証も一定の説得力はあるものの、百姓が離農することがそれほど簡単な問題なのかといった批判や[22]、他地域（天草など）で幕末にいたっても土地から離れた無高層が土地の取り戻しを要求している事例も多くあることから、全面的に受け入れるわけにはいかない[23]。また、たとえば文化六年に改築された綱川家の母屋は周辺地域のなかで他を凌駕して聳立する壮大な建物であった、というように、前地と前地主（豪農）の関係を融和的に捉えすぎている点を問題にしたい。なにゆえ、このようなことを可能にする富が蓄積されたのであろうか。この点に関して、平野はもう一つの事例で岡田家が一八世紀後半、百姓の離農・離村の進行とともに、自家の農業経営規模を縮小させていくことを、村方地主の経営・生活は、さまざまな場面で小百姓と協同しなければ立ち行かず、反対に、村社会の安定・向上の条件が整えば自家経営の安定・向上も実現できた、と評価する。

しかし、この点について説得的に主張するためには、これらの豪農・地主の経営状況をつまびらかに分析したうえで、前地・小百姓との関係を位置づけなければならない。端的にいえば、平野の成果は、これまでの研究史の偏りを修正はしたものの、豪農と前地・小百姓との関係を融和的に捉え過ぎているのである。

以上四氏の研究成果は、個別には重要な論点を提起しており評価できる点も多いが、不足しているのは豪農の経済・経営面への立ち入った分析である。次に、この点をも視野にいれた研究成果を検討していこう。

（4）最近の主要な研究動向②

まずは、信州松本藩の大庄屋・組を分析対象とした志村洋による研究があげられる(24)。志村は、政治的役割を強調する研究潮流（(2)のA）を「民主的」「自治的」な地域運営制度が発展するイメージが強いと批判し、このような地域運営が、いかなる社会的・経済的構造のもと、どういった人間たちの階層的利害に基づいてなされていたのか、なおも検討の余地があるとし、これまでのイメージが非領国地域を対象としてつくられていたことから藩領国地域を対象とした。その分析にあたっては、組内を里郷・山中・町に分けたうえで、山中地域の経済的衰退がおこる一八世紀半ばに、大庄屋の就任者が町の者へと勢力交代が進み、さらに天保末年に町の経済的に最上位な豪農＝大庄屋中心の体制が、中小豪農による政治的主導に変化した、とする。志村は、経済的ヘゲモニーと政治的ヘゲモニーの分裂を明らかにし、豪農のヘゲモニーを政治的位相と経済的位相にわけて分析することを提起した(25)。

志村の成果は、経済構造の変化と大庄屋就任者との関連を明らかにした点と、従来の非領国地域を中心とした中間層の地域運営のイメージの転換を図った点で評価できるが、経済構造の変化の要因と、大庄屋（大豪農）と天保末年以降政治的ヘゲモニーを握る庄屋との関係を経営面から明らかにしたとはいえない。

このような志村の方向性を追究したものに、岩田浩太郎による研究成果がある[26]。岩田は、羽州村山郡の大規模豪農堀米家を対象に、佐々木の「社会的編成」論と吉田の「社会的権力論」の発展を図った[27]。岩田は地域的特質に基づいて豪農を政治的ヘゲモニーと経済的ヘゲモニーとに腑分けし、大規模豪農の経営と地域経済、地域社会の関係を追究した。経営面では、地主の小作人再編、近隣と遠隔地域で異なる金融活動の実態、全国紅花市場に対応する荷主的機能（商人）などを明らかにした上で、中小豪農への金融が商品の仕入れなどの面で欠かせない、生きた回転資金として機能していた点なども明らかにした。また、同家が政治的にも隠然とした影響力を発揮し、居村の高抜地を一挙に取得する側面や、小作人の意向を強く反映した郷中組合村の要求を拒否していく点を論じた。幕末の堀米家は地主組合を結成し、この時までに形成された大規模豪農を核とする豪農商間の社会経済関係が明治期の地方行政・勧業を推進した、と近代までの見通しを示した。

岩田の所論は以下の点で評価できるだろう。①経営を真正面から、それもすべての経営部門を詳細に分析し、その関連をも明らかにしたこと、②経営・経済の分析を基礎に、政治面の分析をもおこない、その関連を追究したこと、③近世から近代までの展望を示していること、の三点である。一方では、④編成の側面を重視しすぎており（岩田は、大規模豪農が、中小豪農や小前層の「同意を調達した存在」として定義）、中小豪農・小前層などの立場に立った分析がなされていない[28]、⑤安政元年の不良債権の整理では、優良な貸付先で巨額の焦げ付きが発生し回収に苦しんでいる様子が論じられているが、どうして「同意を調達」した存在である堀米家が、出訴に及んでも回収が果たされないのか、その理由が判然としない、という二点を指摘できよう。④の問題点は、吉田の理論的枠組み、つまり社会的権力が広領域におよぶ社会を一定の社会秩序・社会構造の下へと定位せしめるヘゲモニー主体である、とした定義に起因することが明らかであろう。吉田の理論的枠組みでは、中小豪農や小前層がはじめから「定位せしめられた」存在として位置づけられているため、これらの者を主体として捉えることを理論面で放棄しているのである。

次に山崎圭の研究を検討していこう[29]。山崎は信州佐久郡幕領の郡中取締役の成立を問題にした。その前提として、幕末に郡中取締役に就任する阿部家の経営分析を主に金融面についておこない、その金融活動が寛政から文政期にかけてこの時期に展開した農間商いなどの諸経営に対して仕入金を貸し出す立場にあり、同家は地域社会の再生産に不可欠な金融上の中核として深く根を張っていた、とした。そして、天保期前後に地主経営へと比重を移し、安政期には一〇〇両を超える多額貸がほとんどとなった。阿部家のような所持高が一〇〇石を超える上層豪農は、文久期以降の治安状況の悪化にともない、組合村が過重な負担に耐えかねる状況の中で取締役に就任する。このように、幕末期には豪農が中間支配機構の中で大きく二つの系統（組合村系統と取締役系統）に位置して異なる機能を果たしており、その取締役系統（上層豪農）が明治期の伊那県商社につながっていった、との見通しを述べている。

山崎の分析は、中間支配機構の分析で新たな論点を提示したものの、取締役を務める豪農の経営分析とその他の豪農との間の関係を分析していない点で問題を残している。なお、近代への見通しの点では山﨑善弘、岩田と共通しているといえよう。

最後に、北河内の豪農樋口家の事例を分析した常松隆嗣をとりあげたい[30]。常松は、対象地域の構造、地主経営の内容と小作人の特徴、金融・酒造業を含めた経営全体の把握をおこない、天保末期から幕末期までの樋口家の経営を比較的安定したもの、と結論づけた。その上で、家格意識の高まりと政治意識の高まりを見いだすことができるとしながらも、物代庄屋としての政治的基盤と経営基盤とを重ね合わせてみると、重なり合わない部分のほうが大きく（経営基盤のほうが政治的基盤よりも狭い）、樋口家にとっての地域社会はさほどの広がりを見せない、とする。そして、より広域的な問題に対しては物代庄屋・郡中物代を務める野口家が存在したこともあり、政治的意識は持ちつつも、それを自ら具体化していく意識は希薄で、関心はむしろ自家の経営安定・家格維持にあったと結論づけた。近代への展望としては、樋口家が北河内有数の地主として成長するのに対して、野口家は名望家への途を歩むとして、その淵源が近世期の両家の動向の中にある、としている。

このように、常松の研究は経営を真正面からとりあげることにより、経営活動における影響範囲と政治活動の影響範囲との地域のズレを明確にして議論を進めている点で重要な成果といえよう。今後、このような分析を、より規模の大きな豪農についておこない、近代までとおして実証していくことがより大きな成果に結びつくと考える。

2　関連する近代史研究の動向

（1）　名望家論の展開

七〇年代までの地主制史研究の成果を受けて[31]、八〇年代から名望家論[32]が展開されたので、それについて検討していきたい。

筒井正夫[33]は、戦前期天皇制国家の地域支配の構造と論理の検討を課題として設定する中で、従来の研究史を次のように批判した。大島太郎[34]らは天皇制国家の支配原理を中央集権的官僚制支配と末端社会における共同体支配の結合形態と捉えて、その支配構造を明らかにする点では多大な貢献をなしたが、資本主義の地域社会の編成替えのあり方との関連は不明確であった。そして有泉貞夫[35]による研究は、国家による財政資金・補助金散布による地域利益誘導策を、民党が藩閥政府との妥協を強いられ体制内化してゆく基底的要因とし、名望家層の同意獲得装置として政党の役割の重要性を明らかにしたと評価しつつも、民力休養から「積極主義」への転換を可能にさせた地域社会における経済的条件が明確にされていないと批判し、地域利益誘導は、名望家層の国家への取り込み策としては成功したものの中・下層民を統合する支配装置は別に必要であった、とした。
そして、明治二二年（一八八九）に東海道線が開通する御殿場地域を事例に、米・養蚕を中心とした生産力の向上→租税負担が可能になる→積極主義への転化、という道筋を解明し、このような変化が明治二七年の日清戦争前後で起きた、とした。そして、これらの地域利益の要求運動が鉄道開通という資本主義市場への一挙的編入によって促され、地域利益の地元還元＝寄生地主（一〇町歩以上）・名望家層、村落末端における農民の組織化＝在村耕作地主・自作層という役割分担と相互連繫というワンセットの支配（名望家支配）構造が確立された、と主張する。

このような筒井の仕事は、地域の経済構造の変化と生産力向上のレベルから積極主義への転化の背景を説明することに成功し、それを利益享受者である地主層の構造とも関連させて解明した点で大変優れているといえよう。一方で、在村地主などが担うとされている農会的な活動は実際には明治一〇年代から始まっており、そのような在地における主体的取組を同二〇年代における役割分担論で説明しきることには、疑問がある。これは、在村地主（中小豪農）の主体的活動への過小評価とも繫がっている。筒井は名望家による支配＝同意の調達、と考えて分析をおこなっており、それにより重要な成果を得たわけだが、在村地主（中小豪農）の立場に立った分析も必要であろう。また、奥村弘は行政村（すなわち近世の組合村などの遺産）の過小評価を問題にしている(36)。この二点は、筒井が明治二〇年代以降を分析対象としているため氏の議論には入っていないが、重要な問題であろう。

また、名望家の規模と政治的活動のあり方が対応する、という理解は、近世の岩田・山崎圭・山﨑善弘の評価と近似している。これに対して常松は、豪農の規模ではなく、近世期における政治動向によって近代の名望家の政治的活動は決まってくるとしており、筒井・岩田らとは異なる評価となっている。この点も重要な問題であろう。

名望家論については、筒井ののちのものとして高久嶺之介[37]と丑木幸男[38]の仕事がある。高久は『近代日本の地域社会と名望家』の第一章で滋賀県神崎郡の近江商人を輩出した村について分析しているが、「階層性の限界を強調することは、多くの名望家層が地域の振興に果たした役割をあるがまま正当に評価することを阻害する」との立場をとり、少なくともその第一章で対象とした地域では階層間の軋轢の事実は見えてこないとする。

高久の仕事は、名望家の政治活動への取組を詳細に明らかにした点で興味深いが、やはり階層性をほとんど問題にしない分析は違和感をおぼえる。また、軋轢を感じないとした対象の村は、村全体で出費する軒役のうち、本家・分家で半分を負担するほど裕福な名望家が活動した村でもあり、この事例を一般化してよいのか疑問も残る。

丑木は近世史研究と近代史研究の断絶が豪農と名望家に関する理解を混乱させる要因となっていると研究史の現状を問題とし、豪農と地方名望家の村落・地域社会における活動に視点を据えて、両時期を通じて分析することの重要性を説く。本書と重なる時期としては、上野国勢多郡の豪農星野家の近世中期から明治期にかけての経営動向と、明治期の生糸直輸出への取組を詳細に分析した。丑木の分析も詳細に直輸出への名望家の取組を明らかにした点で重要な成果であるが、地域住民が星野を政治的に支援していく理由が不明である。この点に関して「地域住民にとっても（中略）生糸直輸出を支えて利益を享受したからこそ、星野が七九年に県会議員」、さらに国会議員になるのを支援し当選させた、とあるがこの動向についての具体的分析を欠いているのが惜しまれる。丑木が、近世と近代を通じた分析の重要性を主張していることには賛成するが、豪農・名望家の活動を分析する際には、地域社会との経済的関係および政治的関係について、相互の関係を分析していく必要があるのである。

以上のように、名望家論の展開においては、高久や丑木の論考に学ぶ点も多いものの、筒井の成果をいかに乗り越えていくのか、といった点が課題になってこよう。

（2） 負債農民騒擾の研究成果

負債農民騒擾の研究成果は、鶴巻孝雄(39)と稲田雅洋(40)の研究が主なものとしてあげられる。

鶴巻は、従来の自由民権運動研究では独自の分析対象とはみなされていなかった武相困民党の運動を、近代社会成立期に特有な民衆運動と定義した。そして、まずは困民党の要求と行動に寄り添って分析を進める、との姿勢をとる。明治政府の私的所有権確立政策は、明治一七年（一八八四）の松方デフレ期を頂点として伝統的な民衆の正当性の観念（「百姓永続」「百姓相続」）と、証文通りの返済と身代限による処分も辞さないという酷薄な取り立てをおこなう金貸し業との対抗関係を顕在化させるとする。また、従来の自由民権運動研究では民権運動を担うプラスのイメージで語られることの多かった豪農層についても、意識的には民衆の要求に寄り添うというよりも、私的所有権の擁護という面では金貸し業に近い点で、従来の自由民権運動研究の豪農への評価を改める必要があるとした。稲田も、全国の困民党を網羅的に把握することを通じて、鶴巻とほぼ同様の主張をしている。

このような鶴巻・稲田の主張からも、（1）で検討してきた高久の階層性を重視しない議論は成り立たないのではないか、と思われる。そして、明治期の分析においては、文明化の進展とその受容の展開を階層ごとに把握する必要があることを負債農民騒擾研究は投げかけている。

また、明治期の困民党の運動は地域差が大きい。鶴巻が武相地域にこだわり抜いてこれらの成果を成し遂げたこともあわせ、各地域での研究の蓄積が重要になってこよう。また、近代の金貸し業が近世のどのような担い手・動向と連なるのかも課題である。たとえば、武相困民党の襲撃対象は村の豪農と八王子町の銀行が相手となっている。とすると、大塚英二のいう高利貸との連続性も検討対象となろう（後述）。

(3)地方自治体制研究の新展開

ここでは、松沢裕作の研究に触れておきたい(41)。松沢は「本書の立場」として、明治前期の制度的変化の段階性を明らかにすること、制度を諸個人が現実に取り結んでいる関係に規定されていると考える点と並んで、制度変容をもたらした具体的な要因として、有泉の地方利益論、鶴巻・稲田らの民衆運動論、奥村の地方制度論の三者の解明した事実の相互関係を検討し、整合的に位置づけられるような制度変容の説明を課題としている。そして、関東地方をフィールドに、組合村から大区小区制への移行、備荒貯蓄、勧業資金、連合戸長役場から行政村への移行を分析し、次のように結論づけた。

制度変容をもたらした危機は、村請制村における富のゼロ・サム的再分配の進行である。近世後期、領主身分集団は現実の御救主体としての能力を後退させてゆき、一方的かつ恒常的に貧者を救う義務を負うことになった富裕層は、新しい秩序に対する希求を持つにいたる。そして、明治中期に樹立された新しい制度＝ヘゲモニー関係の形成は、政治社会と市民社会の分離をもたらしたとする。先行研究との関係でいえば、奥村の指摘する社会編成の「地域団体化」は確かに存在したが、それは小農民の運動の論理と対抗関係にあり、この「小前的対抗」は鶴巻や稲田らの民衆運動史研究が指摘してきたところのものである。そして、有泉によって検出された「地方利益」は明治地方自治体制による「小前的対抗」の抑圧を前提として、はじめて成立する。

松沢の仕事は、移行期＝連続的イメージで語られがちであった地方自治研究に断絶的側面を新たな論理展開で主張したところに、重要な研究史上の意義がある。この点は、大きな評価を与えられるべきであろう。その際に、民衆運動史研究の成果を積極的に取り入れている点に着目したい。

一方で、明治地方自治制の形成に関する説明については整合的ではあるが、豪農層が富のゼロ・サム的再分配に倦んで、新たな体制を希求した、という結論はいかがであろうか。一九世紀前半から幕末にかけては、一方で階層分解が進行しつつも、人口が増大し、経済は好調で拡大する、というのが社会経済史のほぼ通説である。松沢のいうように、再分配をおこないながらも、なお豪農経営は堅調であったとしたならば、このような結論は実証をともなう必要がある。また、渡辺尚志のいう、村との共生指向型豪農をあげるまでもなく、近世社会においては美徳とされたこのような「再分配」的体制の解体が希求されたとするならば、この過程を内在的に明らかにしなければならない。

二　残された課題

第一節の検討を踏まえ、積み残されている現在の課題を、(1)地域社会論、(2)豪農論、(3)名望家論、(4)近代移行期論の四点に整理しておきたい。

(1)　地域社会論

前節の検討から、村落共同体研究の進展により、村自体についての本質的議論が深まり、通説化してきた意義は大きい。その諸機能の分析は引き続き重要であろうが、地域社会論のほうに残された課題は多い。

地域社会論研究は、豪農の政治的側面についての分析が進んでいる状況といえよう。そして、それを乗り越えていくための方法論の提示(政治的位相と経済的位相に区分して分析したうえで、統合をめざす)もなされている。したがって、豪農の経営分析をおこなったうえで、その後に政治的活動との関係を検討していく必要がある。それは、豪農の政治的活動を評価する基準として有効であり、欠くことのできない作業である。

この点から、岩田浩太郎の研究成果の到達点を乗り越えていくことが、現在もっとも重要な課題といえよう。そのためには、(岩田の定義に従うとするならば)大規模豪農の経営分析を主軸にしながら、中小豪農の経営分析を組み合わせて、その重層関係をそれぞれの経営分析のレベルから検討していく方法論が要請される。それとともに、岩田の分析の問題点である、上からの編成を強調する方法を相対化するために、中小豪農・小前層の立場からも分析したうえで、その結果を評価していく姿勢が必要である。

また、豪農が経営レベルで取り結ぶ諸関係の分析は、どうしても外延的に発展していった面を強調しがちである。そこで、豪農の影響力が及んだ範囲を明確にするため「圏」として概念設定することが有効と考える。そして、その圏の中での中小豪農・小前層との関係を先入観なく分析し評価する、という手続きを踏んでいきたい。

本書では、大規模豪農の経営レベルと中小豪農の経営レベルの分析を主におこなっていくことにする。

（2）　豪農論（金融論）

豪農の経済的側面（村方地主・高利貸し商人）の分析では、大塚英二による豪農の金融活動についての研究が問題を提起している。(42)

大塚は、「融通行為及び機能と高利貸しのそれとを、実態としてどのように区別して考えたらよいのか」という点に関して、融通を再生産の保証に不可欠であり、小農維持、村々防衛のために活用されるもの、高利貸しをそれ自体の利倍・増殖を追求するものとし、原理としては、前者を基本的に人格的関係に裏打ちされ、貸借関係にある両者は互いに他の経済状況（家株や家政状況、家族内労働力など）を熟知する関係、後者をそうした人格的関係を媒介しないものと位置づける。筆者は、このような区分では理解できない事例が畿内には広汎に展開していたのではないかと考えている。

この点については、社会学の研究成果である見田宗介の議論を念頭に置いている。(43)見田は、前近代社会において共同体の周囲に広がる国家や市場の役割を積極的に評価し、人格的関係から非人格的関係への単線的な発展史観を克服しようとしている。筆者も、近世社会における豪農が村外においておこなう金融活動には、人格的関係を色濃く残したものが展開するのではないか、という理論的想定をもとに分析をおこないたい。本書では、畿内の豪農の金融活動の分析を、このような観点からおこなっていくことにする。

（3）　名望家論

岩田は豪農堀米家の分析にあたって、日本近代史における地域支配構造論・名望家支配論などの議論からも示唆を得た、としている(44)。筒井の名望家論については、名望家の立場に立った分析だけではなく、中小地主自体の分析も必要であることを先述した。このような分析方法は、（1）で検討した地域社会論同様の方法になるだろう。つまり、名望家の経営分析を主軸にしながら、中小地主の経営分析をもあわせておこない、それを基礎に政治的活動にも分析の手を広げていく、ということである。本書ではこのうち、前者について考えていきたい。

（4）　近代移行期論（近世・近代移行期論）

佐々木の世直し状況論が提起されたときの近代史研究者の戸惑いは有名であろう。自由民権運動研究でプラスのイメージで捉えられていた豪農が、佐々木説では半プロと対抗する存在とされ、そのマイナスイメージとの整合性が問題とされたからである。

しかし、第一節のAで検討してきたように、豪農の政治的役割が評価されてくるにつれ、この研究潮流と自由民権運動研究を整合的に捉えることが可能となってきた（連続説）。一方、近世の村落共同体研究（第一節のC）と負債農民騒擾研究は、近世と近代の断絶面を強調する点で整合的である（断絶説）(45)。

この研究史整理は九〇年代に提唱されているものであるが、筆者は最近の研究潮流から、近世段階で規模の大きな豪農が近代の政治活動において名望家として地域において大きな役割を果たすという、近世と近代の連続面を強調する岩田と筒井の主張と、規模ではなく近世期における政治動向によって近代の名望家の政治的活動は決まってくるとする常松の主張との違いも重要な論点となってきているのではないか、と考えている。

また、落合延孝は連続説・断絶説が並び立つ状況を克服する術として、明治憲法体制が確立する明治二〇年代、三〇年代の史料まで近世史研究者が積極的に目を通し、分析していくことの重要性を説いており、筆者も同感である(46)。

したがって、近代移行期論を前進させていくためには、豪農・名望家の生業や営為を近世・近代を通じて、一九世紀論として分析を積み重ね論じていく必要があると考える。本書では、畿内の豪農金融について、この分析をおこなっていきたい。

三　本書の構成

本書の構成は以下のとおりである。

序章「本書の課題と構成」では、研究史を整理して問題の所在を明らかにするとともに、構成を示す。

第Ⅰ部「一九世紀の畿内における豪農金融の展開と地域社会状況」では、一九世紀を通じて生産力の先進地域であった河内国で展開した豪農の金融活動を分析する。

第一章「近世後期の畿内における豪農金融の展開と地域」では、河内国丹南郡岡村岡田家が数郡規模で展開した金融活動を分析し、岡田家の金融活動が地域において果たした役割を検討するとともに、領主・都市との関係も組み込んでその全体像を明らかにする。

第二章「畿内の無担保貸付への私的所有権確立の影響」では、第一章で検討した岡田家の金融活動が明治以降どのように展開したのか、同家が明治二七年（一八九四）に開設し同三四年に廃業した岡田銀行の活動まで含めて明らかにし、近世の金融慣行が、いつ、どのような変容を遂げたのかを論じる。

第三章「地域金融圏における地域経済維持の構造――中核的豪農と一般豪農の関係分析を中心に――」では、所持高約五〇石と岡田家よりは小振りで同家からの貸付も受けている豪農西山家の経営を地主経営・金融活動両面から分析し、第一章の分析とあわせ近世後期の畿内における金融構造を解明する。

第四章「幕末期河内の地域社会状況――棉作から米作への転換と慶応期の社会状況の関係――」では、棉作が注目されがちな畿内であるが、一九世紀は価格優位性から米作への転換期にあたり、そのことが地域社会にもたらした影響を丹南郡岡村において考察する。

補論「大坂本屋・正本屋利兵衛の「武鑑」「在方本」の出版活動」では、岡田家文書に残された一冊の「在方本」を手掛かりに、中小本屋の出版活動と、岡田家の受容の動機を追究する。

第Ⅱ部「信州における近世後期の金融活動」では、第一章と同時期を対象に生産力的には劣る信濃国における豪農の金融活動を分析する。

第五章「文化・文政期の松代藩と代官所役人の関係」では、所領が錯綜している信濃国において広域金融活動を展開するうえで大きな影響力を持つ支配領主との関係を、他の事例をも交えながら検討する。

第六章「近世後期の信濃国・越後国における広域金融活動――更級郡今里村更級家を事例に――」では、所持高八〇石程度の豪農更級家が信濃国のみならず越後国にまで展開した個性的な広域金融活動の実態を解明し、その中にうかがえる近世的特質を明らかにする。そして、地域において一般的な質地金融を展開した信濃国安曇郡保高町村小川家の金融活動と比較し、さらに第一章の畿内における金融活動との比較も試みる。

終章「本書の総括と今後の課題」では、本書の内容をまとめて研究史への位置づけを図るとともに、残された課題と今後の展望について言及する。

(1) 地帯区分については、中村哲『明治維新の基礎構造』第三章（未来社、一九六八年）によった。先進・後進といった区分についての批判は大藤修（『近世の村と生活文化』吉川弘文館、二〇〇一年、四五二頁）による。その批判は首肯しうるものであり、ここでは、生産力の問題に限定してこの区分を用いることにする。
(2) 佐々木潤之介『幕末社会論』（塙書房、一九六九年）、『世直し』（岩波書店、一九七九年）。
(3) 「地域社会論の現在」（『歴史学研究』七四八号、二〇〇一年、志村洋執筆部分）。
(4) 豪農の概念については佐々木の規定が今なお有効と考えているので、本書ではこれによる。
(5) 久留島浩「書評・佐々木潤之介『世直し』」（『歴史学研究』四九二号、一九八一年、のち『近世幕領の行政と組合村』東京大学出版会、二〇〇二年）、頼祺一「幕末・維新変革論」（『新編日本史研究入門』東京大学出版会、一九八二年）、渡辺尚志「今、佐々木潤之介氏の幕末維新論とどう向き合うか」（『人民の歴史学』一六四号、二〇〇五年）など。
(6) 久留島浩『近世幕領の行政と組合村』（東京大学出版会、二〇〇二年）。
(7) 藪田貫『国訴と百姓一揆の研究』（校倉書房、一九九二年）。
(8) 平川新『紛争と世論』（東京大学出版会、一九九六年）。
(9) 平川新「「郡中」公共圏の形成」（『日本史研究』五一一号、二〇〇五年）。
(10) 渡辺尚志「平川新報告（第三六回大会報告）を聞いて」（『歴史評論』六三五号、二〇〇三年）。
(11) 吉田伸之「社会的権力論ノート」（吉田伸之・久留島浩編『近世の社会的権力』山川出版社、一九九六年）。
(12) 神谷智『近世における百姓の土地所有』（校倉書房、二〇〇〇年）。
(13) 白川部達夫『日本近世の村と百姓的世界』（校倉書房、一九九四年）。
(14) 大塚英二『日本近世農村金融史の研究』（校倉書房、一九九六年）。なお、氏は『日本近世地域研究序説』（清文堂出版、二〇〇八年）において、総合的な地域研究を目的とし、中東部遠州地域を地域として設定した、スケールが大きくかつ詳細な仕事を発表している。同書からは多くの点を学べるが、とりわけ地域を構成する要素を丹念に掘り起こし、それらを積み上げて地域論を総合しようとする点や、地域の特質と全国という観点を重視する、とした点は特に重要である。なお、同書への筆者の考えは「書評　大塚英二著『日本近世地域研究序説』」(『歴史の理論と教育』一三二号、二〇一〇年)において述べさせていただいた。

(15)渡辺尚志『近世村落の特質と展開』(校倉書房、一九九八年)。

(16)落合延孝「世直しと村落共同体」(『歴史学研究』通号別冊、一九八二年一一月)。

(17)渡辺尚志「幕末維新期における村と地域」(『歴史学研究』六三八号、一九九二年、のち『近世村落の特質と展開』校倉書房、一九九八年)。なお、同『百姓の力』(柏書房、二〇〇八年)で、②を「村との共生志向型豪農」と、③を「自己経営最優先型豪農」と改めている。豪農類型論のその後の展開(「権力—村連携」型豪農の追加と、「回避型豪農」の位置づけ)については、同『豪農・村落共同体と地域社会』(柏書房、二〇〇七年、三二三〜三二四頁)を参照。渡辺の豪農類型論の展開とその意義については、拙稿「豪農類型論から近世社会を考える」(渡辺尚志『村からみた近世』校倉書房、二〇一〇年)を参照されたい。

(18)山﨑善弘『近世後期の領主支配と地域社会』(清文堂出版、二〇〇七年)。

(19)町田哲『近世和泉の地域社会構造』(山川出版社、二〇〇四年)。

(20)多和田雅保『近世信州の穀物流通と地域構造』(山川出版社、二〇〇七年)。多和田の仕事についての筆者の評価は、拙稿「書評 多和田雅保著『近世信州の穀物流通と地域構造』(山川歴史モノグラフ13)」(『史学雑誌』一一九編一一号、二〇一〇年)を参照されたい。

(21)平野哲也『江戸時代村社会の存立構造』(御茶の水書房、二〇〇四年)。

(22)渡辺尚志「書評 平野哲也『江戸時代村社会の存立構造』」(『歴史学研究』八一〇号、二〇〇六年)。

(23)天草の事例については、渡辺尚志編『近世地域社会論』(岩田書院、一九九九年)。

(24)志村洋「近世後期の地域社会と大庄屋支配」(『歴史学研究』七二九号、一九九九年)。

(25)政治的位相と経済的位相を腑分けして分析することの重要性については、渡辺尚志編『近世地域社会論』(岩田書院、一九九九年)。同書が対象とした天草地域も、岩田の指摘する政治的権力と経済的権力の「分化」が進んだ地域といえよう。その中で志村洋が自ら指摘しているとおり銀主の経営分析がなされていない点が残念であるが、同書も地域社会論の重要な成果として念頭に置いている。
(26) 岩田浩太郎「豪農経営と地域編成――全国市場との関連を踏まえて――」(『歴史学研究』七五五号、二〇〇一年、のち『山形大学紀要社会科学』三二―二・三三―一・三三―二・三四―一、二〇〇二〜三年に加筆して所収)。
(27) 佐々木潤之介「幕藩制と封建的危機について」(『村方騒動と世直し』上、青木書店、一九七二年)では、豪農間の関係として社会的編成の分析の必要が提唱されていたが、その後実証の面での進展はなかった。
(28) 渡辺尚志「岩田報告批判」(『歴史学研究月報』五〇三号、二〇〇一年)。これは、註(26)の岩田浩太郎の歴史学研究会大会報告への批判内容をまとめたものである。
(29) 山崎圭『近世幕領地域社会の研究』(校倉書房、二〇〇五年)。
(30) 常松隆嗣「近世後期における北河内の豪農」(『史泉』九五号、二〇〇二年)。
(31) 中村政則『近代日本地主制史研究』(東京大学出版会、一九七九年)。
(32) 名望家の概念についても諸説あるが、ここでは渡辺尚志の整理に従い、簡にして要を得た筒井の定義(「単に財産と教養を有した名門の資産家という謂いにとどまらず何等かの社会的行為によって民衆から尊敬や名誉・名望を勝ち得ていた者をさす」)によることとしたい。渡辺の整理は、渡辺尚志編著『近代移行期の名望家と地域・国家』(名著出版、二〇〇六年)。筒井正夫の定義は、「農村の変貌と名望家」(『シリーズ日本近現代史二　資本主義と「自由主義」』岩波書店、一九九三年)二五一頁。
(33) 筒井正夫「日本近代における名望家支配」(『歴史学研究』五九九号、一九八九年)。
(34) 大島太郎『日本地方行財政史序説』(未来社、一九六八年)。
(35) 有泉貞夫『明治政治史の基礎過程』(吉川弘文館、一九八〇年)。
(36) 奥村弘執筆部分「一九八九年度歴史学研究会大会報告批判」(『歴史学研究』六〇一号、一九八九年)。
(37) 高久嶺之介『近代日本の地域社会と名望家』(柏書房、一九九七年)。
(38) 丑木幸男『地方名望家の成長』(柏書房、二〇〇〇年)。
(39) 鶴巻孝雄『近代化と伝統的民衆世界』(東京大学出版会、一九九二年)。
(40) 稲田雅洋『日本近代社会成立期の民衆運動』(筑摩書房、一九九〇年)。

（41）松沢裕作『明治地方自治体制の起源』（東京大学出版会、二〇〇九年）。
（42）前掲註（14）大塚著（『日本近世農村金融史の研究』）、第五章。
（43）見田宗介「交響圏とルール圏」（『岩波講座現代社会学　26　社会構想の社会学』（岩波書店、一九九六年）一五九頁〜一六三頁。同『社会学入門』（岩波書店、二〇〇六年）も参照。
（44）前掲註（26）『山形大学紀要社会科学』掲載岩田論文。
（45）渡辺尚志「近世・近代移行期村落社会研究の現状と課題」（『自由民権』一〇号、一九九七年、のち註15著所収）。
（46）落合延孝「東京歴史科学研究会歴史科学講座　渡辺報告へのコメント」（『人民の歴史学』一六四号、二〇〇五年）。

第Ⅰ部

一九世紀の畿内における豪農金融の展開と地域社会状況

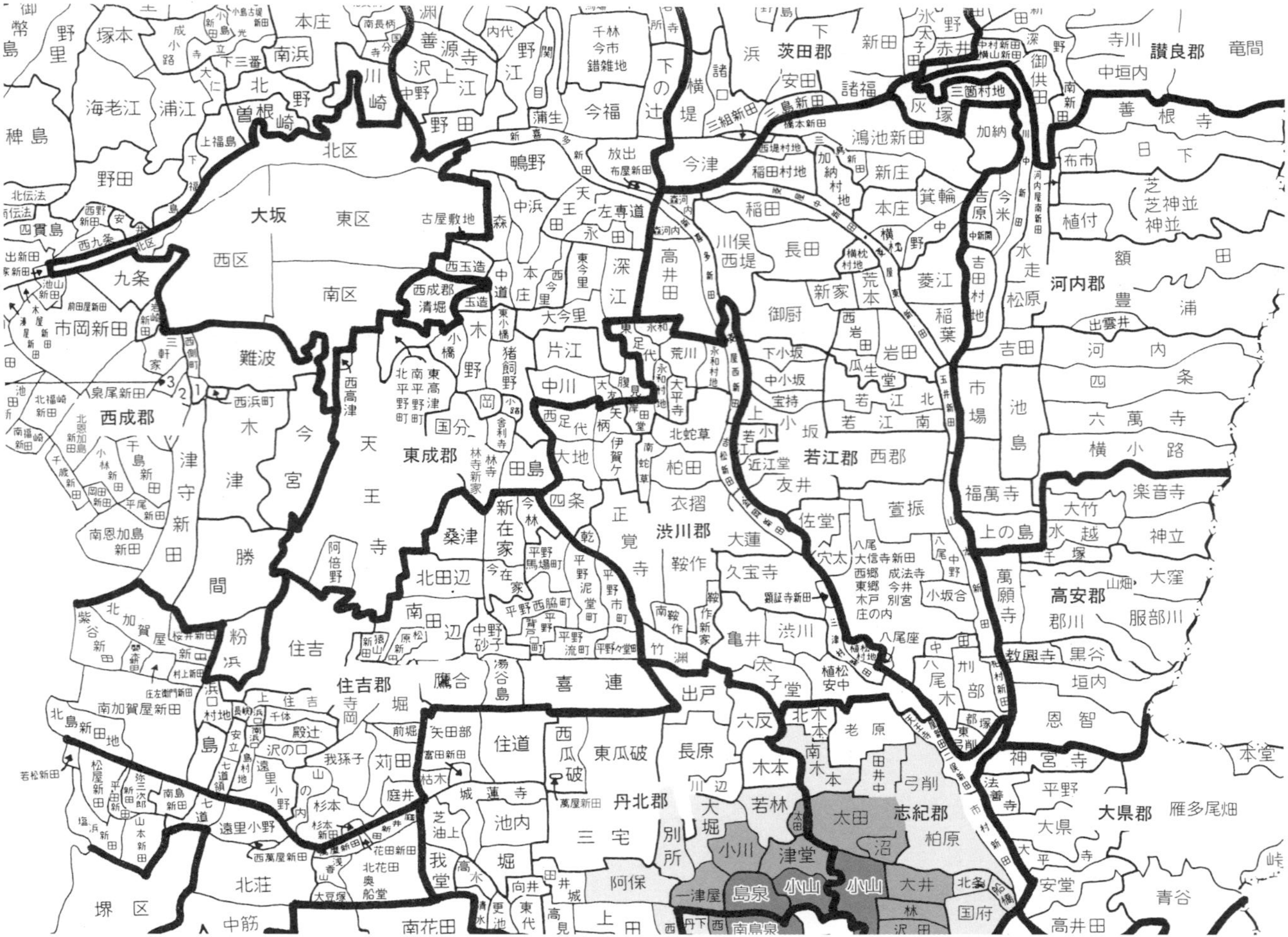
大坂
北区
東区
西区
南区
西成郡
東成郡
住吉郡
渋川郡
若江郡
河内郡
茨田郡
讃良郡
高安郡
大県郡
志紀郡
丹北郡
堺区

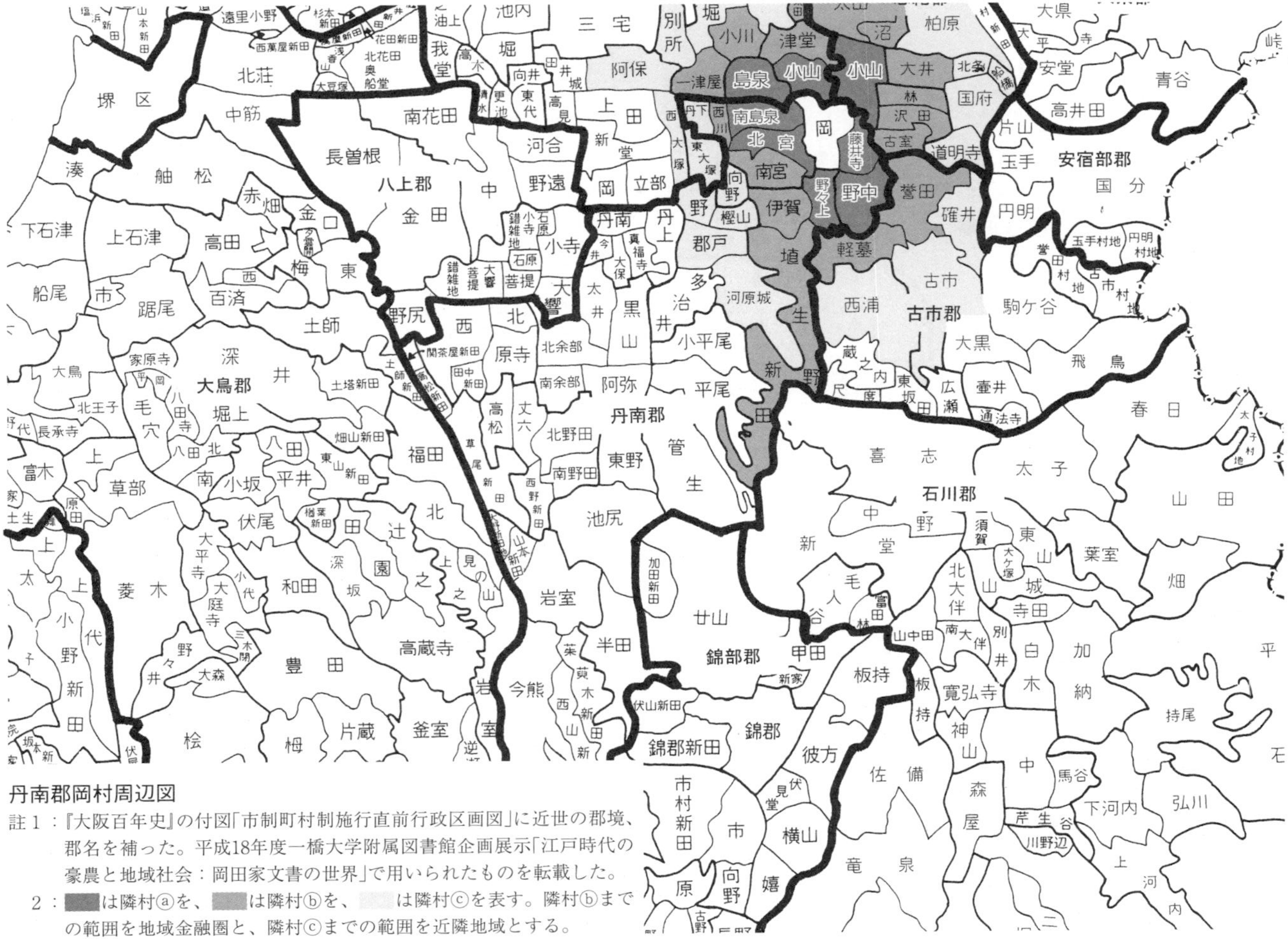

丹南郡岡村周辺図

註１：『大阪百年史』の付図「市制町村制施行直前行政区画図」に近世の郡境、郡名を補った。平成18年度一橋大学附属図書館企画展示「江戸時代の豪農と地域社会：岡田家文書の世界」で用いられたものを転載した。

２：■は隣村ⓐを、■は隣村ⓑを、■は隣村ⓒを表す。隣村ⓑまでの範囲を地域金融圏と、隣村ⓒまでの範囲を近隣地域とする。

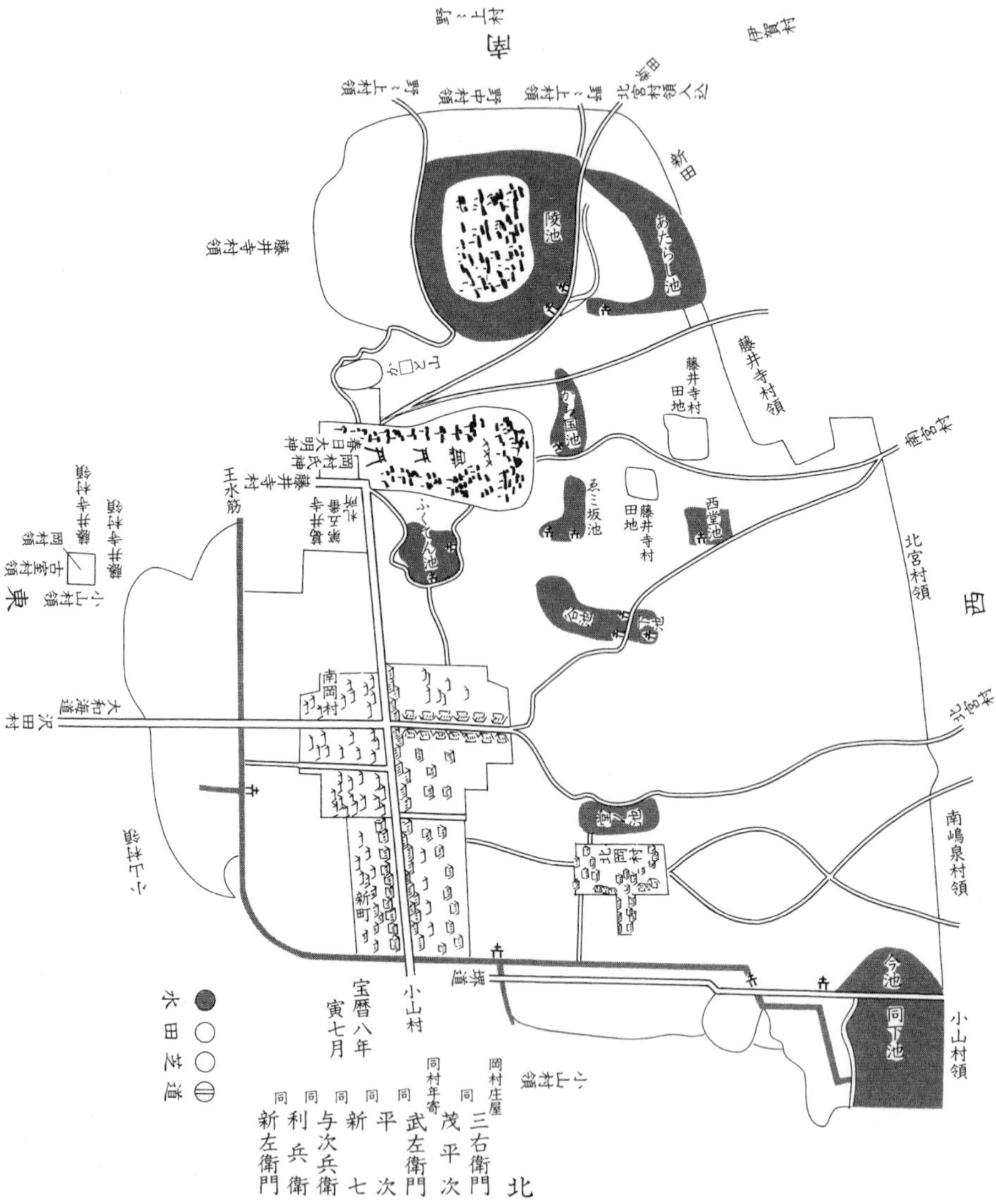

岡村絵図（『藤井寺市史』第10巻史料編８上、164〜165頁より転載）

第一章　近世後期の畿内における豪農金融の展開と地域

はじめに

本章は、河内国丹南郡岡村（現・大阪府藤井寺市）の豪農・岡田家が享和～慶応年間（一八〇一～六七）において村内外で広く展開した金融活動の分析を通して、当該期の畿内における豪農と村落および地域との関係を、領主と都市との関係まで組み込んで解明することを目的とする。なお、第二章では、岡田家の金融活動が近代においてどのような展開を遂げるのか分析をおこなう。これにより、岡田家の金融活動全体を、一九世紀を通じて見通すことが可能になる。そのまとめは、第二章においておこなうことにするが、本章がその一環でもあることをはじめに述べておきたい。

さて、本章に関わる研究史についてであるが、佐々木潤之介は、岡田家が月八朱程度の利率で近隣の豪農に金融活動をおこなったことを「地域の生産活動を保証した」と評価し、このような豪農を「地域的社会権力」と位置づけている(1)。しかし、佐々木の分析は、以下の点で不充分である。①岡田家と関わりのある地域が具体的にはどの程度の広がりをもっていたのかが不明であること。②近隣への金融、他国型金融、領主貸の展開過程が不明であること。③岡田家の金融活動がおかれた状況がどのようなものであったのかが、ほとんど明らかにされていないこと。そして、全体として、岡田家が外延的に大きく発展していった一面が強調されてしまっている。

地域における岡田家の金融活動の意味を検討していく上で欠かせないのは、まずその活動全体を構造的に把握することである。本章では、岡田家の金融活動の全体構造を把握することを第一の課題としたい(2)。

次に、米屋・具足屋などの都市商人との関係について。佐々木は、幕末期に岡田家の金融活動において大きな割合を占める米屋・具足屋・銭屋を岡田家と特別な取引関係にある商人としたうえで、彼らとの金融関係を〈利子生み貸付〉としている。しかし、彼らは大坂・堺の両替商であり(3)、岡田家との取引でも利子はついていない。この誤認により、弘化「取替帳」と安政「取替帳」の関係を二〇倍近い額としているが、実際の〈利子生み貸付〉は五倍弱にしかならない(4)。幕末の岡田家の金融規模が大きく異なってくるだけでなく、農村と都市の関係についても再検討が必要とされよう。この点を分析し、さらに領主との関係を含めて全体を明らかにするのが第二の課題である。

また、竹安繁治は河内国若江郡村々の「民富調査」事例の検討から、一〇〇石以上を所持する豪農の存在と、数千両におよぶ貸付をおこなう豪農の存在を明らかにしている(5)。また、山崎隆三は小ブルジョア制度と地主制の展開のなかで、一〇〇石以上を所持する者の存在を指摘している(6)。岡田家の所持高・貸付規模は、これらの先行研究で指摘されているものと近似的である。このような存在を、生産力の最先進地域である畿内村落の中で独自の存在と位置づけることはできないだろうか。この点の検討を第三の課題としたい(7)。

まず、岡田家の金融関係史料と、その変化について簡単に述べておきたい。先述した「取替帳」が金融関係を記した史料であり、この名称は享和二年（一八〇二）正月のものからつけられている(8)。明治一四年（一八八一）までの二一冊（享和二、文化二、五、七、一〇、一二、一五、文政二、三、五、八、一一、天保三、八、弘化二、嘉永二、六、安政七、明治三、一四年。ただし安政七年のみ二冊）がある。帳面には、貸付の年月日・金額・相手の居村と名前が記され、利率・返済状況・他帳簿への引継ぎの有無が書かれている場合もある。帳簿形態は、第Ⅰ期（享和二年〜文化一〇年）、第Ⅱ期（文化一二年～文政一一年）、第Ⅲ期（天保三年～安政七年）に分かれる(9)。第Ⅰ期では、雑然と前の帳簿からの引継ぎ状況が記されているが、第Ⅱ期では地域区分（後述）がはじまる。第Ⅲ期ではさらに、個別の相手をタッグシールのような貼札として貼っている。これは、個別の相手への貸付状況を迅速に把握する必要に応じた帳簿形態といえよう。また、余白頁が散見されることから、帳簿作成時にあらかじめ相手に応じて帳簿の頁を割いて準備しておき、その帳簿の期間書き継いでいく意図であったことがわかる。第Ⅲ期にいたって貸付相手とは恒常的に金融関係を結んでいる、と岡田家の側で認識していたことをこの帳簿形態は物語っているのである(10)。

一　享和～天保期の金融活動

1　貸付状況の検討

（1）　新規貸付件数と金額の推移

岡田家の貸付の新規貸付件数と金額の概観をおこなっていこう。表1は取替帳期間ごとの新規貸付件数と金額を、その帳簿に含まれる年度数で除した平均をまとめたものである（享和二年取替帳は除いている）。

表からは、大きく三期に分かれることが読みとれるだろう。②～⑥がA期、⑦～⑩がB期、⑪～⑬がC期である。A期は年間貸付件数で三〇件前後、金額で二〇～三〇貫匁程度である。この状況は、佐々木潤之介が述べた寛政期の停滞状況の延長上にあるといえよう(11)。次のB期は、振幅があるものの件数・金額ともA期の二倍弱が平均といえる時期である。このような傾向は、C期においてさらにはっきりしてくる。件数は八〇～一〇〇件超、金額は一〇〇貫匁以上になる。特に⑬の天保三～七年は一七〇貫匁を超えている。B期にはじまった増加傾向は、C期において飛躍的発展を遂げた、と言いうるだろう。

そして、このA期・B期・C期は、帳簿形態の分析（先述）で区分したⅠ期・Ⅱ期・Ⅲ期とほぼ対応する。C期の中でも、件数・金額とも激増する天保三年取替帳が、帳簿形態上の画期（Ⅲ期）と対応する点がこのことを象徴的に表している。

次に、表1の内容を地域区分ごとに分けた表2（ここではもっとも典型的な文化一五年取替帳のもの）によって検討を進めていこう。[12]まず、岡村の平均額が少ない点が目をひく。これは、居村と他村で貸付対象が異なることを予想させる。岡田家が多くの小作地を持ち、「居村同様」とみずから述べる藤井寺村でも同様の傾向がうかがえる。[13]また、表からは読みとれないが、文化一五年から地域区分が立てられた小山村は、文化一〇年取替帳で年二件、文化一二年取替帳での年五件から一〇件へと激増している。岡村からの方角によって区分されている東西南北については、ここで指摘できることはない。

表1　「取替帳」新規貸付件数・金額

期	年度	件数	額(匁)	
②	文化2～文化4	16	12,732	A期
③	文化5～文化6	25	25,913	A期
④	文化7～文化9	26	26,597	A期
⑤	文化10～文化11	42	38,164	A期
⑥	文化12～文化14	36	27,086	A期
⑦	文化15～　—	49	49,162	B期
⑧	文政2～　—	71	52,718	B期
⑨	文政3～文政4	77	42,062	B期
⑩	文政5～文政7	74	40,867	B期
⑪	文政8～文政10	82	99,602	C期
⑫	文政11～天保2	108	145,650	C期
⑬	天保3～天保7	93	172,552	C期

出典：各取替帳から作成。
註1：件数、金額は年平均。
2：「期」は各「取替帳」に筆者が付した通し番号。

表2　「取替帳」地域区分分析(文化15年)

帳簿区分	件数	額(匁)	平均額(匁)
村方	11	3,850	350
藤井寺	5	4,710	942
小山	10	12,210	1,221
東	4	8,570	2,143
西	2	2,500	1,250
南	7	9,422	1,346
北	4	5,800	1,450
未申	6	2,100	350
合計	49	49,162	1,003

註：未申は文政8年からの区分だが、さかのぼって区分している。

（2）村内と村外の貸付先の検討

まず、村内への貸付状況を検討していこう。表3は、文政五年取替帳（記載年数は三年間）で岡村内の貸付相手を同年の宗門人別帳記載の村内所持高と対照して表にしたものである。表中の階層区分は、D層＝所持高なし、C層＝五石未満、B層＝一五石未満、A層＝一五石以上の区分によった[14]。そして、この貸付を受けた割合は、D層〇％、C層六〇％、B層三六％、A層四％となる。D層が〇％であることが、特に注意をひく。同年の岡村の階層構成は、D層三九％、C層四三％、B層一四％、A層三％である。C層への貸付が大きなウエイトを占めるものの、階層構成と対比すると、A・B層への偏りが目につくのである。岡田家による村内への貸付は、二石未満の石高が僅少な者への貸付も見られるものの、おおむね村内の中上層を相手にしたものといえるだろう。

そして、同年の下作宛口帳（小作帳簿）と対照すると、C層の三名が貸付相手と重なるのみであり、岡田家の小作人の中で一定の割合を占めるD層（天保元年で三九％[15]）に対して貸付をおこなっていない点が注目される。金融

表3　文政5年「取替帳」村内貸付相手

借人	石高	階層
伊兵衛	0.53	C
利兵衛	0.68	C
伝右衛門	1.36	C
勘右衛門	1.69	C
源　助	1.91	C
八左衛門	2.10	C
喜兵衛	2.30	C
弥右衛門	2.70	C
茂　八	2.80	C
嘉兵衛	3.18	C
万　助	3.71	C
七兵衛	3.87	C
平左衛門	3.93	C
嘉　七	4.51	C
庄左衛門	4.82	C
伊右衛門	5.51	B
三左衛門	5.58	B
仁兵衛	7.50	B
又兵衛	7.86	B
茂右衛門	7.94	B
弥兵衛	8.73	B
弥三左衛門	9.03	B
利右衛門	9.39	B
平　助	12.46	B
伝右衛門(新町)	23.06	A

出典：F-1-35-1～5。

表4　古市村貸付相手一覧

年号	支	月	日	額(匁)	月利	借人	備考
文政元	寅	12	ち	2,000		久兵衛	
元	寅	12	ち	2,000		藤兵衛、竹屋久兵衛、かじ屋徳兵衛	
2	卯	7	10	1,000	1	宇兵衛、嘉兵衛、野上伝右衛門	
2	卯	6	6	907		藤八、竹屋久兵衛、かじや徳兵衛	
4	巳	1	ち	1,039		三郎左衛門	
8	酉	9	晦	500		喜間多	
12	丑	4	ち	250		藤兵衛、角兵衛、善兵衛	
天保元	寅	11	2	6,500	8	平右衛門	種屋
2	卯	5	22	3,000		久兵衛	
2	卯	12	21	3,000		平右衛門	種屋
4	巳	4	22	1,000		西琳寺	
4	巳	11	5	6,300		次郎兵衛	
6	未	9	6	3,000	8	午右衛門	
7	申	7	8	6,051		次郎兵衛	

出典：各取替帳から作成。

の相手と小作人は、大きく異なっているのである。

　次に、村外への貸付状況を、相手方の状況が分かる史料のある古市郡古市村と丹南郡伊賀村で検討していくことにする。文政元年に古市村で身上宜しき者として書きあげられたのは、村内所持高八六石余の庄屋三郎右衛門、同五七石余の年寄治郎兵衛、同三〇石余の百姓平右衛門、同二五石余の百姓九兵衛であった(16)。表4は文政～天保期の古市村の者への岡田家の貸付状況をまとめたものである。三郎右衛門・久(九)兵衛・平右衛門・次郎兵衛と、これらの身上宜しき者へ多く貸付をおこなっていることがわかる。また、三貫匁や六貫匁以上と金額の大きい貸付があるのも目をひく。

　同様の検討を、伊賀村でおこなってみよう。享和元年の伊賀村の村役は、庄屋近兵衛・年寄九兵衛・百姓代杢右衛門であった(17)。享和二年取替帳には、五件の貸付がある。近兵衛（二口、一貫五〇〇匁と一貫三〇〇匁）、九兵衛（二貫五〇〇匁）、藤右衛門（一貫五〇〇匁）、伊平二（五〇〇匁）であり、藤右衛門も文政期には庄屋になることから、これらの者も豪農・村役人層と考えていいだろう。また、安政七年取替帳の貸付相手を、文久四年（一八六四）の伊賀村の所持高[18]によって対照させると、庄右衛門（五二石余）、弥太郎（藤右衛門、庄屋、三七石余）、三右衛門（二一石余）、兼助（年寄、一五石余）となる。わずか二か村の検討ではあるが、ここでは、岡田家の村外での貸付相手は豪農・村役人層を中心としていたと考えておきたい。

2　岡田家の金融を取り巻く状況

前項で検討してきた岡田家の金融を取り巻く状況を、二点検討していきたい。

（1）丹南郡の稲・棉作状況

〔史料1[19]〕

乍恐以書附御願奉申上候

河州丹南郡七ヶ村

右村々當立毛大雨風ニ而両作共痛毛ニ相成候趣者先達而度々書附ヲ以御歎キ奉申上候通ニ御座候、別而木綿作之儀者夏頃ハ生立宜敷相見へ候ニ付肥等例年ゟ丈夫ニ仕込作立候処、前文申上候通大雨風ニ而稀成凶作ニ相成候、肥代銀程茂吹不申百姓一同途方暮罷在候、尤當年而已ニ而も無御座、此七八ヶ年込（凶カ）作打続壱ヶ年茂無難之年柄無之御役所様ニ茂厚御勘弁被為　成下候得共行届兼実々百姓行詰り罷在候、右之仕合付何卒此度御毛見之節田綿作之分も同様御毛見被為　成下候様願上候（以下略）

文政一二年（一八二九）一〇月、丹南郡七か村（野中・野々上・岡・伊賀・多治井・小平尾・阿弥村）は、岡田伊左衛門を惣代として高槻御役所に右の願書を提出した。当年は稀な凶作となっている、しかもこの凶作は、今年に限ったことではなく、ここ七、八年無難に収穫を得られたことはなかったので、稲作の毛見の際に、田に作付をしている棉作も同様に毛見をお願いしたい、というのが内容である。

この状況を、岡村の史料によってまず確認していこう。岡村の田畑の割合は、文政六年では田三三町二反一畝余、畑九町九反七畝余である。このうち、田は稲作が二二町、棉作が九町、畑は稲作が一町五反、棉作が七町八反の割合で、合計すると稲作の割合が五八・七％になる[20]。

さて、表5は年貢の免定をまとめたものである。享和元年～天保一〇年（一八〇一～三九）を検討対象としたが、この期間はすべて検見取である。引事由の多くは旱損で、若干風損が見られる。納合により全体の傾向を確認すると、「此七八ヶ年」以前の文政三年までは、幾年かを除いて三八〇～四〇〇石以上が普通である。しかし、文政四年以降、文政六、九年の二〇〇石台を筆頭に大きく低下している。文政六年のように、毛付高自体が低い場合もさることながら、免の低下が著しい。田方免で見ていくと、享和～文化年間が概ね六以上であるのに対して、文政六年の四・一二、同九年の四・〇六のほか、五台の年が続いている。そして、天保三、七年を筆頭とする、天保期全体の不作傾向として引き継がれていく。

表5の右欄でこの願書に連印した伊賀村と野中村の免定を見ると、明らかに岡村と同様の傾向を表している。

納合	伊賀村納合	野中村納合
407.61	—	500.84
405.36	—	503.48
418.02	—	506.86
418.71	—	507.69
418.13	—	507.75
253.09	—	380.31
341.80	—	397.66
386.47	—	471.59
—	—	451.43
405.71	—	479.62
410.32	—	485.29
419.19	—	504.12
342.82	—	398.64
281.14	—	388.86
422.52	—	500.89
389.70	—	472.07
377.99	—	485.00
386.00	—	488.63
412.56	—	492.82
414.31	309.37	495.41
373.09	296.00	482.12
402.24	309.58	494.49
215.63	209.35	274.08
376.29	303.26	483.68
371.01	294.00	447.59
270.25	265.94	335.03
353.78	303.43	483.99
361.62	279.44	484.74
329.66	268.44	411.11
366.79	288.73	483.96
359.38	286.61	475.82
277.14	265.48	333.39
351.11	266.18	386.63
280.50	273.69	367.80
346.92	282.99	437.39
236.16	201.56	306.26
367.90	281.35	441.54
294.71	230.40	354.58
318.63	283.19	448.56

表5　享和元年より天保10年までの岡村(本田分)・伊賀村・野中村免定一覧

年号	支	取方	高	毛附高	(引事由)	田方	(田方免)	畑方	(畑方免)
享和元	酉	検見取	674	—	—	473.019	6.21	200.121	5.69
2	戌	検見取	674	642.402	水損	473.878	6.47	168.526	5.86
3	亥	検見取	674	—	—	473.879	6.30	200.121	5.97
文化元	子	検見取	674	—	—	473.879	6.15	200.121	6.36
2	丑	検見取	674	—	—	473.879	6.18	200.121	6.26
3	寅	検見取	674	413.060	旱損	248.533	6.10	164.487	6.17
4	卯	検見取	674	621.094	去寅ゟ続皆無	473.879	5.47	147.215	5.61
5	辰	検見取	674	—	—	473.879	5.93	200.121	5.27
6	巳	—	—	—	—	—	—	—	—
7	午	検見取	674	—	—	473.879	6.26	200.121	5.45
8	未	検見取	674	—	—	473.879	6.45	200.121	5.23
9	申	検見取	674	—	—	473.879	6.46	200.121	5.65
10	酉	検見取	674	657.939	旱損	466.166	5.26	191.773	5.09
11	戌	検見取	674	529.544	旱損及去酉ゟ続皆無	354.130	5.48	175.214	4.97
12	亥	検見取	674	—	—	473.879	6.64	200.121	5.39
13	子	検見取	674	—	—	473.879	5.96	200.121	5.36
14	丑	検見取	674	651.292	旱損皆無	454.707	6.03	196.585	5.28
文政元	寅	検見取	674	647.197	旱損及去丑ゟ続皆無	452.971	6.37	192.226	5.07
2	卯	検見取	674	—	—	473.879	6.51	200.121	5.20
3	辰	検見取	674	—	—	473.879	6.53	200.121	5.24
4	巳	検見取	674	633.768	旱損皆無	447.451	6.11	186.355	5.35
5	午	検見取	674	666.692	去巳続皆無	473.879	6.23	192.813	5.55
6	未	検見取	674	469.531	旱損及去午続皆無	324.867	4.12	145.264	5.63
7	申	検見取	674	—	—	473.879	5.58	200.121	5.59
8	酉	検見取	674	—	—	473.879	5.27	200.121	6.06
9	戌	検見取	674	610.244	旱損皆無	417.987	4.06	192.257	5.23
10	亥	検見取	674	641.238	去戌続皆無	442.709	5.35	198.529	5.89
11	子	検見取	674	669.197	去亥ゟ続皆無	469.076	5.32	200.121	5.60
12	丑	検見取	674	654.618	風損及去子ゟ続皆無	473.879	5.00	180.734	5.13
天保元	寅	検見取	674	—	—	473.879	5.35	200.121	5.66
2	卯	検見取	674	—	—	473.879	5.24	200.121	5.55
3	辰	検見取	674	556.149	旱損皆無	379.006	4.91	177.143	5.14
4	巳	検見取	674	—	—	473.879	5.15	200.121	5.35
5	午	検見取	674	602.588	旱損皆無	420.780	4.48	181.808	5.06
6	未	検見取	674	—	—	473.879	5.07	200.121	5.33
7	申	検見取	674	584.863	風旱損皆無	395.966	3.66	188.897	4.83
8	酉	検見取	674	—	—	473.879	5.50	200.121	5.36
9	戌	検見取	674	662.773	皆無	473.879	4.21	188.894	5.04
10	亥	検見取	674	613.126	旱損及去戌ゟ続皆無	431.719	5.04	181.407	5.57

出典1：岡村は、E-14-1による。文化6年は記載なし。
2：伊賀村は今西家文書C-13による。納合の数値は本田分のみ。同村の高は488.255石(うち本田分は451.5石)である。
3：野中村は『藤井寺市史』第2巻通史編2近世(2002年)表70による。同村の高は829.61石である。

そして、これらの村々と岡田家からの新規貸付件数と金額を比較すると（表6）、特に岡・野々上・野中・伊賀村において、文政四年以降の増加が顕著である。野々上・野中・伊賀三か村の平均貸付額は、文政三年までは八四六匁であったのが、文政四年～同一二年には二貫三一四匁へと急増し、さらに文政一三年～天保七年には三貫一九五匁に増加する。これらの村々においては、岡田家からの貸付の増加は不作状況が原因なのである。

前項の(1)における新規貸付件数と金額の分析では、C期（文政八年～天保七年）の件数と金額の増加が顕著であった。なお広汎なデータの蓄積による検討が必要ではあるが、岡田家の貸付の増加は文政中期以降の不作状況によるものである、と結論づけておきたい。

(2) 他村の土地所持に関する問題点

ここでは、岡田家が他村の者（そのほとんどは豪農・村役人層）へ貸付をおこなうことに関する重要な背景について、二つの事例をもとに考えていきたい。

小平尾		阿弥	
件数	額(匁)	件数	額(匁)
1	2,000		
2	700		
		1	300
2	650		
1	188		
		1	180
		1	200
3	416	1	220
1	200		
1	380		
2	400		
1	300		
1	63		
1	120		

表6　丹南郡7か村の新規貸付件数と金額の推移

年号	支	岡		野々上		野中		伊賀		多治井	
		件数	額(匁)	件数	額(匁)	件数	額(匁)	件数	額(匁)	件数	額(匁)
文化2	丑	1	500							1	300
3	寅					1	500			1	1,000
4	卯	1	200							1	1,500
5	辰	2	1,650								
6	巳	2	640					1	260		
7	午	1	600								
8	未	14	5,100					1	650		
9	申	8	22,131	1	1,200						
10	酉	6	2,700	2	1,500			1	3,000	4	3,100
11	戌	8	4,252	1	500	2	800			1	300
12	亥	4	3,265	2	1,070	1	500			1	500
13	子	13	4,910	2	620			2	1,700		
14	丑	7	3,165	1	500	2	5,197			2	400
文政元	寅	11	3,850	1	457	3	3,965	1	500	3	600
2	卯	15	6,329	3	750	12	9,758	5	2,300		
3	辰	19	5,922	1	100	6	4,295	1	500	1	500
4	巳	29	15,770	2	500	4	1,720	4	3,200	5	2,100
5	午	20	6,724	4	1,600	8	4,635	5	2,400	4	1,570
6	未	22	4,947	1	200	3	700	2	1,500		
7	申	19	10,206	1	300	4	3,425	5	1,681		
8	酉	20	9,371	4	1,756	4	3,395	5	5,880	1	600
9	戌	17	4,096	4	1,402	9	3,245	3	1,100		
10	亥	19	3,422			3	1,072	3	2,200	2	2,500
11	子	21	9,301	2	385	6	2,921	7	5,244	1	200
12	丑	21	8,268	7	2,590	12	5,749	8	3,668	2	460
天保元	寅	16	12,424	2	4,150	16	5,963	9	7,964	2	700
2	卯	12	8,959	1	500	14	12,383	6	4,306	3	589
3	辰	21	13,798	4	2,933	5	1,519	2	3,940		
4	巳	22	15,520	1	200	4	4,043	2	183	1	100
5	午	8	10,863	2	3,065	2	2,275	8	8,213	1	550
6	未	22	17,218	1	450			3	2,736	1	1,000
7	申	26	15,854	2	210	2	986	3	1,072	2	1,400

出典：各取替帳から作成。

〔史料2[21]〕

一當御領分河州安宿部郡片山村御田地弐反六畝十二歩同村新七ゟ先年私方へ譲り請候処、出作之義ニ付難行届候故、同村庄屋甚右衛門江慥成田地預り一札ヲ以支配相頼来候処、近年作徳等も相渡呉不申、猶又此度勝手ニ付外方へ田地相譲り申度候ニ付奥印之義相頼候得共彼是申奥印致呉不申、下ニ而可仕様無御座候ニ付乍恐奉願上候、何卒右吉五郎御召出之上私所持之田地差戻し呉、猶又近年作徳滞取戻候様被為 仰附被下候ハ、
御慈悲難有奉存候、以上

この訴状は、文政一〇年（一八二七）三月に岡田伊左衛門が四か村ほど隔てた片山村甚右衛門（吉五郎は相続人）を相手に領主へ願い出たものである。ここでは、①岡田家の片山村での所持地を庄屋でもある甚右衛門に支配（小作なのか支配人なのかは不明）させていたが、近年作徳が入ってこない、②（これに業を煮やしたのか）他の者に土地を譲りたいのだが、庄屋である甚右衛門の奥印がないのでこれも思うに任せない、という二点が主張されている。この出入は、翌年四月に内済が整い、①証文を改めて以前のとおり吉五郎が支配すること、②これまでの滞り作徳銀は用捨のうえ三五〇匁を岡田家が受け取ることとなった。滞り作徳銀の総額が不明なので評価は難しいが、吉五郎が引き続き支配を続けることを考えると、吉五郎の主張も充分に勘案された結果と評価できよう。

〔史料3[22]〕

一御領分蔵之内村ニ而御田地所持ニ相成私迷惑不些歎ヶ敷仕合委細手続ヲ以右御田地奉願 上度段先月廿六日奉差上候処、何方ニおゐても 御領主様へ御田地差上候義不容易之旨深ク御理解之段奉恐承候、乍併右御田地私所持ニ成行候始末ハ先月廿六日奉願上御預置被成下候書附ニ奉申上候通り、村方御収納銀ニ差詰り、（中略）別而通例之貸附銀与ハ違ひ其節村方難渋落入罷在候者共極外義理合之深きを弁別いたし、限月ニ至り候得ハ速ニ返銀仕可申存込融通致遣候処、限月前ゟ以之外不束之次第申参り終ニ者兵左衛門之田地私名前ニ切

かへ、尤蔵之内村へハ三十丁余も相隔り候ニ付土地不案内ニハ候得共七反廿三歩高九石壱斗弐升壱合五夕宛口拾九石弐斗相違無之旨奥書印形ヲ正意ニ存、私所持名前ニ相成候迚敢而気遣ヶ敷ハ有之間敷与差心得候処、既ニ去亥年小作米ハ一粒も差越不申実意之引合一応も不仕、御年貢相滞候趣町　御奉行所へ出願被致當御上様迠奉掛御苦労重々奉恐入候義ニ御坐候、右之御田地故彼是迷惑不少候ニ付先方村役人へ熟談仕迷惑相凌度与存掛合見候処、右御田地者何程入精耕作致候而も迚も本途御年貢丈ヶも上り兼候抔与申取敢不申、先達而奉申上候通り去ル酉十二月銀子調達ニ差詰り元勝寺へ寄り合昼夜之無差別辛労いたし候者共、就中當役義ハ前々奉申上候通り反畝高宛口之認有之候証札ニ奥書印形乍致、何事も不存只庄屋一己之仕成シ抔与証札表反古同様ニ可致申方全私方ゟ蔵之内村へ里数隔り候ニ付何程迷惑ヲ与へ候而も手作出来不申ヲ付込、當時村役人幷ニ大小之百姓内実申合セ右御田地耕作不相続ヲ相巧居候与奉存候（以下略）

この訴状は、少し時期が下る嘉永五年（一八五二）六月、岡田伊左衛門が蔵之内村に所持していた土地の返納を、その土地の領主である石川氏の白木役所へ申し出たものである。蔵之内村は、先ほどの片山村よりも少し遠方になる。

ここでの内容を要約すると、次のようになる。蔵之内村の年貢支払いに滞りが生じかねない状況を見かねて特別に貸付をおこなった。このような貸付なので当然期限には返すだろうと考えていたが、先方の申し出により村人の土地を私の名前に切り替えることでいったん解決した。しかし小作米はまったく入って来ず、このことを村役人に掛け合っても埒が明かない。これは、岡村と蔵之内村の里数が隔たっていて（三〇丁余）、私にどれほど迷惑を掛けても手作りができない足元を見て、村役人もその他の百姓もすべて申し合わせてのことだろう。仕方がないので、この村の土地を領主に返納させて欲しい。

この二つの事例からは、貸付の担保として土地を設定し、滞納の結果として他村に土地を所持しても、相手の村の側の「協力」が得られなければ、所持した土地からの作徳収取が思うに任せないことが分かる。そして、その「協力」が得られなければ、手作りができるかどうか、という実行力レベルの問題になってしまうのである。また、その転売についても庄屋の奥印が必要である。このように、他村の土地を所持することは大きなリスクをともなった。取替帳の貸付の多くが無担保でおこなわれているのは、このような背景があったからであり、基本的には「信用」による金融関係といっていいだろう。金融の取引範囲にくらべて、岡田家の土地所持の範囲は非常に狭い[23]。他村の土地を所持した場合の村落共同体の抵抗の可能性が、この要因なのである。

3　具体的な貸付状況の検討

ここでは、岡田家と貸付先との具体的な関係を検討し、分析を深めていきたい。

（1）　商工業者への貸付における短期融資のはじまり

まず岡田家の貸付を考えるうえで避けて通れない、商工業者への貸付を検討していきたい。岡村新町の田中屋平助は、少なくとも宝暦年間から代々酒造業をおこなっていた。その平助への貸付を表7にまとめたが、天保三年取替帳における件数の増加が顕著である。この貸付のほとんどはすぐに返済され、しかも短期間にもかかわらず利子が付いている。これは、酒造業の運転資金として用いられたものだろう。

このような状況は、少し時代は下るが天保～弘化年間（一八三〇～四八）に比定される一通の書状からも分かる。

〔史料4〕[24]

（端裏）「岡田御旦那様　　嶋泉村　林屋」

甚寒之砌ニ御座候処御家内様方益々御清栄之由奉清賀候、然ハ御存之通当年少々普請致処、（中略）是ゟ旦月

酒仕込度候間御無心金子拾両計此者へ御取替被下度、此段偏御願申上候、以上

十二月十一日　勝右衛門

岡田御氏様

ここでは、酒造の仕込金として一〇両の融資を依頼している。「旦月」は端月であろう。正月に仕込む酒の資金と考えられる。岡田家の金融の発展は、商工業の発展を背景としたものでもあった。

では、商工業の発展と岡田家の金融との関係について考えていきたい。天保一三、一四年（一八四二、四三）の

表7　岡村新町田中屋平助貸付一覧

年号	支	月	日	額(匁)	月利	備考
文化9	申	1	ち	6,700		
9	申	1	ち	5,361	8	
9	申	2	ち	2,320		
9	申	11	16	3,000	8	
11	戌	11	24	2,000	8	
文政2	卯	7	ち	2,000		
文政12	丑	12	15	1,301	8	20両代
天保元	寅	8	29	2,000	8	
元	寅	10	18	3,000	8	
元	寅	11	4	3,200	8	
元	寅	12	10	1,780	8	
2	卯	12	6	2,460		40両代
3	辰	11	7	3,123		50両代
3	辰	閏11	18	4,000		
3	辰	閏11	18	1,578		25両代
4	巳	10	21	1,590		
4	巳	11	5	3,150		
4	巳	12	6	2,120		
4	巳	12	14	1,264		20両代
4	巳	12	16	1,264		20両代
4	巳	—	—	1,275		巳年出銀残り
5	午	1	13	1,912		米代内かし
5	午	1	13	2,600		米20石代
—	—	—	—	91		午正月米代分
5	午	10	14	3,825		60両代
5	午	12	6	1,282		
6	未	10	16	3,145		
6	未	11	7	1,877		
6	未	11	17	1,280		20両代
6	未	12	3	1,284		
7	申	11	11	3,078		50両代
7	申	12	22	1,220		20両代
8	酉	11	11	1,950		30両代
8	酉	11	18	3,900		60両代

出典：各取替帳から作成。

表8　天保13、14年岡村余業稼書上

天保13年諸事直段	天保14年余業稼	名前
酒壱升ニ付代銭	酒造稼	田中屋ゑい〔貼札下は平助〕
燈油	人力油稼	吉十郎、藤左衛門
紺屋染物賃銭	紺屋職	与兵衛
柴薪代銀	—	〔小間物屋〕万助※
瓦代銀	瓦屋職	又兵衛
樫木職一式	農道具樫木職	勘右衛門
荒物一式代銀	荒物小商	万助※、徳兵衛、儀兵衛、伊兵衛
農道具鍛冶賃銀一式	農道具鍛冶職	太兵衛、元右衛門、幸助、専助、源右衛門、儀助、万助、***浅八***、***徳兵衛***
大工作料	家造大工職	八左衛門、伊兵衛、孫助、吉右衛門、***儀八***
左官料	左官職	文六、弥七
手伝日用賃	—	常八
綿打賃	綿打職	常七、丈助、半右衛門、吉左衛門、五左衛門、***藤吉***、***常八***
米麦等売代銀	—	儀兵衛、直右衛門、文治郎
木挽賃銀	—	市郎兵衛
樽桶輪かへ賃金一式	桶之輪樽屋職	長八、清右衛門、六三郎、林八
—	畳屋職	和助、太吉
—	草履下駄職	喜兵衛
—	油粕干鰯小商	源兵衛
—	木綿小商	小左衛門、平左衛門、庄三郎
—	古手古道具売買	藤右衛門、源右衛門、新兵衛
—	火入ほう楽〔焙烙〕職	清兵衛
—	當村往来筋ニ付腰かけ茶店	北ノ入口　弥助、南ノ入口　みつ
質屋銀子之利足〔質屋銀子之利足 拾匁已下月壱分弐朱 拾匁已上ハ月壱歩〕	—	杢右衛門

出典：K-9-7〜9。
註1：〔　〕は筆者が補ったもの。
　2：万助※は同一人物(印形より)。
　3：下線は天保13年にはあって同14年にないもの。斜体太字は逆に天保14年にはあって同13年にはないもの。

岡村余業稼書上で、同村の商人・職人が把握できる（表8）。この時期を含む天保八年取替帳において、岡田家の貸付を受けている者は、田中屋ゐい（平助、先述）の他、荒物小商万助の二四〇匁、油粕干鰯小商源兵衛の二貫匁と一貫五〇〇匁のみである。また、享和～幕末の取替帳の取引をみる中で、田中屋平助のように短期の運転資金的な貸付をうけるのは、ごく限られた者でしかない。すでに第1項の（1）でみたように、文政期以降の不作状況のほうが、岡田家の金融発展には大きな影響を与えた、としておきたい。

（2）　書状にみる利子の位置づけ

〔史料5〕[25]

愈御勇健可被遊御座珍重之御儀奉存候、然ハ先年借用申置候三百目之口当年返銀可仕積りニ而去歳御方江掛合候得共、當年之所ハ利足ニ而御猶予相願呉候様申候ニ付御延引利銀之内江金三歩弐朱為持遣し候間御入手可被下候（後略）

この書状は、志紀郡北条村の松田五兵衛が大晦日に出したもので、とりあえず本年は利息のみの支払いで元金の返済は猶予してくれるように願ったものである。時期は、天保～弘化年間に比定できる。

また、同時期に若江郡東弓削村の松下太郎左衛門が岡田家の親類野中村林家を介して二五〇匁の貸付を依頼した書状[26]では、「利足之儀月八朱位迄ハ不苦、万々一御都合ニ寄八朱余ニ相成候而も相手ゟ先方之処ハ都合申入置候旨、此段呉々も御願上候」と、あらかじめ借り手から利率を指定して融資を願い出ていることが分かる。この時期、岡田家の利率は高くても月一（年一二％）で、多くは月八（年九・六％）であった。ここには、貸し手・借り手の間で「ほぼこのあたりだろう」という利率に対する共通認識が醸成されている様を見ることができる。

二　天保後期〜幕末期の展開

本節では、第一節の分析を基礎にして、岡田家の金融が天保後期〜幕末期にかけてどのように展開していったのかを、解明していきたい。

1　時期区分・地域区分ごとの分析

（1）　分析地域の区分

第一節第2項の（2）では、岡田家が金融を通じて土地を所持した場合、特に遠方の村においては、小作地経営に大きなリスクが存在することを論じた。この点から、岡田家の貸付範囲の分析では、居村からの距離を基準として設定する必要があろう。本節では、岡田家の金融が展開する地域を、次のような基準を設けて分析していく。ただし、領主貸は別とする。

近隣地域…居村、隣村ⓐ（岡村と村境を接する村）、隣村ⓑ（隣村ⓐと村境を接する村）、隣村ⓒ（隣村ⓑと村境を接する村）(27)

遠隔地域…河内国内で近隣地域以外の村（郡ごとに把握）

他国地域…摂津国、和泉国、大和国など

（2）　総合計の検討

表9は、各取替帳のデータから、新規貸付分を抽出して表にまとめたものであり、これを総括したものが表10である。まずは表10から全体の傾向を読み取っていこう。ここからは、次の三点がいえるだろう。

表9　岡村からの距離と件数、金額の関係の編年推移（近世）　（単位：数、匁）

分類	郡名	村名	支配	項目	一年平均					
					文化2～天保7	天保8～15	弘化2～5	嘉永2～5	嘉永6～安政6	安政7～慶応3
居村	丹南	岡	幕領	件数	14	14	21	20	6	11
				金額	7,815	14,979	13,342	6,125	3,397	16,920
隣村ⓐ	丹南	藤井寺	大久保加賀守	件数	13	6	4	6	2	3
				金額	7,492	3,518	2,246	4,995	1,545	6,128
		野中	幕領	件数	4	3	5	3	2	1
				金額	2,486	3,014	3,737	1,495	3,220	3,600
		野々上	幕領	件数	2	4	4	3	2	2
				金額	860	1,573	2,432	991	889	2,068
		北宮	幕領	件数	1	1	0	1	1	1
				金額	417	145	1,604	959	1,792	1,724
	丹北	島泉	秋元但馬守	件数	1	1	1	4	2	2
				金額	1,624	5,050	6,431	7,081	1,100	22,996
		小山	宇都宮藩預所	件数	6	3	8	4	6	7
				金額	18,081	21,719	11,035	5,340	24,283	24,925
	（合計）			件数	27	17	22	19	14	16
				金額	30,960	35,019	27,484	20,861	32,830	61,440
隣村ⓑ	丹南	埴生野新田	幕領	件数	0	0	1	0	0	0
				金額	519	8	2,733	250	214	0
		伊賀	幕領	件数	3	3	7	7	2	1
				金額	2,025	2,110	7,433	4,861	1,242	738
		南宮	幕領	件数	0	0	0	0	0	0
				金額	66	0	0	0	128	0
		西川	高木主水正	件数	1	0	0	0	0	0
				金額	1,460	0	0	0	0	0
	丹北	一津屋	伯太藩・狭山藩	件数	0	0	0	0	0	0
				金額	37	0	0	756	195	450
		小川	秋元但馬守	件数	0	0	0	0	0	0
				金額	0	0	0	0	0	0
		津堂	宇都宮藩預所	件数	2	1	4	2	3	1
				金額	1,492	938	4,816	1,377	2,657	575
	志紀	太田	沼田藩	件数	1	0	0	0	0	0
				金額	703	81	233	0	137	1,188
		沼	沼田藩	件数	0	0	0	0	0	0
				金額	0	0	0	175	0	313
		大井	伯太藩	件数	0	0	1	3	4	1
				金額	31	250	2,875	32,232	12,475	12,705
		林	伯太藩	件数	1	1	2	4	3	2
				金額	1,127	1,550	11,184	25,092	24,574	17,350
		沢田	沼田藩	件数	1	2	3	2	2	1
				金額	922	1,795	6,698	5,009	6,760	11,482
		古室	伯太藩	件数	0	0	0	0	0	1
				金額	583	625	0	250	0	1,988
	古市	誉田	幕領	件数	2	0	1	1	1	0
				金額	1,315	288	1,440	935	1,031	519
		軽墓	狭山藩	件数	1	0	1	0	1	0
				金額	1,006	176	659	155	3,347	0
	（合計）			件数	12	7	18	21	17	7
				金額	11,287	7,820	38,069	71,091	52,761	47,307

分類	郡名	村名	支配	項目	一年平均					
					文化2～天保7	天保8～15	弘化2～5	嘉永2～5	嘉永6～安政6	安政7～慶応3
隣村ⓒ	丹南	河原城	幕領	件数	0	0	0	1	0	0
				金額	395	925	0	1,325	655	0
		郡戸	狭山藩	件数	0	0	0	0	0	0
				金額	31	0	0	0	0	0
		樫山	高木主水正	件数	0	0	0	0	0	0
				金額	72	0	0	0	0	0
		向野	—	件数	0	0	0	0	0	0
				金額	9	0	0	0	0	0
		丹下	秋元但馬守	件数	0	0	0	0	0	0
				金額	125	0	0	0	0	0
	丹北	東大塚	秋元但馬守	件数	0	0	0	0	0	0
				金額	34	0	0	0	171	0
		西大塚	秋元但馬守	件数	0	0	0	0	0	0
				金額	0	0	0	0	0	0
		阿保	秋元但馬守	件数	0	0	1	0	0	0
				金額	469	0	785	0	86	0
		別所	秋元但馬守	件数	0	0	0	0	0	0
				金額	0	2,500	0	0	0	0
		大堀	片桐帯刀	件数	0	0	0	0	0	0
				金額	156	0	0	0	0	0
		若林	幕領	件数	0	0	0	0	0	0
				金額	308	594	0	0	0	0
	志紀	南木本	土岐丹後守	件数	0	0	0	0	0	0
				金額	198	0	0	159	286	0
		田井中	堀田五郎右衛門・幕領	件数	0	0	0	0	0	0
				金額	206	0	0	0	0	0
		弓削	久我大納言家・沼田藩	件数	0	0	0	0	0	0
				金額	16	0	0	0	0	0
		柏原	幕領	件数	0	0	0	0	0	0
				金額	317	0	325	0	0	0
		北条	石丸石見守	件数	0	0	0	0	0	0
				金額	131	38	0	0	0	0
		国府	伯太藩	件数	0	0	1	1	1	1
				金額	78	0	5,100	2,625	3,331	7,071
		道明寺	道明寺	件数	1	0	1	1	1	2
				金額	968	158	785	904	1,359	3,044
	古市	碓井	石川播磨守	件数	0	0	0	0	0	1
				金額	344	750	0	0	2,857	3,750
		古市	幕領	件数	1	0	2	1	0	1
				金額	1,939	625	2,912	192	300	12,463
		西浦	大久保加賀守・土岐左京太夫・狭山藩	件数	0	0	2	1	2	1
				金額	316	1,938	3,094	1,179	3,580	3,603
	(合計)			件数	4	2	5	4	6	5
				金額	6,113	7,527	13,001	6,383	12,626	29,930
近隣(隣村ⓐⓑⓒの合計)				件数	43	26	45	43	36	29
				金額	48,359	50,365	78,554	98,335	98,217	138,677

分類	郡名	村名	支配	項目	実数					
					文化2～天保7（32年間）	天保8～15（8年間）	弘化2～5（4年間）	嘉永2～5（4年間）	嘉永6～安政6（7年間）	安政7～慶応3（8年間）
遠隔	丹南	野	高木主水正	件数	1	0	0	0	0	0
				金額	150	0	0	0	0	0
		丹上	狭山藩	件数	3	0	0	0	0	0
				金額	4,500	0	0	0	0	0
		多治井	幕領	件数	43	11	6	6	4	2
				金額	21,804	5,113	5,883	4,707	3,215	6,600
		小平尾	幕領	件数	17	7	0	3	2	0
				金額	5,417	1,672	0	3,028	1,990	0
		平尾	幕領	件数	0	0	2	5	1	2
				金額	0	0	2,338	10,415	2,072	3,601
		丹南	高木主水正	件数	2	0	1	3	4	2
				金額	14,000	0	319	127	174	1,357
		真福寺	狭山藩	件数	0	2	1	0	0	0
				金額	0	3,750	2,000	0	0	0
		大保	秋元但馬守	件数	0	0	0	0	0	1
				金額	0	0	0	0	0	6,000
		黒山	高木主水正	件数	2	9	2	0	1	0
				金額	15,000	84,000	24,000	0	23,000	0
		太井	高木主水正	件数	0	0	0	0	3	0
				金額	0	0	0	0	2,100	0
		阿弥	幕領	件数	4	4	2	2	3	0
				金額	900	6,606	2,006	7,255	2,016	0
		東野	秋元但馬守・高木主水正	件数	0	0	0	1	0	0
				金額	0	0	0	2,500	0	0
		北野田	高木主水正	件数	0	1	0	0	0	1
				金額	0	12,000	0	0	0	8,000
		池尻	狭山藩	件数	1	0	0	1	1	0
				金額	6,330	0	0	635	3,215	0
		原寺	秋元但馬守	件数	2	0	0	0	0	0
				金額	6,000	0	0	0	0	0
		茱萸木新田	秋元但馬守	件数	0	0	0	1	0	0
				金額	0	0	0	10,000	0	0
		（合計）		件数	75	34	14	22	19	8
				金額	74,101	113,141	36,546	38,667	37,782	25,558
	丹北（14か村合計）			件数	21	15	3	13	24	15
				金額	80,596	62,808	7,200	24,005	24,295	62,428
	志紀（1か村合計）			件数	2	0	0	0	0	0
				金額	15,000	0	0	0	0	0
	古市（5か村合計）			件数	14	4	5	2	8	2
				金額	9,426	21,755	32,850	4,862	18,512	20,400
	石川（10か村合計）			件数	22	10	6	11	24	5
				金額	97,569	69,896	16,885	47,900	124,371	38,260
	錦部（9か村合計）			件数	1	2	2	2	3	3
				金額	13,000	21,000	15,017	3,773	30,000	70,000
	八上（5か村合計）			件数	8	4	2	0	7	2
				金額	28,700	50,000	5,000	0	43,247	7,500
	渋川（5か村合計）			件数	8	1	8	11	2	0
				金額	33,139	10,000	40,109	28,681	5,650	0
	若江（5か村合計）			件数	3	1	0	0	8	1
				金額	5,750	12,340	0	0	86,098	7,150

分類	郡名	村名	支配	項目	実数					
					文化２～天保７（32年間）	天保８～15（８年間）	弘化２～５（４年間）	嘉永２～５（４年間）	嘉永６～安政６（７年間）	安政７～慶応３（８年間）
	大県（３か村合計）			件数	2	0	0	2	0	0
				金額	16,500	0	0	5,052	0	0
	安宿（２か村合計）			件数	4	0	0	1	1	0
				金額	2,486	0	0	10,000	2,500	0
	茨田（１か村合計）			件数	0	0	0	0	1	0
				金額	0	0	0	0	10,000	0
	讃良（１か村合計）			件数	1	0	0	0	0	0
				金額	603	0	0	0	0	0
	河内（１か村合計）			件数	4	0	0	0	0	1
				金額	15,000	0	0	0	0	1,500
	（合計）			件数	165	71	40	64	97	37
				金額	391,870	360,940	153,607	162,940	382,455	232,796
他国	摂津（５か村合計）			件数	21	1	0	2	4	0
				金額	33,878	512	0	12,820	9,077	0
	和泉（13か村合計）			件数	3	4	8	3	10	3
				金額	63,000	78,115	142,000	14,200	48,304	56,500
	大和（５か村合計）			件数	15	7	1	1	5	6
				金額	14,455	36,375	6,385	2,000	24,006	129,700
	紀伊（１か村合計）			件数	4	0	0	0	0	0
				金額	6,481	0	0	0	0	0
	京都（１か村合計）			件数	0	0	0	1	1	1
				金額	0	0	0	12,800	37	30,000
	播磨（１か村合計）			件数	0	0	0	0	1	0
				金額	0	0	0	0	35,975	0
	（合計）			件数	43	12	9	7	21	10
				金額	117,814	115,002	148,385	41,820	117,399	216,200
領主貸	伯太藩渡辺氏			件数	0	0	0	0	—	—
				金額	0	0	0	0	1,423,594	2,493,638
	沼田藩土岐氏			件数	9	3	2	3	3	11
				金額	64,730	33,000	41,000	70,000	90,000	290,800
	下館藩石川氏			件数	7	0	0	0	1	0
				金額	34,280	0	0	0	100,000	0
	館林藩秋元氏			件数	0	2	0	0	0	2
				金額	0	390	0	0	0	20,000
	狭山藩北条氏			件数	0	0	0	0	2	0
				金額	0	0	0	0	60,000	0
	小田原藩大久保氏			件数	0	0	0	0	1	0
				金額	0	0	0	0	10,000	0
	代官所関係			件数	4	1	0	0	3	2
				金額	8,720	4,319	0	0	7,288	171,000
	山陵奉行戸田氏内			件数	0	0	0	0	0	1
				金額	0	0	0	0	0	41,000
	他（信楽郡中・米札ヵ）			件数	0	0	0	0	3	1
				金額	0	0	0	0	114,700	27,336
	（合計）			件数	20	6	2	3	13	17
				金額	107,730	37,709	41,000	70,000	1,805,582	3,043,774

出典：各取替帳から作成。
註１：居村、隣村ⓐⓑⓒは一年平均を、遠隔、他国、領主貸は実数を表示している。
２：遠隔（丹南郡を除く）、他国は郡・国ごとの合計のみ表示している。この合計は、貸付のある村数である。
３：大坂への貸付は摂津に、堺への貸付は和泉に含まれている。
４：支配欄は、『旧高旧領取調帳』近畿編（近藤出版社、1975年）による。

表10　岡村からの距離と件数、金額の関係の編年推移・総括表(近世)

(単位：数、匁)

分類	項目	実数						一年平均					
		文化2～天保7(32年間)	天保8～15(8年間)	弘化2～5(4年間)	嘉永2～5(4年間)	嘉永6～安政6(7年間)	安政7～慶応3(8年間)	文化2～天保7	天保8～15	弘化2～5	嘉永2～5	嘉永6～安政6	安政7～慶応3
居村・岡	件数	448	108	84	79	45	84	14	14	21	20	6	11
	金額	250,079	119,829	53,366	24,500	23,777	135,359	7,815	14,979	13,342	6,125	3,397	16,920
	平均	—	—	—	—	—	—	558	1,110	635	310	528	1,611
隣村ⓐ	件数	865	137	88	75	96	130	27	17	22	19	14	16
	金額	990,710	280,149	109,935	83,442	229,807	491,521	30,960	35,019	27,484	20,861	32,830	61,440
	平均	—	—	—	—	—	—	1,145	2,045	1,249	1,113	2,394	3,781
隣村ⓑ	件数	372	59	70	82	116	59	12	7	18	21	17	7
	金額	361,170	62,559	152,277	284,364	369,329	378,458	11,287	7,820	38,069	71,091	52,761	47,307
	平均	—	—	—	—	—	—	971	1,060	2,175	3,468	3,184	6,415
隣村ⓒ	件数	126	13	21	16	41	40	4	2	5	4	6	5
	金額	195,604	60,214	52,003	25,532	88,384	239,436	6,113	7,527	13,001	6,383	12,626	29,930
	平均	—	—	—	—	—	—	1,552	4,632	2,476	1,596	2,156	5,986
近隣(隣村ⓐⓑⓒの合計)	件数	1,363	209	179	173	253	229	43	26	45	43	36	29
	金額	1,547,484	402,922	314,215	393,338	687,520	1,109,415	48,359	50,365	78,554	98,335	98,217	138,677
	平均	—	—	—	—	—	—	1,135	1,928	1,755	2,274	2,717	4,845
遠隔	件数	165	71	40	64	97	37	5	9	10	16	14	5
	金額	391,870	360,940	153,607	162,940	382,455	232,796	12,246	45,118	38,402	40,735	54,636	29,100
	平均	—	—	—	—	—	—	2,375	5,084	3,840	2,546	3,943	6,292
他国	件数	43	12	9	7	21	10	1	2	2	2	3	1
	金額	117,814	115,002	148,385	41,820	117,399	216,200	3,682	14,375	37,096	10,455	16,771	27,025
	平均	—	—	—	—	—	—	2,740	9,584	16,487	5,974	5,590	21,620
領主貸	件数	20	6	2	3	13	17	1	1	1	1	2	2
	金額	107,730	37,709	41,000	70,000	1,805,582	3,043,774	3,367	4,714	10,250	17,500	257,940	380,472
	平均	—	—	—	—	—	—	5,387	6,285	20,500	23,333	—	—
総合計	件数	2,039	406	314	326	429	377	64	51	79	82	61	47
	金額	2,414,977	1,036,402	710,573	692,598	3,016,733	4,737,544	75,468	129,550	177,643	173,150	430,962	592,193

①総合計欄からは、天保七年以前と天保八〜嘉永五年（以下、各取替帳の始期により、天保八年期〜嘉永二年期とする。たとえば、嘉永二年期とは嘉永二〜五年のことである）、天保八年期〜嘉永二年期と嘉永六年期〜安政七年期の違いが顕著である。

②天保八年期〜嘉永二年期で特徴的なのは、遠隔および他国地域の増加である。嘉永二年期で他国地域が減少するものの、隣村ⓑの増加がこれを補って、この期間を天保七年以前よりも各々一・七倍、二・三倍（七五貫匁余→一二九貫匁余、一七七貫匁余）の金額に押しあげている。

③嘉永六年期〜安政七年期の画期性は、領主貸の激増によってもたらされており、安政七年期で、嘉永二年期の三・四倍（一七三貫匁余→五九二貫匁余）になっている。これが、増加分のほとんどを占めている。隣村ⓑも引き続き多額を維持している。その一方で、遠隔と他国地域は伸び悩む。

（3）　居村と近隣地域の分析

ここでは表9により、（2）の総合計の検討でつかんだ傾向を、さらに深く分析していきたい。近隣地域の内容からは次の点がわかる。

①居村岡村へは、嘉永六年期を除けば、年一〇〜二〇件程度をコンスタントに貸し付けている。そして、平均金額が三〇〇〜六〇〇匁台の期間が四期あり、貸付額の僅少さが、際だっている（表10）。第一節第1項の（2）の分析では、岡田家の貸付相手が村内の中上層で、かつ小作人ではない者であることを明らかにした。しかし、それでも他村よりも格段に平均金額が少ないことが注目される。

②隣村ⓐでは、「居村同様」の藤井寺村、地主・小作関係を恒常的にもつ小山村の多さがやはり目立つ（第一節第1項の（1））。その一方で、北宮村はそれほどでもない。また、野中村・野々上村は、藤井寺村・小山村に準ず

る規模で貸付がおこなわれている。岡村から同じくらいの距離でも濃淡があることが気になる点である。ただ、全体的には安政七年期を除けば安定的に岡田家と関係を保っているといえる。(28)

③隣村ⓑでは、隣村ⓐに比べて濃淡模様が顕著になる。中でも、南宮村・西川村・小川村・沼村・古室村とは関係が極めて希薄である。ここからは、岡田家の金融を必要とする村としない村がある、という想定が成り立つ。

④この隣村ⓑでは、伊賀村・津堂村・林村・沢田村が、恒常的関係を有する村になる。(29)注目したいのは、嘉永二年期、同六年期の大井村、林村の激増である。(2)の総合計の検討での隣村ⓑの激増は、これによるものである。特に興味深いのは大井村の事例で、天保八年期までは貸付がほとんどなかったが、弘化二年期以降は激増している。これは、③で指摘した、岡田家の金融を必要としない村から、必要とする村への移行例ではないだろうか。後にその形成過程を分析したい。

⑤隣村ⓒでは、ほとんどの村と、関係が希薄である。次に検討する遠隔地域に近い状況である。

(4)　遠隔地域と他国地域の分析

①まず目につくのは、丹南郡の合計が他郡よりも多い点である。その中でも、嘉永六年（一八五三）に信楽代官所支配に移るまで幕領の丹南郡七か村（丹南郡東組）を構成していた多治井村・小平尾村・阿弥村との関係は強い。また、近隣地域の野中村（隣村ⓐ）、野々上村（隣村ⓐ）、伊賀村（隣村ⓑ）もこれと同等以上の貸付を受け続けている。野本禎司の分析では、嘉永五年に組合村から代官所に願い出た結果、代官所から岡田家に貸付をおこない、それを組合村の村々へ貸し付けていることが論じられている。(30)このように直接的な場合だけでなくとも、政治的枠組みである組合村と、経済的関係である金融とは、関係があるといえるだろう。(31)近隣の豪農から岡田家への書状をみると、第一節第3項の(2)でみた、若江郡東弓削村の松下太郎左衛門が野中村林家に仲介を依

頼した事例のように、新しく貸付を受ける場合には、借りたい本人が直接岡田家に依頼するのではなく、面識のある者から取りなしをおこなうのが通例であった。貸付を受けるのは豪農・村役人層が主である。組合村の会合などで面識があることが貸付を受ける際にプラスに働いた、と考えられる。これは、何らかの人格的関係がある相手との金融関係と評価できよう(32)。

②全体で六期あるうち、貸付を受けても一期か二期のみ、といった村が大半である。したがって、一時的に借りている事例がほとんどといえる。これらの借り手にとって岡田家は数多くある貸付相手のうちの一つであろう。

③他国の村についても、②とほぼ同様の傾向である。

④また、大坂・堺など都市との関係は極めて希薄である。この点については、後の両替商との関係の中で見ていくことにする。

(5) 小　括

(3)と(4)での検討内容を、まとめておきたい。

まず、居村を越えた岡田家の金融活動は、一定範囲の地域の中で、豪農の経営や村の成り立ちに必要不可欠な要素であった可能性が高い。必要不可欠な要素とは、年に平均して数件(最低二年に一件)程度豪農・村役人層に新規貸付をおこなう恒常的関係を築いており、後にみる大井村での事例のように、これらの者の不時の入用に応じ、また普段からそれを期待されていることを意味している。その範囲は、隣村ⓐおよび隣村ⓑの範囲(村数にして二〇か村程度)といえよう。今後、この範囲を地域金融圏とよぶことにしたい。「はじめに」で触れた竹安繁治の研究とあわせて考えれば、このような地域金融圏がいくつも成り立っていることが、天保期以降の河内国の状況であったといえるだろう。

ただ、地域金融圏の中で、その金融を必要としない村があったことも重要である。そして、岡田家が遠隔地域や他国地域にも貸付をおこなっているように、閉ざされてもいないのである。

2　隣村ⓑの大井村・林村との金融関係

前項での分析結果を具体的事例により裏付けるため、大井村・林村（いずれも隣村ⓑ）と岡田家との金融関係を分析していきたい。なお、ここで扱う村々はいずれも伯太藩領である。(33)

（1）　大井村と岡田家の金融関係

表11は、天保八年〜嘉永七年（一八三七〜五四）の、岡田家から大井村の者への新規貸付をまとめたものである。注目すべきは、天保一二年に二貫匁の貸付がある以外は、嘉永元年までほとんど貸付がない点である。それが同年九月、辻喜事市兵衛（後に岡田家が大井村に所持する田地の支配人になる市兵衛）に一貫五〇〇匁貸し付けたのを端緒に増えはじめる。この中で重要なのは、嘉永二年一一月二五日に友七・八十八におこなった四貫匁の貸付である。取替帳上は両名宛になっているが、「大井村小前肥シ代銀貸附名前控」との横帳が残されており、実際は同村の小前層一四名への貸付であった。(34)弘化年間には村内田地三町四反余（寅之助田地）が和泉国和泉郡伯太村の幾太郎に流出していることと合わせて考えると、弘化から嘉永期にかけて村内の融通機能が滞っていたと考えられる。

以後、庄屋児玉和三郎・同白江太兵次相手の巨額貸付が、時には蔵米を引当におこなわれている。これらから、伯太藩による村役人層への財政的圧迫が、このような状況の背景にあったといえるだろう。(35)

担保	金額(匁)	期日	利率(年)	利率(2)	備考
	2,000		9.600	月八	
質入	1,500		9.600	月八朱	
	10,000	酉８月	10.800	月九朱	
	4,000		9.600	月八	当初は月九
	15,000		10.200	月八半	
	10,000		10.200	月八半	
質入	780		9.600	月八	
田地質入	6,000		10.800	月九	
	1,266		12.000	月一	
	70,000		—		計70貫目
	500		12.000	月一	
	5,000		9.000	月七半	
家質	1,000		9.600	月八	
田地質入	13,500		9.600	月八	二口の証文
	1,881		9.600	月八	金30両
田地質	1,800		9.600	月八朱	
	975		—		
質入	1,000		9.600	月八朱	
田地質入	1,800		9.600	月八朱	手次市兵衛
家質	150		12.000	月一歩	
	80		—		
	3,500		10.200	月八朱半	
大井蔵米80石引当	5,200	卯５月	10.200	月八朱半	当初は月一歩
田地質入	3,500	卯５月	9.600	月八朱	当初月一歩
質入	2,000	11月	10.800	月九朱	当初月一歩
質入	1,000	卯11月	9.600	月八朱	当初月一歩

表11　大井村との金融関係

年号	支	月	日	相手	請人
天保12	丑	12	7	とめ、古市与次兵衛連印	
嘉永元	申	9	27	辻喜事市兵衛	
元	申	9	28	長右衛門、太郎兵衛、甚八、甚左衛門	市兵衛
2	酉	11	25	友七、八十八	市兵衛
2	酉	11	28	長右衛門、太郎兵衛、市兵衛外連印	
2	酉	12	17	長右衛門、太郎兵衛、市兵衛外連印	
3	戌	2	6	長右衛門	市兵衛
4	亥	3	10	辻喜事市兵衛	弥次兵衛
4	亥	9	24	辻喜事市兵衛	
4	亥	12	24	市兵衛取次口	
4	亥	12	27	惣兵衛、林村吉次郎	市兵衛
5	子	9	22	七右衛門	藤井寺政十郎
5	子	11	2	勘右衛門	重兵衛
5	子	12	8	甚八	儀左衛門
5	子	12	24	米屋太右衛門	
6	丑	3	10	庄左衛門	市兵衛
6	丑	8	28	甚八、儀左衛門	
6	丑	10	16	九右衛門	平右衛門
7	寅	3		万右衛門	新八
7	寅	閏7	26	藤兵衛	安兵衛
7	寅	閏7	26	徳兵衛	弥助
7	寅	8	26	和三郎、太平次外連印	
7	寅	11	21	庄屋和三郎外	
7	寅	12	9	与左衛門	文五郎
7	寅	12	23	甚左衛門	喜右衛門
7	寅	12		庄右衛門	孫四郎

出典：各取替帳から作成。

（2）林村と岡田家の金融関係

林村への岡田家の貸付は、天保年間以前から年一件程度おこなわれていたが、本格化するのは大井村と同じく弘化年間からである。表12も表11と同時期の新規貸付をまとめたものである。弘化三年（一八四六）と嘉永元年

（一八四八）の庄屋和左衛門と国府村庄屋吉左衛門への連印貸が注目される。これより少し前の天保一五年（一八四四）八月に古市郡飛鳥村信三郎に六貫四六〇匁、弘化二年にも二件で一三貫匁余の貸付をおこなっている。大井村と同様、伯太藩支配下の村々は、領主財政から村役人層への圧迫を、近隣豪農からの借入によりかろうじて凌いでいる状況にあった。

この点をもう一度大井村に立ち返って考えたい。岡田家の大井村への貸付が本格化するのは嘉永年間からであるが、天保末年から弘化年間にかけても林村、国府村や飛鳥村と同様に領主の財政的圧迫下にあったと考えられる。

期日	利率	利率(2)	備考
	10.560		
	10.800	月九	
	9.600	月八	奥へ付かへ
	—		勘定帳へ差出し
	12.000	月一	
	—		奥へ付かへ
	—		
	12.000	月一歩	
	—		1100目奥に付け出す
	9.600	月八朱	「未3月26日入記事あり」
	12.000	月一歩	
	—		
	8.400	月七朱	前の「奥」三口あり
	9.600	月八朱	
酉3月	10.800	月九朱	
	9.600	月八	金100両
	9.600	月八	
	9.600	月八	
	9.600	月八	13人名前あり
	9.600	月八	当初月一
	9.600	月八	
	9.600	月八	金50両代、利足用捨
	9.600	月八	
卯4月	9.600	月八朱	
	9.600	月八朱	
	—		無出入
	—		奥に付かへ
卯2月	9.600	月八朱	当初月九朱
	10.800	月九朱	飛鳥、駒ヶ谷他12人連印

表12　林村との金融関係

年号	支	月	日	相手	担保	金額(匁)
天保10	亥	3	19	丈助		882
11	子	1	12	丈助		609
12	丑	12	25	猪三太		3,128
13	寅	7	12	猪三太、平右衛門		4,000
14	卯	4	19	丈助		644
14	卯	閏9	21	猪三太		2,500
弘化2	巳	1	12	丈助		638
2	巳	6	3	丈助		642
2	巳	12	4	丈助		420
3	午	6	3	和左衛門、国府吉左衛門		3,213
3	午	12	3	丈助		321
3	午	12		和左衛門、国府村吉左衛門		6,000
4	未	9	15	丈助		639
嘉永元	申	10	21	和左衛門、国府吉左衛門		32,000
元	申	11	24	清八	林村御米切手20石引当	1,500
2	酉	8	9	和左衛門		6,370
2	酉	10	13	弥三右衛門	質入	2,250
2	酉	10	13	孫左衛門	質入	2,000
2	酉	11	30	和左衛門外13人連印貸		14,400
3	戌	3	12	和左衛門、大井卯平二外連印貸		3,500
3	戌	4	22	和左衛門、吉左衛門		10,750
3	戌	6	24	和左衛門		3,090
3	戌	12	5	徳兵衛	質入	1,200
7	寅	8	26	平右衛門、孫左衛門		3,500
7	寅	11	12	新七	林蔵米120石引当	8,238
7	寅	11	14	和左衛門、伯太屋敷入銀之内江預け		70両
7	寅	11	14	和左衛門	林村蔵米30石引当	2,066
7	寅	12	11	和左衛門		6,800
7	寅	12	31	和左衛門、大井村太平治		1,500

出典：各取替帳から作成。ただし、嘉永4～6年分は省略した。

しかし、そのときは伯太村幾太郎など別の豪農から借入を受けていたため、岡田家の取替帳に大井村が本格的に登場するのは嘉永年間になったのである。これ以降、大井村にとって岡田家からの貸付は必要不可欠なものになっていった。

3　訴訟関係史料にみる貸付の具体像

ここでは、岡田家と岡村の他の者がおこなう貸付の具体像を深めて検討するため、訴訟関係史料を中心に分析を進めていきたい。

(1)　案文留帳と金銭出入訴訟の流れ

岡田家文書には、二種類の証文・訴状案文留帳が残されている[36]。一つは文政一一年（一八二八）作成の一冊の竪帳で、もう一つは三冊の竪帳（作成時期は不明）である。後者は、前者の内容を発展させたものである。いずれも訴状の提出、返答書の作成要領など、訴訟の進行にそって詳細に案文が記されている。

文政一一年作成のものは、最初に証文案がくる。それは、預け金証文・年賦金証文・質地証文の順である。無担保の貸付が岡田家の貸付の中心をなすことは縷述してきたとおりである。この順序は、岡田家の金融形態の重要度をそのまま表現している。

さて、畿内においては所領が錯綜しており、河内国も同様である。したがって、貸付の出入においても多くが支配違いになってしまうが、金公事の領主裁判権は大坂町奉行所にあり、江戸の幕府評定所へ赴く必要はなかった。支配が錯綜していることがそれほどネックとはならず、岡田家は訴訟に踏み切ることができた[37]。訴訟費用をそれほど心配する必要はなかったのである。

訴訟の基本的な手順としては、まず支配領主の添翰を受け、相手方領主への出訴がおこなわれる。ここでの内済が不調であれば、大坂町奉行所へ出訴する。ここでも内済が図られるが、その手続きのため日延べがおこなわれたり、相手方が病気届を出せば相手方村役人を介しての見届け手続きが加わり、かなりの日時がたつのが通例である。最終的には返済しないことを不届きとして入牢がおこなわれ、その期間内になおも内済を図ろうとし、それでも不調の場合は身代限による財産の売り払いによる返済が執行される。また、訴状を提出した時点で、相手が別の者から訴え（先訴）られていた場合、これが決着するまで後の訴状提出者（後訴）は待たなければならなかった[38]。

（2）「村方書附留」にみる金融「市場」の複層性と中核的豪農

岡田家に残された「書附留」[39]は、岡田家が訴訟当事者になった場合の訴状や返答書だけではなく、他の村人が当事者になった場合のものも残されている（村方書附留）。これを分析することにより、当時の金融「市場」の構造を明らかにしていきたい。ここでは、天保後期～幕末期のほぼ中間で史料も豊富に残されている嘉永年間（一八四八～五四）を分析対象とする。訴状の大半は、願人・相手・訴訟の種類（預け銀出入、小作年貢滞出入など）・金額が記されている。

嘉永年間を通じて訴訟は七二件あり、預け銀出入（年賦出入含む、以下同様）五〇件、小作銀滞出入一一件、商売関係出入（売掛け銀など）六件、質物出入四件、他一件となる。預け銀出入のうち、三件を除き岡村の村人が願人側である。やはり、無担保の預け銀が主要な金融形態となっていることが分かる。

願人は、伊助（不明、村内所持高、以下同じ）、幸兵衛（一二石余）、庄三郎（二二・四石）、兵左衛門（四・九六石）、儀兵衛（四石余）、平助（一七石余）、藤左衛門（二四石余）、藤兵衛（不明）、茂右衛門（九・九石）、専右衛門（一四・

表13　「村方書附留」訴訟金額

金額(匁)	件数
0～ 100	6
101～ 200	11
201～ 500	14
501～1000	6
1001～2000	8
3000	2

出典：A-3-8-3、A-3-9より作成。

表14　「村方書附留」訴訟相手村名

分類	郡名	村名	件数	区分計
隣村ⓐ	丹南	藤井寺	5	
	丹南	野々上	1	
	丹南	北　宮	8	
	丹南	南島泉	3	
	丹北 志紀	小　山	10	27
隣村ⓑ	丹南	埴生野新田	2	
	丹南	伊　賀	1	
	丹南	南　宮	1	
	志紀	大　井	2	
	志紀	沢　田	2	8
隣村ⓒ	志紀	国　府	1	
	志紀	道明寺	1	2
遠隔	丹南	真福寺	1	
	丹北	川　辺	1	
	丹北	向　井	1	
	古市	広　瀬	1	
	古市	蔵之内	2	
	古市	坂　田	1	7

出典：A-3-8-3、A-3-9より作成。
註：相手先村名不明分を除く。

七石）、杢右衛門（三三石余）、清兵衛（一〇・九石）の一二名である。多くが村内の中上層の者といえよう。(40) 預け銀高（不明なものは利子を含む願い銀高）をまとめたものが表13である。平均六六二匁余、二〇一～五〇〇匁の件数がもっとも多い。表14により相手先を見てみると、村内はなく、隣村ⓐと隣村ⓑで約八〇％を占める。ただ、隣村ⓒと遠隔地域にも九件がある。また、他村からも、隣村ⓒと遠隔地域から三件の訴訟がおこされている。

　このように、岡田家以外の村内の者がこれほど多く訴訟をおこなっていることから、預け銀による貸付を岡田家が一手に引き受けるのではなく、村内の者も地域金融圏（隣村ⓐと隣村ⓑ）を中心として貸付をおこなっていることが分かる。これらの範囲と分布は、岡田家のそれと似通っている。訴訟にいたった事例でこれだけの数なのであるから、実際の貸付件数、金額はもっと多かったはずである。ただ、違いもある。平均貸付金額六六二匁余は、岡田家のこれらの地域への貸付と比べると、隣村ⓐでは半額くらい、隣村ⓑでは五分の一程度と大変少額である。岡村の貸し手の所持高が、岡田家と異なるように、貸付相手も異なっている可能性がある。少なくとも、この時期に岡田家がおこなう一〇貫匁を超えるような巨額貸付がない点が重要であろう。

第1項の(5)の小括で、岡田家の貸付の分析から、河内国の地域金融圏の存在を述べ、それらは決して閉ざされたものではないことを論じてきた。そして、複数の貸付を受けている事例（後述）とあわせて考えれば、当時の金融状況は、特定の豪農からしか金融を受けない、受けられないといったものではなく、一定の「市場」が存在し、潤沢な資金が出回っている借り手有利の状況であった、といえるだろう。しかし、少なくとも貸し手側は、自身の所持する石高に規定された元手に応じて、貸付金額に差がある複層性を帯びつつあるのが天保後期〜幕末期の状況であった。この点は、山崎隆三の指摘する、畿内における二つの経済制度の議論と関連させて考えられる[41]。岡田家の一〇貫匁以上の貸付は、庄屋や年寄など複数の連印による村借の要素が強い。領主による圧迫が強まる中で、一〇〇石規模の石高を持つ豪農は、地域金融圏の中心として村内の中上層の者とは異なる役割を果たしていたのである。このような者を、各地域金融圏の中核的豪農とよぶことにしたい。

（3）「書附留」にみる岡田家の訴訟状況

岡田家の訴状をまとめた「書附留」により、(2)と同じく嘉永期を分析していきたい。嘉永年間を通じて訴訟は五七件あり、預け銀出入四六件、小作銀滞出入三件、質物出入七件、他一件である。ここでも、無担保の預け銀出入が主である。

まずは、預け銀高（不明なものは利子を含む願い銀高）をまとめたものが表15である。平均四貫一七九匁で、件数は五〇一匁〜二貫匁が中心であるが、五貫一匁〜一〇貫匁も九件あり、注目される。(2)で検討した村内の他の者とは、平均額で六倍以上の開きがある。岡田家の貸付と、村内の他の者の貸付額の差は大きい。次に表16で相手先を見ると、地域金融圏（隣村ⓐと隣村ⓑ）が四三%を占め、隣村ⓒ・遠隔地域・他国地域で五七%となる。これも村内の他の者とは異なる。岡田家は、より広域に貸付をおこなっていたのである。

では、表17により、五貫匁以上を貸し付けて訴訟にいたった事例の地域区分を見てみよう。計一三件のうち、隣村ⓐも二件あるが、一〇件は遠隔地域と他国地域である。この両地域の巨額貸付の回収に、岡田家は苦しんでいた、といえるだろう。

次に、訴訟の結果が判明する三三件を分析していきたい。まず、身代限が執行されている事例は一件もない。

表15　「（岡田家）書附留」訴訟金額

金額（匁）	件数
0～　100	0
101～　200	1
201～　500	5
501～ 1000	9
1001～ 2000	8
2001～ 3000	4
3001～ 5000	6
5001～10000	9
10001～20000	3
30000	1

出典：A-3-8-2、A-3-10より作成。

表16　「（岡田家）書附留」訴訟相手村名

分類	郡名	村名	件数	区分計
隣村ⓐ	丹南	藤井寺	4	
	丹南	野々上	1	
	丹北	島　泉	2	
	丹北志紀	小　山	5	12
隣村ⓑ	丹南	埴生野新田	1	
	丹南	伊　賀	2	
	丹北	津　堂	1	
	志紀	沢　田	2	
	古市	軽　墓	1	7
隣村ⓒ	丹南	河原城	1	
	志紀	道明寺	1	
	古市	古　市	2	
	古市	西　浦	2	6
遠隔	丹南	小平尾	1	
	丹南	真福寺	2	
	丹南	北野田	1	
	丹北	田井城	1	
	古市	広　瀬	1	
	石川	東　山	1	
	石川	大ヶ塚	1	
	石川	毛人谷	2	
	石川	富田林	1	
	八上	菩　提	1	
	渋川	正覚寺	1	
	大県	北法善寺	1	14
他国	大坂		1	
	堺		3	
	泉州大鳥郡	福　田	1	5

出典：A-3-8-2、A-3-10より作成。

表17　「(岡田家)書附留」訴訟金額５貫匁以上村名

地域区分	郡村名	金額(匁)
隣村ⓒ	古市郡西浦村	6,000
遠隔	石川郡東山村	6,000
遠隔	石川郡毛人谷村	6,000
遠隔	丹北郡田井城村	6,000
遠隔	古市郡広瀬村	6,200
遠隔	丹南郡河原城村	6,500
他国	堺	7,115
他国	泉州大鳥郡福田村	8,000
遠隔	石川郡毛人谷村	10,000
隣村ⓐ	丹北郡島泉村	15,000
遠隔	丹南郡北野田村	15,360
遠隔	八上郡菩提村	18,000
隣村ⓐ	志紀郡小山村	30,000

出典：A-3-8-2、A-3-10より作成。

そして、先訴があって、いったん訴えを取り下げざるを得なかったものが一一件もある。これらの貸付先は、複数の豪農から貸付を受けていたのである。なお、岡田家が先で後訴があるものも一件ある。そして、金額の一部を受け取り、新証文を取り交わして貸付を継続したものが一四件でもっとも多い。何らかの形で訴訟が終了した「済」は九件である。

この「済」の内容を見ていきたい。元銀（預け銀）と利子（滞り銀）を合計した願い銀高が、相手に要求する金額であるが、元銀と利子が全額戻ってきたのは二件、元銀といくらかの利子が戻ってきたのは四件、元銀にも満たなくて「済」としたものが三件である。元銀以上の返済があったもの六件を「勝訴」とすると、全体の三三件に占める割合は約一八%に過ぎない。先訴があったものと、新証文を取り交わしたもののその後が気になるが、少なくとも訴訟が貸付の回収に即効的な機能を果たしていたわけではない。岡田家が訴訟をおこなう意図は、元銀程度を受け取れればよく、基本的には新証文を取り交わして返済を促す、というところにあったのだと考えられる[42]。

また、貸付をおこなった時期から訴訟にいたる期間は平均で六年二か月余になる。三年未満のものは、先訴があったものが多く、返済が滞る危険を察知しての訴訟だった可能性が高い。また、利子の滞る期間が判明する九件からは、三年一か月～六年一か月の間利子が滞っており、平均で四年四か月間利子が滞って出訴にいたっている。この点は次

表18　安政７年新規貸付返済表

元銀（匁）	当初利率（月利）	返済利率①	返済利率②	月数	計算利子（匁）	実現利子（匁）	返済元銀（匁）	元銀返済期間（月）	実現利率（月利）	乖離率	備考
500	0.008			1	4	4	500	1	0.008	1	
5,005	0.0085			1	43	43	5,005	1	0.0085	1	
700	0.007			2	10	10	700	2	0.007	1	
800	0.01			2	16	16	800	2	0.01	1	
3,000	0.008			2	48	48	3,000	2	0.008	1	
2,000	0.008			3	48	48	2,000	3	0.008	1	
2,600	0.01			3	78	78	2,600	3	0.01	1	
2,800	0.01			3	84	84	2,800	3	0.01	1	
6,000	0.008			3	144	144	6,000	3	0.008	1	
300	0.01			4	12	12	300	4	0.01	1	
1,000	0.009			4	36	36	1,000	4	0.009	1	
1,200	0.01			4	48	48	1,200	4	0.01	1	
1,400	0.01	0.009		4	50	50	1,400	5	0.0072	0.72	
5,600	0.01	0.009		4	202	202	5,600	4	0.009	0.9	
5,810	0.01	0.009		4	209	209	5,810	4.5	0.008	0.8	
7,150	0.0075			4	215	215	7,150	4	0.0075	1	
500	0.007			5	18	18	500	5	0.007	1	
1,500	0.01	0.008		5	60	60	1,500	5	0.008	0.8	
2,500	0.01	0.008		5	100	100	2,500	5	0.008	0.8	
150	0.01	0.008		6	7	7	150	6	0.008	0.8	
3,000	0.008			6	144	144	3,000	6	0.008	1	
7,250	0.008	0.008		6.5	377	377	7,250	6.5	0.008	1	
2,000	0.01	0.008		8	128	128	2,000	8	0.008	0.8	570匁後入れ

8,000	0.0075			9	540	540	8,000	9	0.0075	1	
2,000	0.008			13	208	208	2,000	13	0.008	1	
2,000	0.009			13	234	234	2,000	13	0.009	1	
800	0.0075	0.007		18	101	101	800	23	0.0055	0.730	
25,000	0.0085			22	4,675	4,675	25,000	22	0.0085	1	分割戻し
2,800	0.01	0.007		38	745	745	2,800	38	0.007	0.7	
200	0.008	0.008	0.007	40	32	29	200	40	0.0071	0.913	他三口と一緒に計算
720	0.01	0.01		46	331	182	720	46	0.0055	0.55	
2,000	0.008			49	784	784	2,000	49	0.008	1	分割戻し
200	0.008			53	85	75	200	53	0.0071	0.885	
2,000	0.009	0.007		53	742	742	2,000	53	0.007	0.778	
700	0.01	0.008		55	308	308	700	55	0.008	0.8	分割戻し
1,000	0.008	0.007	0.006	63	405	405	1,000	70	0.0058	0.723	
558	0.01	0.008		82	366	366	558	83	0.0079	0.790	
1,000	0.01	0.008	0.007	97	970	727	1,000	97	0.0075	0.749	別口の元利に組み込まれる
18,000	0.008	0.007	0.006	104	11,448	11,448	18,000	104	0.0061	0.764	
210	0.01	0.008		149	313	250	210	149	0.008	0.8	明治6年5月返済
200	—			—	—	0	200	3	—	—	利子なし
355	—			—	—	—	—	—	—	—	野中村林廉へ出す(検討対象外)
500	—			—	—	0	251	25	—	—	一部入銀後記載なし
6,000	0.005	0.005		63	1,890	1,200	2,000	—	—	—	慶応元年出願、別人新証文になるも以後記載なし

出典：取替帳より作成。

註：当初利率は記載のあるもののみ。ない場合は初回の返済利率によった。返済利率①②は、利率の変更が途中でおこなわれた場合の利率。

の返済状況の検討とあわせて考えたい。

4　返済状況にみる収入構造

ここでは、一年分のデータからではあるが、貸付の返済状況からその収入構造を考えていきたい。表18は安政七年（一八六〇）の新規貸付分の返済状況（領主貸を除く）を一覧にしたものである。分析のため、次のような指標を設定した。当初利率は返済開始前に書かれている利率、返済利率は実際の返済の際に適用された利率である。計算利子は、当初利率に月数を掛けた額、実現利子は実際に返済された利子額である。実現利率は、実現利子の利率、乖離率は実現利率を当初利率で除したものである。

まず、まったく元銀の返済がなされていないものがない点が注目される。二件だけ元銀の約半分しか返済がなされていないものがあるが、全体の元銀に対する返済率は九七・八％にもなる。無担保の金融で相手への「信用」で貸付をおこなっても、ほとんど返済がなされているのである。この点は、土地（質地）とは離れた金融市場の成熟と評価することができるだろう。次に、返済までの月数が一年以下の大変短いものと、数年、さらには一〇年を超える長いものの二種が混在している。ここでは、一年以下を短期、一年を超えるもの（一三か月以上）を長期として区分する。そうすると、短期が二四件、長期が一六件と短期の方が長期より多い。

表19には、月単位の返済利率の分布をまとめた。短期に月一（月一％）が五件あることが目立つ。月八朱（月〇・八％）が短期・長期とも多いが、月七、六朱が長期には見られいくぶん利率は低い。[43]平均でも、当初利率で〇・八％、実現利率では月一％ほど低くなっている。また、当初利率と返済利率との変更も、短期は八件、長期は一一件と長期の方が多い。岡田家にとっては、長期の方が、低い利率で利子を受け取る相手だったのである。また、取替帳には返済期限を記しているものもある。安政七年には、一八件の返済期限の記述（一二月の貸付に対

して翌三月などとして、数か月単位がほとんどである）があり、そのうち一三件が短期で返済されている。ここでは、貸付の段階で短期貸付であることを岡田家も貸付先もほぼ合意していることがわかる。短期の貸付相手は、米屋弥三右衛門（四件）、大伴屋与兵衛（一件）、国せん屋伊左衛門（二件）、米屋角兵衛（一件）など商号を冠した者が多く、米屋の二名は他村の蔵米を担保にしている。これらは、返済期限が設定され、実際に短期で返済されていることから、商人の営業資金として貸し付けられているのであろう。

次に表20により、短期・長期と新規貸付金額との関係を見てみよう。合計では七〇貫目余と五九貫目余で大きな差はないが、平均貸付期間は、四・一〇か月と約五六か月と大きな差が見られる。この差が、岡田家が得る収入の差につながる。短期が二貫六二〇匁に過ぎないのに対して、長期は二一貫二七九匁（一年にすると四貫五六六匁）と大きな差がある。そして、貸付をおこなう時期は、多くが一一、一二月に集中する。この年では七三％が一〇月〜一二月に集中している。したがって年末にいっせいに貸付をおこなって短期で返済がなされても、その多くは手元で遊んで休眠資金となってしまうのである。

表19　安政７年新規貸付分・返済利率分布

利率（月利）	短期	長期
0.01	5	1
0.009	4	1
0.0085	1	1
0.008	11	6
0.0075	2	0
0.007	2	5
0.006		2
合計	24	16
（平均）	0.0085	0.0077

表20　安政７年新規貸付分・短期長期比較表

	元銀（匁）	平均月数	利子収入（匁）	実現利率（月利）
短期	70,765	4.10	2,620	0.0084
長期	59,188	55.94	21,279	0.0072

また、取替帳には「叮嚀《ていねい》」といった表現が散見される。この言葉は、利子の記述の箇所に「叮嚀ニ致候間（月八朱を）月七朱ニ致候」といった文脈で用いられる。貸付の返済過程で、利子の返済を篤実におこなってくれたので、低く変更するという意味であ

る。安定的に利子を支払い、最終的に元金も返済してくれる貸付相手は、岡田家にとっても十分な利益をもたらしてくれる「お得意様」であるとの意識から、おこなわれている慣行であろう。以上から、岡田家にとって理想的な貸付相手とは、毎年（多くは一二月）利子を払い、元金の返済をおこなってくれる巨額で長期な借り手であった、といえるだろう。長期間貸付をおこなって岡田家も十分な利子を収得する、というのが幕末にいたるまで岡田家の金融経営の主要な柱だったのである。

5　預り（借用金）と都市両替商との関係

（1）　預り（借用金）の検討

岡田家の預り（以下、借用金とする）の初出は、文政三年取替帳である。しかし、ここでの相手は野々上村の野中寺と八尾の久御坊で金額も最高五〇〇匁と高くない。いずれも、貸付資金の導入といった性質ではないだろう。次の文政五年取替帳でも、林村猪三郎と菩提寺の沢田村極楽寺が相手に加わるものの、それほど状況は変わらない。のち、天保三年まで縮小を続け、同年で途絶えてしまうが、嘉永二年に復活する。

表21で嘉永二年（一八四九）～幕末期の借用金を検討していこう。[44] 相手先から、堺（都市）・代官所（領主）・遠隔地域と他国地域（豪農）の三種に分かれる。まず、堺は渡辺豫七郎と野中村の林家（当時の当主岡田伊左衛門の実家）の取次による「おかの」がいるが、額はそれほど多くない。また、支配領主の信楽代官所福井祐右衛門からは、金額は巨額だが嘉永六、七年に集中してみられるだけである。遠隔地域と他国地域からは、茨田郡諸福村東浅右衛門、若江郡八尾今井村庄右衛門、和泉国土塔村霜野郁太郎（文久三年四月、三〇貫匁、表では省略）、市次郎（慶応元年五月、六〇貫匁、同上）の四者が主である。これらは、岡田家の近隣地域からは遠く離れており、そこから岡田家は資金の供給を受けている。ただし、東浅右衛門と庄右衛門には岡田家も貸付をおこなっており、資金を融通

しあう仲であった。

嘉永七年の新規貸付は二一九貫匁余であったが、このうち一四〇貫匁余は借用金で賄われていたことになる。この年の新規貸付月利は平均〇・七二七％であり、月五朱から年七朱（月〇・六六六％）の利子を支払えば、利ざやはほとんどない。そして、借用金をおこなっている時期とそうでない時期の貸付利率に差異は見られない。借用金の有無は、新規貸付利率には連動していないのである。短期的には利ざやがなくても、長期的視点で見れば岡田家に利子収入をもたらすことから、借用金によって一時を凌いでも地域の新規貸付の必要性に応えていったものと考えられる。このように、借用金は一時的に岡田家の資金が欠乏したときに重要な役割を果たしていた。金融市場の観点からいえば、岡田家も貸付を受ける相手として市場に参加していたのであり、逆に岡田家の貸付金もこのような各近隣地域での貸付金の原資として機能した可能性がある。

（2）　大坂・堺の両替商との預け金の関係

「はじめに」で触れたように、岡田家は大坂・堺の両替商と頻繁に取引をおこなっていた。佐々木潤之介はこれらの者は「他地域の商人（傍点筆者、次も同じ）」であり、「岡田家の金融は、これらの商人にとっては、その営業活動のなかに、恒常的・構造的な要素」であったとし、岡田家に利子収入が入る〈利子生み金融〉と考えて論じている。[45] しかし、これらの者は両替商であり、岡田家の取替帳をみても利子収入は入っていない。したがって、これらの者との関係は岡田家と両替商との関係としてとらえ直される必要がある。

すでにこれらの者との関係は、佐々木が分析・詳述しているので、この関係を両替商との当座預金的な決済機関として読み直すことで十分である。すなわち、岡田家は年間を通じて頻繁に両替商に預け金をおこない、年間を通じて頻繁に引き出している。そして、この関係の中で手形のもつ比重は非常に大きく、これは、この時期

表21　嘉永以降預り（借用金）一覧

年号	支	月	日	姓名	国郡	村	金額（匁）	利率	備考	為替
嘉永2	酉	8	14	渡辺豫七郎	堺		5,000	月五朱		
5	子	2	9	卯右衛門		藤井寺	2,534	年六朱		
5	子	9	23	麻助太夫		軽墓	6,240	年六朱		
5	子	12	17	麻助太夫		軽墓	1,550			
6	丑	2	9	麻助太夫		軽墓	500		米札にて	
6	丑	5	6	麻助太夫		軽墓	1,274	年六朱		
6	丑	7	6	麻助太夫		軽墓	3,840			
6	丑	12	12	福井祐右衛門			33,175	（年八朱）	500両、120両の利金、信楽代官所。年八朱の利足を加え来る寅ヨリ丑年迄。元金百両え利足相渡可申事	
6	丑	12	晦	麻野内室おせい殿より		林	1,250	月七朱	右は芹生谷村とく家屋敷売払代銀也	
7	寅	1	19	林猪十郎		野中	664	月八朱	10両	66.35
7	寅	1	28	林猪十郎		野中	1,331	月八朱	20両	66.55
7	寅	2	1	福井祐右衛門			66,550	年七朱	1000両、寅11月20日限	
7	寅	4	21	渡辺豫七郎	堺		5,000	月五朱	具半（具足屋半兵衛）手形	
7	寅	7	26	林猪十郎		野中	1,014	月五朱	15両、奥え付かへ	67.60
7	寅	7	26	野中林取次おかの	堺		1,000	月五朱		
7	寅	12		福井祐右衛門			65,000	七朱	子11月返済済、1000両	65.00

安政2	卯	3	22	麻野内室おせい殿より		林	679	月七朱		
2	卯	7	13	野中林取次おかの	堺		3,428	月八朱	当11月限、3427.5匁	68.55
4	巳	6	14	山中粂八			1,000		伯太代官、伯太札にて	
4	巳	9		隠居　幸助			1,420		20両	71.00
4	巳	12	14	山中粂八			500		伯太代官、浅井手形にて	
5	午	1		東浅右衛門		諸福	3,213		45両代	71.40
5	午	3		東浅右衛門		諸福	1,217		17両代	71.59
6	未	7		東浅右衛門		諸福	3,567		50両代	71.34
6	未	9		浅野吉右衛門			1,800		加入	
6	未	11		東浅右衛門		諸福	2,920		40両代	73.00
6	未	12		東浅右衛門		諸福	2,920		40両代	73.00
7	申	1	6	野中林取次預り　堺おかの分	堺		5,835	月五朱	未正月よりの合計	
7	申	3		国せんや伊左衛門		丹北小山	10,000	月六朱		
7	申	4		松寿院		道明寺	2,560			
7	申	4		松寿院		道明寺	1,065		15両	71.50
7	申	6		庄右衛門		今井	17,875	月七朱	250両	71.50
7	申	7		東浅右衛門		諸福	2,172		30両代	71.15
7	申	8		東浅右衛門		諸福	2,850		40両代	71.25
7	申	12		おかの(野中林取次)	堺		1,200	月五朱		

出典：各取替帳より作成。
註：金建てはすべて銀換算をおこなっている。

（弘化期）この地域において、金融信用関係が確定していたことを意味している。手形の発行元の多くが村々の豪農であった。また、領主貸においても、これらの両替商を通じて決済がおこなわれた（第6項の(1)参照）。以上により、岡田家が金融活動をおこなううえで、これらの両替商は恒常的・構造的な要素であった、と考えられるのである。

岡田家と大坂の両替商米屋喜兵衛との関係は文政九年（一八二六）からはじまる。これは、岡田家の金融が飛躍的に発展をはじめる時期でもあった。この取引を見ると、佐々木が分析した弘化二年（一八四五）と同じ特徴をもった関係をすでに築いている。

（3）　堺両替商具足屋半兵衛・孫兵衛からの借用金

（2）では、大坂・堺の両替商との預け金を通じた関係について論じてきたが、都市に集まった資金が農村に貸付資金として入ってくることはないのだろうか。両替商の別の側面を検討することで、都市と農村の関係について分析を深めていきたい。

〔史料6〕(46)

具足屋半兵衛様　　岡田伊左衛門

貴下御頼用

向寒之砌御座候処弥御安泰被成御座奉賀候、然者過日■（ムシ、以下同じ）帳ニ差上ニ而被渡下則七日御受取ニ而廿七日差上候間宜敷御頼奉申上候、且當四月御融通■■候弐百金之内當七月ニ百金御返上残金百両之儀者當季利足丈ヶ御勘定被成下、元金之儀者今暫く其侭ニ被成置被下度候、且幸便ニ而■■ヶ間敷申上兼候得とも、當廿日頃品ニ寄り候ハヽ、弐百金計り一弐ヶ月之處御融通被成下間敷哉、御頼奉申上候、未夕聢与難分り候得共、一昨中

年ゟ入銀■■多分出銀而已ニ而既ニ當年も大ニ拂底ニ相成、右日限之頃取組約定出来候与出銀高■■可申哉与心配仕候、貴殿心得迄ニ御頼申上置候、慥成義者追日可申上候、何分宜敷御承引被成下度頼上候、先者右之段御頼方貴書如此御座候、以上

（嘉永三年）戌十二月十一日

内容は、岡田伊左衛門が堺の有力な両替商具足屋半兵衛に対して、四月に借用した二〇〇両のうち半分の一〇〇両は七月に返済したが残りは利子を支払うだけで今しばらく返済を待ってほしい、そして、嘉永元年以来貸付ばかりが多く返済が少ないため手元の金銀が払底してしまった、今月二〇日に貸付の約定がありそうなので二〇〇両ばかり融通をお願いしたい、というものである。

翌一二日の具足屋半兵衛から岡田家宛書状では、「當季利足」について「御約定之通八朱之利足」とあることから、四月には月八朱の利率で二〇〇両の融通を受けていたことがわかる。そして、新規の二〇〇両の貸付は、「時分柄之事故」との理由にて断っている。ここからは、(1)で見てきた預り（借用金）の様子が、岡田家自身の書状でリアルに述べられている。月八朱の利息で借用して貸付をおこなっても、利ざやはほとんど見込めないのに、地域の貸付要望に応えていく姿である(47)。

表22に、このような都市両替商からの借用金をまとめてみた。弘化四年～慶応元年の間に一二回借用を受けている。利息は、一回のみ月七朱半で他はすべて月八朱である。返済も数か月で終了しており、短期的な貸付資金の欠乏時に都市両替商からの借用で凌いでいる、といえよう。この借用は、取替帳の預け金取引（(2)参照）に混在して記載されている。全体の取引額も預け金取引に比べると僅少であり、都市両替商との関係は、(2)で検討してきた当座預金的な決済機能のほうが本質である。注目したいのは、(1)で検討した近隣豪農からの借用金よりも、両替商からの借用金利率の方が高いことである。両替商からの借用金は、岡田家にとって最後の手段で

表22　両替商からの借用金一覧

年号	支	月日	相手	金額	内容	支払い
弘化4	未	6月14日	具足屋半兵衛	8貫553匁	(証文渡)、利足230.4匁、3か月分月8朱	
弘化4	未	8月16日	具足屋半兵衛	120両	証札銀	12月29日、7貫650匁、利足306匁、5か月分、月8朱
嘉永2	酉	閏4月17日	具足屋半兵衛	100両	証札渡	9月晦日分、利足305.28匁、5か月分
嘉永3	戌	4月21日	具足屋半兵衛	200両	証文一通	7月24日、100両証文銀之内、12月18日、6貫375匁、519.68匁、200金之利足
嘉永6	丑	6月19日	具足屋半兵衛	300両	証文渡	丑12月15日、利足1貫26.48匁(元19貫740匁、6か月半)
安政2	卯	8月付	具足屋半兵衛	30貫匁	証文一通	10月28日、15貫匁、利足675匁(7朱半、3か月)、11月4日、15貫匁
安政4	巳	7月14日	具足屋孫兵衛	20貫匁	証文一通	11月14日、利足720匁(月8朱、4.5か月)
安政4	巳	7月23日	具足屋孫兵衛	18貫匁	証文一通	8月22日、利足144匁(月8朱、1か月)
万延元	申	5月4日分	具足屋孫兵衛	22貫匁	証文一通渡、当11月切、月8朱	申11月朔日、利足1貫56匁(5月ゟ10月迄)
万延元	申	7月13日	具足屋孫兵衛	20貫匁	証文一通渡、当10月切、月8朱	申11月朔日、利足640匁(7月ゟ10月迄)
万延2	酉	8月5日	具足屋孫兵衛	15貫匁	証文一通渡、当11月切、月8朱	酉11月9日、利足360匁(8月ゟ10月迄)
慶応元	丑	7月晦	具足屋孫兵衛	40貫匁	証文ニ而、10月切、月8朱	丑10月19日、利足960匁(8月ゟ10月迄)

出典：各取替帳より作成。

あった。したがって、都市に貯まった資金は農村には入りにくい構造となっている、といえよう。逆に、両替商への預け金には利子がつかないことから、都市へも決済用の当座預金に必要な量しか出ていくことはない。畿内においては幕末にいたるまで、金融関係を促進するのに決定的な役割を果たす利率が、農村と都市の関係を強化する方向には働かなかったのである。

6　領主貸の展開

第1項で検討した表9で、文化二年〜天保七年（一八〇五〜三六）の領主貸はほとんどが天保三年取替帳からはじまるものである。そして、嘉永六年期に渡辺氏・石川氏・土岐氏への貸付が本格的にはじまる。このうち、渡辺氏と土岐氏への領主貸が重要なので、検討をおこなっていきたい(48)。

（1）　伯太藩渡辺氏への江戸賄

渡辺氏とは嘉永七年（一八五四）から、岡田家が正月から毎月、三三〇〇両の月賄と、六〇〇両の御番所用の合計三九〇〇両の前貸しを月九朱の利息でおこない、八月以降に畿内の所領から入る年貢収納代金をもって返済を受け、一二月に清算する約定が結ばれている(49)。史料では「江戸賄」と表現されていることから、江戸の伯太藩邸の費用に充てられたものと考えられる。表23は、これを年度ごとにまとめたもので、岡田家に毎年一五貫匁程度の利子収入を安定的にもたらしていることがわかる。

表24は、初年度の嘉永七年の出銀、入銀状況をまとめたものである。岡田家からの出銀は、大坂の有力両替商米屋長兵衛と堺の具足屋半兵衛（先述）からの振出手形でおこなわれた。入銀も、特に八月〜一〇月分の銀納は泉州分で札遣いが目立っている。また、一二月の米納分にも手形が多く用いられている。これらは、大坂・堺に

表23　伯太藩渡辺氏への貸付推移

年号	支	月	金額（匁）	収得利子（匁）	利率（年・%）	利率（月）	備考
嘉永7	寅	—	215,225	15,145	10.8	九朱	月毎渡し年貢返済で請取
安政2	卯	—	226,895	14,287	10.8	九朱	同上
安政3	辰	—	245,722	—	10.8	九朱	同上、元利とも貸出額に計上
安政4	巳	—	255,776	16,378	10.2	八朱半	月毎渡し年貢返済で請取
安政5	午	—	238,190	14,310	10.2	八朱半	同上
安政6	未	—	241,786	14,544	10.2	八朱半	同上
安政7	申	—	227,000	15,100	10.2	八朱半	同上
万延2	酉	—	228,015	11,341	10.2	八朱半	同上
文久2	戌	—	335,940	20,344	10.2	八朱半	同上
文久3	亥	—	250,548	13,150	10.2	八朱半	同上
元治元	子	—	294,094	14,352	10.2	八朱半	同上
元治2	丑	—	362,642	16,545	10.2	八朱半	同上
		12	300,000	25,496	9.0	七朱半	翌寅12月期日、8月と11月に返済請取
慶応2	寅	—	—	—	—	—	—
慶応3	卯	3	495,400	32,819	10.2	八朱半	1000両を4口にて渡し、卯12月末までにほぼ返済請取、辰4月晦日完済
		4			9.0	七朱半	
		5			9.0	七朱半	
		6			9.0	七朱半	
明治元	辰	2	300,000	46,800	15.6	一分三朱	11月から12月迄3口で返済請取
明治2	巳	1	700両	—	—	—	明治5未年315両返済請取、残額新公債に
		2	700両	—	—	—	
		3	700両	—	—	—	

出典：各取替帳より作成。

表24　嘉永7年伯太藩渡辺氏への貸付の詳細

［出銀］

月	日	金額(匁)	内容
1	4	13,010	米長(米屋長兵衛)手形
1	18	6,705	具半(具足屋半兵衛)手形
2	8	20,220	具半手形
3	7	13,170	具半手形
3	18	6,585	具半手形
4	7	13,350	具半手形
4	17	6,720	具半手形
5	8	13,740	具半手形
5	18	6,840	具半手形
6	7	13,560	具半手形
6	17	6,760	具半手形、「十四日取付」
7	8	13,580	具半手形
7	18	6,780	具半手形
8	7	13,210	具半手形
9	18	6,865	具半手形、「廿五日取付」
10	8	13,360	具半手形
10	18	6,775	具半手形
11	8	6,840	具半手形
11	18	6,835	具半手形

出典：嘉永6年取替帳より作成。

［入銀］

月	日	金額(匁)	内容
8	14	7,629	河州郷寄銀、金113両2朱、札140両受取
8	16	8,557	泉州初納、金50両2朱、札5239匁取
8	24	498	河州初納追寄、金7両2分代
9	4	10,279	河州二納、金148両3分2朱、札378匁取
9	6	10,016	泉州二納、金75両2分2朱代、札4979.5匁渡
9	14	515	河州追寄、金7両3分
10	7	18,430	河州三納、金269両1分代、銀283匁渡
10	14	1,482	河州北本村分、金22両預入
10	16	12,700	泉州分同断、金91両2分、札5982.75匁、銀541.25匁
10	20	6,174	庭三口米代、銀手形にて受取
10	30	27,953	銀手形へ
11	12	3,465	国吉へ可渡分手形にて入
11	12	8,238	林村米代
11	14	2,066	林村米代
11	21	4,300	大井村米代
11	27	900	林村和左衛門より
12	1	64,585	米甚出の手形
12	1	15,000	菓子甚手形
12	11	6,800	麻野和左衛門手形にて
12	14	1,647	古室村皆済
12	14	1,025	林村皆済
12	14	3,385	国府村皆済
12	14	1,016	大黒村皆済
12	14	1,010	蔵之内村皆済
12	14	3,970	飛鳥村皆済
12	14	1,540	北木之本村皆済
12	14	5,987	大井村皆済
12	14	347	一津屋村皆済
12	14	5,078	駒ヶ谷村皆済
9	24	13,780	余時出銀
10	1	13,500	金200両取

送られて両替商への預け金勘定で相殺されている。このように第2項でみた大井村、林村のように渡辺氏支配下の村々への貸付から得る利子と、領主貸への利子で、岡田家は二重の利子収得の機会があったのである。

（2）沼田藩土岐氏への領主貸と藩札への関わり

沼田藩土岐氏は、藩札（米札）を畿内において発行していたが、岡田家も幕末に関わりを持つことになる。この点を検討していこう。[50]

〔史料7〕[51]

差入申規定書

一沼田御領分為通用先年
公邊願済之上御摺出ニ相成候米札之儀、通用方不弁利之儀候ニ付御頼談之上、札数百五拾貫目此度其元殿江御請負被成小印差加御廻方可被成様御示談行届申候、然ル上者不時乱札者不及申萬一不通用之儀等出来候節者、御屋敷幷ニ米札名前ニ不抱御領分村々江引受少茂無滞早速引替其許殿江御迷惑御損難等一切相掛申間敷候、為後念一札依而如件（以下略）

これは、文久元年（一八六一）一二月に、沼田領一三か村世話役庄屋（太田村・沢田村・寺内村・六郷中野村・八尾木村）の連印で岡田伊左衛門宛に差し出されたものである。内容は、地域において米札の通用が不便なので一五〇貫匁分を岡田家が請け負い（小印を押して信用を付与する）地域において「廻方」（通用）させて欲しい、万一信用が失墜して引き替えた藩札が手元に残った場合は沼田藩領の村々で引き受けるので一切迷惑は掛けない、というものである。

実際には翌文久二年一二月に一〇〇貫匁を岡田家は請け負うことになるが、その際には沼田藩との間で、①沼田藩は米札を引き受けている間七人扶持を岡田家に与える、②岡田家は「米札引受中御益銀」を年四朱の割合で沼田藩に納めることが決められた。残りの五〇貫匁は、近隣の大堀村大堀徳三郎が引き受けている。取替帳の記事では、同月に一〇〇貫匁の「米札類」を受け取った、との記述があることから、これに岡田家は小印を押して地域で通用させたのであろう(52)。

土岐氏には、天保一〇年（一八三九）以降断続的に三〇貫匁程度の貸付をおこなっている。文久元年一二月の七五貫匁の新規貸付とそれまでの未返済分二五貫匁の合計一〇〇貫匁には年八朱の利子が付いていた。史料7でみた藩札の「御頼談」は、この新規貸付と並行しておこなわれていたのである。岡田家からの領主貸しの利子年八朱と、受け取った米札類の御益銀年四朱は相殺されて、年四朱の利子を岡田家は毎年受け取っている。このような取引は、領主にとっては一〇〇貫匁の融通を受けることと、年八朱の利子を四朱に減らせる利点があった。一方の岡田家にとっては、領主貸によって受け取る利子が減る分、一〇〇貫匁の貸付資金が手元に残ることになる。これを地域において運用すれば、領主貸の分と併せて年一〇％を超える貸付運用ができたものと考えられる。

この米札引請への関わりをもっとも顕著に表すのが、慶応三年（一八六七）八月の動きである。「御米札請主名前帳」（表25）は、二一名の請人により総額二七一一貫匁の米札を、七〇〇貫一七〇匁の出銀により発行しようというものである。比率は、二五・八二七％であるから、元銀に対して約四倍の米札を出銀者は手にして運用することができる。岡田家は二五貫八二一匁を月一歩の利率で拠出し、領主は翌年より一〇年賦で返済することになる。これによって岡田家は一〇〇貫匁の貸付資金を手にした。米札引請に関わるのと並行して、岡田家は土岐氏への領主貸も多くおこなっていく（表26）。そして、それは貸付による利子収得を図る当初の姿から、慶応元年一一月から無利息による融通講への貸付が開始されるように、共生的な性格を強めていった。

ここで見てきたような米札の引請を岡田家の側から持ちかけたのか、領主や沼田領一三か村の側から話があっ

表25　御米札請主名前帳（慶応３年８月）

村名	名前	（米札額・匁）	調達（此割）	（比率）	手当銀（此割）	（比率）
道明寺	山脇勘兵衛	100,000	25,821	0.258	11,107	0.111
八尾木	高田正次郎	200,000	51,641	0.258	22,213	0.111
寺　内	上村吉兵衛	100,000	25,821	0.258	11,107	0.111
寺　内	大村吉兵衛	100,000	25,821	0.258	11,107	0.111
形　部	岡本清左衛門	50,000	12,910	0.258	5,553	0.111
喜　連	浅井助左衛門	100,000	25,821	0.258	11,107	0.111
大　堀	大堀徳三郎	500,000	129,104	0.258	55,533	0.111
大　堀	大堀徳三郎請ニ成ル方	150,000	※ 38,731	0.258	16,651	0.111
北野田	西井傳兵衛	100,000	25,821	0.258	11,107	0.111
北野田	嶋澤松五郎	50,000	12,910	0.258	※ 5,553	0.111
北野田	西井良蔵、西井伊兵衛	100,000	25,821	0.258	11,107	0.111
北野田	西井清三郎	50,000	12,910	0.258	5,553	0.111
市　場	木綿屋九左衛門	50,000	12,910	0.258	5,553	0.111
今　井	杉田弥右衛門	63,000	16,267	0.258	6,993	0.111
築　留	高田清三郎	100,000	25,821	0.258	11,107	0.111
沢　田	高橋角兵衛	140,000	36,152	0.258	15,549	0.111
深　井	外山平七郎	163,000	42,087	0.258	18,094	0.111
太　田	乾権右衛門	40,000	10,328	0.258	4,443	0.111
岡	岡田伊左衛門	100,000	25,821	0.258	11,107	0.111
岡	岡田伊左衛門取次	50,000	12,910	0.258	5,553	0.111
小　山	葭矢佐助	50,000	12,910	0.258	5,553	0.111
古　市	清水次郎兵衛	150,000	38,731	0.258	16,651	0.111
小　山	木綿屋利右衛門	125,000	32,276	0.258	13,882	0.111
—	御札元四人中	80,000	20,642	0.258	8,885	0.111
合計		2,711,000	700,170	0.258	300,067	0.111

出典：55-32-5より作成。
註１：「調達」は実際の出銀額、「手当銀」は米札引替所の手当銀を積み置いたもので出銀はともなわない。
　２：※は誤記を訂正した。「調達」の合計も若干合わない。

表26　幕末期沼田藩土岐氏への貸付状況

年号	支	月	日	相手名	金額（匁）	期日	利率（%）	利率(2)	備考
嘉永６	丑	11	19	三宅武左衛門、秋田弥多兵衛	30,000		8.400	月七	
安政元	寅	12	13	同内三宅武右衛門、秋田弥多兵衛	15,000		7.200	月六	
安政６	未	12	21	同内秋田弥多兵衛	30,000		8.400	月七	
文久元	酉	12	15	同断秋田弥多兵衛他４人	75,000	戌３月	8.400	月七	米札預りで返済
2	戌	10	29	同断秋田弥多兵衛他４人	20,000		—		利率不明
2	戌	11	13	同断秋田弥多兵衛他４人	10,000		—		利率不明
2	戌	12	16	同断秋田弥多兵衛他４人	25,000		—		利率不明
2	戌	12	16	同断秋田弥多兵衛他４人	20,000		—		利率不明
2	戌	12	26	同内秋田弥多兵衛、西林金助	25,000		7.200	月六	７年利付年賦
元治元	子	12	19	同内秋田弥多兵衛、西林金助	60,000		8.400	月七	丑ゟ５か年済月７朱
慶応元	丑	11	11	同屋敷融通講	10,000		0.000	無利足	
2	寅	12	4	同屋敷融通講	10,000		0.000	無利足	
3	卯	11	20	秋田弥多兵衛、西村金助、佐々木廉之助	25,800		12.000	月一	利付、辰より10年賦
3	卯	12	27	同屋敷融通講	10,000		0.000	無利足	
明治元	辰	12	4	秋田弥多兵衛、西村金助、秋田金米	金400両		14.400	月一二	
元	辰	12	10	同屋敷融通講	10,000		0.000	無利足	
2	巳	12	9	同屋敷融通講	10,000		0.000	無利足	
2	巳	12	24	秋田弥多兵衛、西村金助、秋田金米	金300両		24.000	月二	午ゟ５か年済
3	午	12	12	同屋敷融通講	10,000		0.000	無利足	

出典：嘉永６年・安政７年取替帳より作成。

たのかを、史料から明らかにすることはできない。しかし、近隣の豪農からの預り金（借用金）や都市両替商から利子付の借用金を受けながら岡田家の金融活動がおこなわれていたことは、すでにみてきたとおりである。米札引請で支払う利率は、この二つの借用金のいずれよりも低い。したがって、米札による貸付資金を得ることは岡田家にとって十分な利点があった、ということはいえよう。このような関係は、地域の貸付要望に応えながら、金融経営の発展を図る岡田家にとって、十分なメリットをもたらしながらも、銀札価値の下落にみずから寄与してしまう矛盾を孕んだものであったことも重要である。

また、地域金融圏との関係では、表25で名前の出てくる村の周囲に、岡田家が築いていたのと同じような地域金融圏が築かれていたと考えられる。たとえば、みずから五〇〇貫匁の米札の請主となった大堀徳三郎の居村大堀村の周辺には、大堀村・小川村・若林村・別所村・西川村など、岡村から比較的近くにありながら、岡田家からの貸付が少ない村々がある（表9参照）。大堀徳三郎も岡田家と同様、中核的豪農であった可能性が高い。そして、第5項の(1)でみたように、各地域金融圏の中核的豪農同士が、貸付資金を融通しあうのと同じように、これらの者同士が連合して貸付資金の増加を図る広大なネットワークが形成されていたのが、幕末期河内の金融状況であった。

おわりに

本章の検討内容を要約すると以下のようになる。岡田家の金融活動は、文政期を画期として急激な発展を遂げ、隣村ⓑまでを範囲とする地域金融圏を形成した。しかし、その範囲内でも他の豪農が貸付をおこない、また他村からも貸付を受けるなど開かれた構造をもっていた。そして、石高一〇〇石以上を持つ豪農（中核的豪農）の展開する金融活動と、二〇～五〇石程度の豪農では、その規模、範囲に隔絶した違いがある。小前層相手の金融も村内では展開されていたと想定でき、三層の構造を有していたのである。この点は第三章で分析を進めていきたい。

このような背景として、次のような諸点が考えられる。すなわち、村落共同体が他村の者に土地を所持されることに対して抵抗することにより豪農の土地取得活動が制限を受け、全国的にみて生産力の最先進地域であるこの地域の豪農の手元には、貨幣（貸付資金）が貯まっていった。他方、不作による経営への打撃や領主の財政的圧迫による御用金や年貢立替などにより困窮した豪農への貸付を通じて、岡田家のような中核的豪農は成長を遂げた。その内容は、長期に貸付をおこなって利子収得と元金の返済を求めることを基本的な姿勢としていた。本章では十分に追究できていないが、これは相手の豪農の経営の立ち直りを待つことや、岡田家から貸付を受けた資金を村内の小前層に貸し付けて、村が立ち直るまで返済を待つなどの機能を果したと考えられるだろう。これが、岡田家の金融活動の主軸であった。

一方で、商人相手の短期貸付も、新規貸付金額では長期貸付を超えるまでに成長を遂げた。しかし、その収入に占める割合は少なかった。ただ、このような貸付が、地域全体の資金需要を増大させ、金融活動を活発化させた点は重要である。

そして、金融活動による収入は、米価が高騰する幕末の数年（文久三年～慶応三年）を除き、嘉永期以降は恒常的に手作と小作による収入を上回っていたと考えられる（表27）。安政七年（一八六〇）の比較では、手作と小作による徳二七貫匁余に対し、地域に対する新規貸付による利子収入が二〇貫匁余（複数年にわたる返済の結果）、渡辺氏への領主貸で一五貫匁余で、金融活動による収入が五六・四％となる。岡田家は、地主から「金融の家」へとシフトしたのである(53)。

このような金融活動は、豪農同士の手形による取引や、領主貸での決済を円滑におこなうための都市両替商との当座預金的な為替取引を構造的に不可欠としていた。しかし、その預け金には利子が付与されず、これら両替

表27　金融収入、作徳収入比較表

年号	支	金融(匁)				手作・小作の徳		岡田家所持高(石)	岡村米相場(匁/石)
		新規貸付額	収入額	(伯太藩)	合計	(匁)	(石換算)		
弘化2	巳	160,711	—	—	—	—	—	200.0	—
3	午	224,659	—	—	—	—	—	—	—
4	未	149,289	—	—	—	—	—	—	—
5	申	180,129	—	—	—	9,980	113.4	—	88.0
嘉永2	酉	181,661	—	—	—	14,416	144.2	—	100.0
3	戌	168,144	—	—	—	8,906	74.2	—	120.0
4	亥	210,175	—	—	—	16,181	202.3	—	80.0
5	子	132,612	—	—	—	12,699	135.1	—	94.0
嘉永6	丑	193,879	48,894	—	48,894	1,714	15.3	—	112.0
7	寅	219,131	—	15,145	—	20,370	254.6	295.6	80.0
安政2	卯	257,950	—	14,287	—	14,248	195.2	—	73.0
3	辰	149,210	—	—	—	11,607	135.0	—	86.0
4	巳	242,160	—	16,378	—	23,438	224.3	—	103.2
5	午	271,295	—	14,310	—	25,888	190.4	274.8	135.2
6	未	259,508	—	14,544	—	26,254	218.8	—	131.0
安政7	申	138,208	20,850	15,100	35,950	27,767	173.5	289.7	160.0
万延2	酉	384,765	—	11,341	—	27,520	205.4	329.4	133.0
文久2	戌	344,896	—	20,344	—	35,351	210.4	—	166.7
3	亥	91,795	—	13,150	—	49,645	269.4	—	184.3
4	子	284,160	—	14,352	—	—	—	318.7	300.6
元治2	丑	281,279	—	42,040	—	101,805	224.3	—	454.0
慶応2	寅	363,231	—	—	—	182,671	152.2	—	1200.0
3	卯	364,780	—	32,819	—	143,071	261.3	—	547.5

出典：各取替帳、28-5、Z-22-1・2による。一部佐々木『幕末社会の展開』表55・56を訂正して使用した。

商からの借用金も一部にはみられるが、利率の高さから限定的であった。都市と農村の関係は、両替商との間では恒常的ではありながらも、局部的なものにとどまった。

一方、領主との関係では、江戸賄に進出して多額の利子を得ることがおこなわれた。これは安定的かつ高利であったことから、全体の貸付額の約六割にも達した。領主との関わりはこれだけにとどまらず、銀札・米札引請により、膨大な貸付資金を手元に保持することも可能になった。慶応三年（一八六七）には、その発展形態である米札への共同出資を遠隔地域の豪農と共同でおこなうまでになった。このような大量の銀札・米札の引請は、地域の銀札流通量に影響を与えたと考えられ、一方で岡田家は地域への貸付資金を得ることができたものの、他方で膨大な銀札を地域に流通させる結果となり、銀札の通貨価値自体を下落させる構造的矛盾を孕むことになった。

さて、佐々木潤之介はこのような岡田家の金融活動を、金融は一見きわめて順調であったが（米価の上昇による実質的な縮小のもとでの順調さであり、決済状況からいえば、個別貸の非円滑さが問題であった、としている(54)。しかし、本章で明らかにしたように、岡田家の金融においては、貸付の円滑さ、回転の速さではなく、長期に貸すことが多大な利子収入をもたらしているのであるから、このような評価は実像に即したものではない。

また、実質的な縮小も、当時の銀相場の下落が大きく寄与している。表28で下作値段の下落を金換算で見てみると、その値上がり幅は随分と小さなものになる。幕末の変動による米価の上昇は大きな問題であるが、この銀相場の下落は岡田家などの中核的豪農がおこなった銀札の引請が大きな影響を与えているのである。

そして、いまや命運つきそうになっている領主への貸付（領主貸）を大きな金融対象としなければならない状況を否定的にとらえているが、順調な利子取得と銀札・米札引請による貸付資金を得たことを考えると、岡田家も金融活動を拡大するために、領主権力を不可欠なものとしていた。岡田家の金融活動は、貸付期間が長期で相手豪農や村の立ち直りを気長に待つことと、領主貸と銀札・米札の引請を構造に組み込んでいた点で近世的な性

表28　幕末期下作値段米相場（銀建て、金換算）の比較

年号	銀建て米相場（匁）	（指数）	金換算米相場（両）	（指数）	金相場（匁）	（指数）
安政7	160.0	1.0	2.238	1.0	71.50	1.0
万延2	133.0	0.8	1.855	0.8	71.70	1.0
文久2	166.7	1.0	2.348	1.0	71.00	1.0
文久3	184.3	1.2	2.168	1.0	85.00	1.2
文久4	300.6	1.9	3.666	1.6	82.00	1.1
元治2	454.0	2.8	4.779	2.1	95.00	1.3
慶応2	1200.0	7.5	11.765	5.3	102.00	1.4
慶応3	547.5	3.4	4.212	1.9	130.00	1.8

出典：米相場はZ-22-1・2による。
註：金相場は佐々木『幕末社会の展開』表40の数値による。

質を体現したものであった、と評価するべきものである。

また、佐々木は、豪農の政治主体化が十分ではなかった原因として、兵農分離制と、現実の幕藩制国家が豪農たちにとって、決定的な桎梏とはなっていなかった点をあげている。後者については、村請制下における年貢納入方式と、領主の商品生産・商品経済への対応を問題としている。

だが、このような問いへの答えは、まずもってその時の豪農がおこなっていた家経営の課題に即して考えるべきであろう。本章で明らかにしてきた岡田家の経営状況からは、次のようにいえるだろう。こと畿内に関する限り、豪農が村外の土地への投資をおこなう際の制約の存在と都市との関係が局部的であることにより、手元に貨幣が膨大に所持され、信用による金融関係が成熟し、経営発展の方向が金融に向かいやすい構造であったことが重要であった。佐々木の世直し状況論において、村落共同体の議論への組み込みが弱いことへの批判が、八〇年代以降の研究史において大きな成果をもたらしてきたが、一見、これとは関係がないように見える金融活動においても、もっとも根幹のところでその構造を規定しているのである。

この点で、文政後期から幕末の数年間を除く長期間、金融活動からの収入が、作徳・小作料といった土地に関わる収入を上回っている点を重要視したい。金融活動をおこなううえでは、領主貸のみならず、領主裁判権は重要な機能を果たしていたし、貸付の資金を獲得するには銀札・米札の引請も大きな意味をもった。領主は決定的

な桎梏となるどころか、領主権力と共生することが家経営にも重要であったため、豪農の政治主体化は未熟であった、といえるのではないだろうか。

（1）佐々木潤之介「幕末期河内の豪農」二八四頁（『幕末社会の展開』岩波書店、一九九三年）。
（2）渡辺尚志編『畿内の豪農経営と地域社会』（思文閣出版、二〇〇八年）序章で述べられているように、佐々木が見ることができなかった多くの新出史料がある。佐々木の論考は弘化二年と安政七年の取替帳の分析によりおこなわれているが、現在は享和～明治まで分析対象とすることができる。本章は同編書の第五章として書かれたものである。以降、同編書からの引用は、渡辺編書第○章のように表す。
（3）岡田家と取引のある者には、米屋喜兵衛・米屋長兵衛・銭屋宗兵衛・具足屋半兵衛・具足屋孫兵衛がある。このうち、前三者は大坂の手形取り扱い商人であり（中川すがね『大坂両替商の金融と社会』清文堂出版、二〇〇三年、付表「近世後期大坂の手形取り扱い商人」）、後二者は堺の油問屋兼有力両替商（『堺市史』第五巻、四二七頁および第六巻、一三三頁、一九二九年）であった。
（4）註(1)佐々木前掲書、二四〇頁。佐々木の作成した表47において、慶応三年の貸付金額を二二六〇貫匁としているが、これから都市両替商との取引〈米長貸付〉〈具孫貸付〉を除くと、同年の貸付は小計欄の九九五貫六五三匁とするのが正しい。同じく文久三年を例にとると、一三一六貫五四〇匁が三九二貫三三四匁になるなど、実際の〈利子生み貸付〉の規模に大きな違いがでる。
（5）竹安繁治「地主富農経営の一郡的成立」（『近世畿内農業の構造』第四章第三節、御茶の水書房、一九六九年）。
（6）山崎隆三『地主制成立期の農業構造』（青木書店、一九六一年）。
（7）これに関連して、畿内村落における豪農の金融活動をとりあげた研究に福山昭（『近世農村金融の構造』雄山閣出版、一九七五年）によるものがある。余った資金の預け合いや身代限の事例検討など、同書は重要な内容を含んでいるが、本章ではさらに一歩踏み込んだ構造的な分析によって地域における豪農の金融活動を解明していきたいと考えている。
（8）それ以前は「万覚帳」との名称であるが、内容は享和二年の取替帳と同じである。この分析は、註(2)渡辺前掲編書

第二章の小酒井論文を参照されたい。
(9) ただし、明治三年取替帳は岡、東西南北の地域区分のみおこなわれ、明治一四年取替帳になると、地域区分すらなくなる。このような「後退」は、本書第二章でみるような金融活動の低迷と関連している。
(10) この点は拙稿「豪農金融の展開と地域」(平成一五年度~一七年度科学研究費補助金　基盤研究(B)(1)研究成果報告書『戦国末~明治前期畿内村落の総合的研究』、研究代表者渡辺尚志、二〇〇六年、以下「科研報告書」とする)において詳しく述べている。なお、弘化二年取替帳は、地域区分のみがなされ、嘉永六年にいたって天保三年の形態に戻っている。天保一五年におこなわれた当主の交替と貸付の整理によるものと思われる。この貸付整理は興味深い内容であるが、今後の課題としたい。
(11) 佐々木の分析は年末の貸付残高をまとめたものであり、本章の新規貸付件数と金額による分析とは指標が異なっているが、佐々木の示した享和二年の貸付残高と同年取替帳を集計し比較したところ、金額がほぼ同一であった。
(12) 地域区分がはじまるのは文化一二年からである。この時の区分は、岡村・藤井寺村・東・西・南・北であり、文化一五年に小山村、文政八年から未申(南西の方角)が加わる。
(13) 註(2)渡辺前掲編書第三章小田論文参照。同論文は、註(10)「科研報告書」所収の同名論文を改訂・増補したものである。
(14) 舟橋明宏「岡村」(『藤井寺市史』第二巻通史編二近世、二〇〇二年)。
(15) 註(13)小田「科研報告書」論文、表4。
(16) 森田周作氏文書「古市村富農・名家書上げ」(『羽曳野市史』第五巻史料編三、一九八三年、四二五頁)。
(17) 林正路家文書「享和元年　被仰渡候御請書差上帳」(『藤井寺市史』第八巻史料編六、一九八九年、一七頁)。
(18) 丹南郡伊賀村今西家文書E—六。羽曳野市史編纂室発行『市史編纂資料目録』七(一九八〇年)の史料番号による。
(19) 一橋大学附属図書館所蔵岡田家文書A—三—四。以下、同文書からの典拠を示す場合は、史料番号(請求記号)のみ表記する。
(20) B—一—七。
(21) A—三—四。

(22) 四二―一九―二六。
(23) 註(2)渡辺前掲編書第三章小田論文、表2。
(24) 一―三二―一。
(25) 一―三二―一三九。
(26) 一―三二―三六。
(27) ここでの隣村ⓑまでの範囲はおおむね半径二・五キロであるので、地域金融圏は居村から半径二・五キロまでの範囲としておきたい。隣村ⓒまではおおむね半径四キロであるので、近隣地域は居村から半径四キロまでの範囲としておく。註(2)渡辺前掲編書第三章小田論文の表2（一三〇頁）によると、岡田家の所持地はほとんどが隣村ⓑまでの範囲におさまり、それ以外の村は道明寺（隣村ⓒ）、片山（範囲外）、新堂・立部（範囲外）があるのみである。小作米の滞り一件があった蔵之内村と片山村（三八頁）は、隣村ⓒの外にある。おおむね四キロ（約一里・片道徒歩一時間）の距離が、当時手作り出来る限界だったと考えておきたい。
(28) 小山村は丹北小山・志紀小山、島泉村は島泉・南島泉と分かれているが、取替帳では判然としない場合が多いので、一村として分析をおこなう。
(29) 第二節第1項の(5)を参照。
(30) 丹南郡七か村（丹南郡東組）は、寛政一一年から弘化四年まで岡・野中・野々上・伊賀・多治井・小平尾・阿弥の各村。弘化四年に阿弥村が抜けて、北宮・南宮・河原城・平尾・埴生野新田の各村が加わる。嘉永六年以降は、岡・野中・野々上・伊賀の各村が岡村組となる（註2渡辺前掲編書第七章野本論文、表4）。
(31) 地域における政治的関係と経済的関係を論点とすることの重要性は、渡辺尚志「地域社会の関係構造と段階的特質」（『一橋大学研究年報　社会学研究』三九号、二〇〇一年、のち同『豪農・村落共同体と地域社会』柏書房、二〇〇七年に再録）による。金融にとどまらず、地主・商業も含めた経済的関係と、同論文で氏が分析した用水組合など、さまざまな局面での諸関係の分析が今後も重要なのはいうまでもない。
(32) 本書に再録するにあたり、この点は付け加えた。
(33) 一万三五〇〇石の譜代小藩渡辺氏。和泉国和泉郡伯太村に陣屋を構える。

(34) 註(2)渡辺前掲編書第六章天野論文(初出は「科研報告書」)参照。大井村における岡田家の小作地取得とその経営については、同論文を参照いただきたい。

(35) 第二節第6項の(1)でみるように、伯太藩渡辺氏の領主貸状況をまとめた表24で岡田家への入銀を見ると、嘉永七年一一月一二日、一四日、二一日の林村、大井村米代とあるのは、表11・12の同日の蔵米を担保とした貸付である。伯太藩は、大井村と林村の年貢米を在払いして庄屋に渡すのと引き替えに、庄屋に岡田家から銀を借りさせて江戸賄の先納銀を払わせているのである。また、岡田家の江戸賄がはじまる前年の嘉永六年には、林村の庄屋和左衛門と国府村吉左衛門、北木本村重五郎が連印で、三五貫匁余の巨額を借りている。いずれも伯太藩領であることから、これは村借りであろう。蔵米や米切手を担保とした貸付は、米相場の動向次第では庄屋層に利益をもたらす可能性もあるが、領主の財政の立替による圧迫を受けていたと考えていいだろう。

(36) A―四―二、A―四―一二―一〜三。

(37) たとえば、信濃国更級郡今里村で広域に金融活動を展開した更級家の場合、支配違いの金公事訴訟は江戸の幕府評定所に対しておこなっている。この点で畿内近国は金融活動を展開する上で有利な条件にあったと考えられる。更級家の金融活動については本書第五章第三節および第六章を参照されたい。

(38) 法制史研究の分野では、大坂町奉行所では身体限が普通におこなわれた、とする見解がある(神保文夫「西欧近代法受容の前提――大坂町奉行所民事裁判法の性格について――」〈石井三記ほか編『近代法の再定位』創文社、二〇〇一年所収〉)。岡田家文書のなかの裁判事例を見ても、確かに身体限が実施されている場合もあるが、そうでない事例も多い。また、百姓同士の裁判にあっても、大坂町奉行所が町人同士、もしくは片方が町人の場合と同様に裁許したのかも大きな問題と考えているであるので、現状では岡田家文書での裁判事例をもとにこのような表現とした。また、江戸の出入筋における本公事と金公事の分化の問題と、裁判での実態も重要な問題である。いずれも、今後の検討課題としたい。

(39) 「書附留」は、文政八年以降ほぼ脱漏なく残されているが、時期により精粗がある。なお、当初は家関係も村方関係もすべて一冊に記載してあったが、天保期から、①岡田家の出入り関係の訴状類をまとめた「書附留」、②岡村の庄屋としての願書や村人の訴状に対して奥印したものをまとめた「村方書附留」、③丹南郡七か村組合村関係の訴状などをまとめた「郡中郷中書附留」、の三つに区分される。

(40) 石高は弘化五年の宗門人別帳による（F―一―六二―一・二）。

(41) 註(6)山崎前掲書。この中で山崎は、畿内にはなお二〇～五〇石程度を所持し雇用労働による手作りを基本的な形態とする富農経営を中心的なものとしながらも、一〇〇石程度を所持し過半を小作に出すものの存在も指摘している。この二つは金融によって相補い合っていたといえよう。

(42) 明治三年取替帳には、「不勘定」として近世の貸付のうち、返済が滞っているもの（文政五年～文久元年の新規貸付分）をまとめて書き出している。合計四七件、四九貫五六四匁になる。この中に、ここで分析した嘉永年間の岡田家の貸付のものは含まれていないことから、新たに証文を結び直して最終的には返済がおこなわれたものと考えられる。

(43) 元金が一貫匁で月八朱の利率の場合、一か月で八匁（〇・八％）の利子が付く。閏月は多くの場合は除外されているが、訴訟にいたった場合の滞り利子の算出や領主貸の場合は付くことが多い。年単位の利子（年六朱）の場合は、元金一貫匁であれば年六〇匁の利子が付く。

(44) ただし、安政七年以降の分析は、註(1)佐々木前掲書、表54（二三八頁）においてなされているので、ここでは嘉永二年～安政七年のデータを掲げるにとどめる。以降の時期については、同表を参照されたい。なお、同表では霜野郁次郎と市次郎は七塔村となっているが土塔村が正しい。

(45) 註(1)佐々木前掲書、二二六頁。両替商については註(3)参照。

(46) 四二―六六―四。翌一二日付返書も同じ。

(47) 佐々木は、国府村質主新七と具足屋孫兵衛との関係を岡田家が取り持っていることを、「町方商人の地主化を支える請負人の役割すらも果たしていた」（註1前掲書、一八三頁、註3）としているが、返済が滞った場合に遠隔地域の土地を受け取る危険を岡田家が負っていることを考えると、みずからが資金不足であるための岡田家の対処と位置づけるべきではないだろうか。このように、地域の貸付の要望に対して、短期的な利益は見込めなくても、それに応えることによって長期的にみた場合の利益を得ることが岡田家と地域との関係の基本であったと考えられる。

(48) 渡辺氏については註(33)参照。石川氏は常陸国下館藩（二万石）、土岐氏は上野国沼田藩（三万五〇〇〇石）、秋元氏は上野国館林藩（弘化二年以降、六万石）、大久保氏は相模国小田原藩（一一万三〇〇〇石）、高木氏は河内国丹南藩（一万石）。『藩史大事典』第二巻および第五巻（雄山閣出版）による。

(49) 手書A―二三―四三六。

(50) 岡田家は、沼田藩土岐氏の米札請負以前に、石川氏との間で安政五年に一〇〇貫匁の銀札引請をおこなっている。内容は、ここで検討する沼田藩の場合と同様であることが取替帳の記載から確認できる。ここでは、請負条件などの史料が残っている沼田藩を検討の対象とした。

(51) 手書A―一三―二四三。

(52) 手書A―一三―二四五・二四九。

(53) 金融収入額がいつから手作・小作の収入を上回っていたのかを明らかにするのは今後の課題とせざるを得ないが、おおよその目途を示しておきたい。弘化五年以降五年間の手作・小作収入は年平均一二貫五〇〇匁程度なのに対して、安政七年は一三八貫匁の新規貸付額で二〇貫匁余の収入を得ている。表1では⑫期（文政一一年~天保二年）から同程度以上の新規貸付額があるので、遅くともこの時期には金融収入額の方が上回っていたと考えておきたい。

(54) 註(1)佐々木前掲書、二八五頁。次の領主貸についての評価も同箇所。

〔附記〕 本稿の作成では、一橋大学附属図書館の関係の方々、文書所蔵者の今西正樹氏、羽曳野市教育委員会歴史文化課高野学氏にお世話になりました（所属等はすべて初出当時）。また、二度報告させていただいた河内国研究会では多くの貴重な助言をいただき、羽曳野市と藤井寺市のフィールドワークでは一橋大学大学院社会学研究科「企画実践力強化部門」による助成をいただきました。みなさまにお礼申し上げます。

〔補註〕 第一章（註2渡辺前掲編書では第五章、以下同じ）および第二章（編書では第九章、以下同じ）については、所収された編書への書評において、管見の限り三点で言及をいただいている。

大口勇次郎氏は、第一章を「岡田家の幕末期の金融をとりまく諸条件とその構造をめぐる分析は特に興味を引いた」と評価したうえで、①他領の豪農と小藩の領主経済に貸し付けた利子収入が幕末まで安定的に確保されており、外から収奪された利子収入によって、岡田家周辺の地域経済が潤っていると読み取ることが出来る、②このような地域経済の繁栄は岡田家が幕領直轄地の庄屋という条件に大きく規制されているとも考えられる、と指摘された。いずれも、首肯しうる指摘であり、①については、第三章の分析でみるように、「潤っている」という表現は別として、少なくとも地域金融圏の豪農・小前層への貸し付けでその経営が維持されている、と考えている。②については、今後は私領における年貢米の処理や豪農経営についても分析していく必要があると考えている（『社会経済史学』七四巻六号、二〇〇九年）。

谷本雅之氏は、③第一章や第二章の金融活動の検討は、新規貸付（フロー）に終始しており、貸付残高（ストック）に関するデータの提示や、編書全体としても店卸系統の帳簿の利用も望まれる、④第二章では明治政府の制度変革と運用が金融活動を変化させた面が強調されているが、さらに明治以降における岡田家経営の分析作業が必要で、それによって近世社会における固有の達成がどのように近代日本の地域社会の在りようを規定していたか明らかになる、と述べている。③④いずれももっともな指摘であり、今後の検討課題としたい（『歴史と経済』二〇八号、二〇一〇年）。

植村正治氏は、⑤第二章の岡田家の金融活動について、明治以降の裁判制度の確立により、元利返済率が江戸時代に比して高くなり、遠隔地に対する貸付も増加したことがあげられているが、金融業の不振との関連については曖昧で、地域経済に関する資料を利用する必要があろう、とする。第二章では、不作との関連を岡田家文書の中から読み取れる「地域経済」の状況として提示しているが、遠隔地域の地域経済に関する言及はできていない。なぜ、これらの地域に貸付をおこなったのかを理解するためにも、必要な作業と考えている（『経営史学』四五巻三号、二〇一〇年）。以上、書評の労をとって下さった三氏に、この場を借りて感謝申し上げたい。

また、荒木仁朗氏は「近世後期村役人の金子借用と返済――「金銀入出帳」の分析を通じて――」（『小田原地方史研究』二五号、二〇一〇年）で、「近世の質契約・債務関係の処理方法がどのような段階にあったのか」を課題とし、金子借用の実態そのものと借り手側からの分析が重要であるとしたうえで、第一章を「貸し手側からの分析ではあるが、貸し付け相手を特徴ごとに分類するという個々の貸借関係に着目していく視点は、金子借用の実態解明にとって不可欠」と評価している。また、相模国足柄下郡府川村（現小田原市）においても、無担保の貸し付けが中心であったことを明らかにされた。そして、⑥註(25)において第一章の債務処理の過程において金子返済条件が緩和されていることが指摘されているが、岡田家の場合は大坂町奉行所に出訴していく状況があり、最終的な金子貸借における処理方法の相違が見受けられる、とされている。確かに、岡田家において出訴する事例はあるが、私は、出訴にいたる事例はむしろまれであり「相違」とまでは言い切れないと考えている。そして、関東地方においても、出訴にいたる事例はあると思われる。また、⑦荒木氏の問題意識の根幹である、借り手側からの分析の重要性については筆者も同感であり、第三章において岡田家から貸付を受けた西山家の分析をおこなっている。ただし、私は仮に「借り手」重視の分析とはいっても、地域社会の最大の構成員である小前層を視野に入れることこそが最重要な課題と考えて分析をおこなっている。豪農・村役人層の史料からそれらの者のおかれた状況をいかに「復元」するかが大切であり、荒木氏とは問題意識を異にする面もあるが、付言させていただきたい。荒木氏の詳細な分析からは学ぶことが多かった。深く感謝申し上げたい。

第二章　畿内の無担保貸付への私的所有権確立の影響

はじめに

本章は、第一章の分析を受けて、岡田家が明治期において展開した金融活動の分析をおこない、最後に近世と明治期とを比較検討することを目的とする。

第一章における分析では、岡田家が近隣の豪農を相手に貸付をする際には、かなり長期間貸付をおこなうことが、自家の経営の利子取得にとって重要であったことを論じてきた。また、それは貸付を受ける側にとっても、自家の経営や村の成り立ちのために重要であっただろうと考えられることを述べた。そして、岡田家の地域金融圏は隣村ⓑ（居村から二つ隣村、四八頁参照）までの範囲であったことと、近世後期の河内国においては豊富な貸付資金の供給によって借り手有利の市場が形成されていたことを論じた。これらの近世的金融関係と状況が、明治期になってどのように変容するのかを明らかにすることが、第一の課題である。

関連する先行研究としては、負債農民騒擾の分析を中心とした、鶴巻孝雄、稲田雅洋らの研究があげられる(1)。これらの研究は、主に関東・東山地域を中心に、近世的な無年季的質地請戻し慣行が近代における私的所有権の確立によって軋轢を生じたとする。画期は明治一七年（一八八四）に置かれる。しかし、河内国は、近世段階ですでに無年季的質地請戻し慣行が弱い地域とされ(2)、また、土地を媒介としない金融が広汎に展開していたことは第

表1　取替帳・貸付帳の総合計一覧

項目	安政7～慶応3 1860～67		明治3～13 1880～90	明治14～26 1881～93	明治27～34 1894～1901
	領主貸含	同除	—	—	—
件数	47	45	54	23	34
匁	592,193	211,721	—	—	—
両・円	6,691	2,392	6,447	2,690	17,450
石換算	1,505.7	538.3	1,043.2	431.8	1,715.8
平均相場	393.3匁／石	393.3匁／石	6.18円／石	6.23円／石	10.17円／石

一章で明らかにしたとおりである(3)。このような金融の形態に、近代的私的所有権の確立が与えた影響や時期については、先行研究では検討がおこなわれていない。この点を明らかにすることを、第二の課題としたい。

なお、岡田家は明治二七年（一八九四）四月に岡田銀行を開業し、同三四年（一九〇一）六月末日に自主廃業する。本章では、明治三年（一八七〇）からここまでを対象時期とする。

一　近世との比較と概観

1　近世との比較

表1は、明治二六年までは取替帳、明治二七年～三四年までは岡田銀行の貸付帳の件数、金額などの年平均を一覧にしたものである。詳細な検討に入る前に、幕末から明治三四年までの概観と近世との比較をおこないたい。なお、期間の表し方は第一章と同様である（五四頁参照）。

まず件数であるが、明治一四年期の落ち込みが顕著である。明治二七年期においてもそれほど多くはない。次に、石換算欄を見たい。これは、この期間の平均相場で割り戻した数値である(4)。これによると、明治三年期は安政七年期の三分の二程度になっている。領主貸がなくなった影響は大きかったが、地域における貸付がほぼ倍増したことで、領主貸減少分のダメージを抑えた形となった。しかし、明治一四年期は安政七年期の三分の一以下である。また、明治二

七年期は安政七年期を上回る水準になっている。(5)

これらの検討から、地域への貸付に限ってみれば、明治三年期は大きな発展があったことが想定される。しかし、明治一四年期からは振るわない状況が続き、この状況を打開するために明治二七年の岡田銀行開業がおこなわれた。そして、それは貸付金額だけを見ると、それまでの不振を打破する効果が見られた。したがって、岡田銀行の廃業理由は、貸付部門だけではなく、財務状況や預金との関係も想定する必要があろう。

2 明治期の概観と地域金融圏の解体

表2は明治期の取替帳・貸付帳を、第一章と同じ地域区分によってまとめたものである。ここからは、次のことがいえるだろう。

①明治三年期の地域金融圏(居村、隣村ⓐ、隣村ⓑ)は、安政七年期とほぼ同様の件数を維持している。金額は、居村では石換算で四三・〇二石から一三七・八六石となり、三・二倍になっている。隣村ⓐと隣村ⓑでは、四分の三程度の石換算になる。地域金融圏は、近世とほぼ同様に維持されている。

②明治三年期の金額のうち、六七・〇%は隣村ⓒ、遠隔地域、他国地域によるものである。一件あたりの金額も、地域金融圏の三〜四倍に達している。この期間の好調は、少数の巨額貸付によるものである。

③明治一四年期の地域金融圏は、件数で明治三年期のほぼ半数以下になっており衰退が著しい。また、明治三年期で好調だった隣村ⓒ、遠隔地域、他国地域も落ち込みが激しい。

④明治二七年期では、全体として平均金額の増大が目立つ。地域金融圏にもそれはおよんでおり、これまでの金融との質の違いを予想させる。また、他国地域、銀行相手の少数の巨額貸付が金額の五六%を占める。少数の貸付先に依存するのは、経営としては脆弱なものであったと推測される。

表2　岡村からの距離と件数、金額の関係の編年推移・総括表(明治期)

分類	項目	安政7～慶応3	明治3～13	明治14～26	明治27～34
居村・岡	件数	11	14	4	5
	金額	16,920	852	250	938
	平均	1,611	61	60	180
隣村ⓐ	件数	16	13	6	10
	金額	61,440	721	674	4,650
	平均	3,781	56	104	447
隣村ⓑ	件数	7	7	5	7
	金額	47,307	544	398	1,957
	平均	6,415	82	78	272
隣村ⓒ	件数	5	4	2	4
	金額	29,930	745	291	1,942
	平均	5,986	178	126	485
近隣(隣村ⓐⓑⓒの合計)	件数	29	24	14	22
	金額	138,677	2,010	1,363	8,549
	平均	4,845	85	98	396
遠隔	件数	5	14	4	5
	金額	29,100	3,072	932	2,464
	平均	6,292	215	217	462
他国	件数	1	2	1	2
	金額	27,025	513	145	5,500
	平均	21,620	282	157	3,173
銀行	件数	0	0	0	1
	金額	0	0	0	4,267
	平均	—	—	—	8,000
領主貸	件数	2	0	0	0
	金額	380,472	0	0	0
	平均	—	—	—	—
総合計	件数	47	54	23	34
	金額	592,193	6,447	2,690	17,450

註：安政7～慶応3年の金額は匁、明治3年以降は両・円。数値はすべて一年平均。

表3　岡村からの距離と件数、金額の関係の編年推移(明治期・期ごと)

分類	郡名	村名	項目	安政7～慶応3	明治3～13	明治14～26	明治27～34
居村	丹南	岡	件数	11	14	4	5
			金額	16,920	852	260	938
隣村ⓐ	丹南	藤井寺	件数	3	5	2	1
			金額	6,128	176	102	108
		野　中	件数	1	0	1	3
			金額	3,600	100	80	2,355
		野々上	件数	2	2	1	0
			金額	2,068	85	36	0
		北　宮	件数	1	1	1	1
			金額	1,724	118	64	393
	丹北	島　泉	件数	3	0	0	1
			金額	22,996	0	14	352
		小　山	件数	7	3	2	4
			金額	24,925	241	378	14,42

		（合計）	件数 金額	16 61,440	13 721	6 674	10 4,650
隣村ⓑ	丹南	埴生野新田	件数 金額	0 0	0 0	0 17	0 153
		伊　賀	件数 金額	1 738	0 21	0 18	0 44
		南　宮	件数 金額	0 0	1 40	2 107	1 165
		西　川	件数 金額	0 0	0 0	0 0	0 20
	丹北	一津屋	件数 金額	0 450	0 0	0 0	1 175
		小　川	件数 金額	0 0	0 0	0 0	0 0
		津　堂	件数 金額	1 575	1 77	0 0	0 0
	志紀	太　田	件数 金額	0 1,188	0 9	0 0	0 0
		沼	件数 金額	0 313	0 0	0 0	0 0
		大　井	件数 金額	1 12,705	3 238	2 231	0 7
		林	件数 金額	2 17,350	2 130	0 0	1 157
		沢　田	件数 金額	1 11,482	0 29	0 4	0 203
		古　室	件数 金額	1 1,988	0 0	0 0	1 341
	古市	誉　田	件数 金額	0 519	0 0	0 0	0 0
		軽　墓	件数 金額	0 0	0 0	0 19	3 691
		（合計）	件数 金額	7 47,307	7 544	5 398	7 1,957
隣村ⓒ	丹南（5か村合計）		件数 金額	0 0	0 17	0 4	1 35
	丹北（6か村合計）		件数 金額	0 0	0 327	1 186	2 784
	志紀（7か村合計）		件数 金額	3 10,115	2 154	1 101	1 647
	古市（3か村合計）		件数 金額	2 19,815	1 247	0 0	0 160
		（合計）	件数 金額	5 29,930	4 745	2 291	4 1,942
近隣（隣村ⓐⓑⓒの合計）			件数 金額	29 138,677	24 2,010	14 1,363	22 8,549

註：安政７～慶応３年の金額は匁、明治３年以降は両・円。数値はすべて一年平均。

このような地域金融圏の衰退状況を確認するために、表3を作成した。近世段階での地域金融圏は、濃淡はありながらも、隣村ⓐのほとんどと隣村ⓑの半数程度に、平均して最低でも二年に一件以上の貸付(恒常的関係)をおこなっていることが標準的であった。一方、明治期をこの基準に照らしてみると、隣村ⓐでは藤井寺・北宮・小山が、隣村ⓑでは南宮のみが当てはまる。隣村ⓐの野中・野々上と、隣村ⓑの大井・林が二期この基準に当てはまる。したがって、明治一四年期以降に地域金融圏はほぼ解体状態になった、といえるだろう。

二　明治三～一四年までの変化(発展期)

1　遠隔地域貸付の発展

第一節の検討をふまえて、明治三年期の分析がもっとも重要と考えられるので、検討していきたい。表4は、本章の対象とする全期間の新規貸付件数と金額を年ごとにまとめたものである。明治三～一四年までの内容からは、次のことがいえる。

①明治一〇年(一八七七)を画期として、地域金融圏ではこれまでの件数が大きく減少する。金額も、少なくなる年が多い。地域金融圏にとっての画期は、明治一〇年とすることができる。

②遠隔地域の金額の大きさが改めて注目される。特に明治一〇年では金額の八一%、明治一二年でも七一%を占める。この遠隔地域の傾向は、明治九～一四年頃までがとりわけ特徴的である。

では、遠隔地域を分析するために表5を検討していこう。遠隔地域には一二郡あるが、このうち目立つのは丹南郡・丹北郡・石川郡である。特に石川郡の二二、八四〇円は、この期間の遠隔地域の合計の七四%を占めている。石川郡は丹南郡よりもかなり南方の地域である。ある特定の地域への貸付がこれほど多額を占めるのは、近世にはなかった特徴である。分析を進めるために、明治三年取替帳での石川郡と隣の錦部郡の詳細を表6にまと

表4　岡村からの距離と件数、金額の関係の編年推移(明治期・年ごと)

分類	項目	明治3	4	5	6	7	8	9	10	11	12	13	(小計)	14	15	16	17	18	19
居村・岡	件数	23	19	12	22	18	19	18	6	4	7	6	154	3	6	4	2	3	5
	金額	550	1,263	812	1,665	736	771	1,285	399	527	1,010	350	9,368	150	555	88	51	150	241
隣村ⓐ	件数	13	12	11	9	14	26	22	9	10	8	8	142	7	5	3	6	8	10
	金額	690	593	415	367	848	866	809	392	861	1,055	1,030	7,926	544	190	125	295	920	408
隣村ⓑ	件数	13	12	8	8	4	6	9	4	1	3	5	73	8	10	6	3	10	2
	金額	912	1,220	543	611	140	390	586	171	230	500	680	5,983	790	647	175	150	642	70
隣村ⓒ	件数	5	5	3	5	3	4	2	2	4	4	9	46	5	9	2	2	0	0
	金額	240	155	423	562	40	680	750	60	580	310	4,400	8,200	1,550	696	140	505	0	0
近隣	件数	31	29	22	22	21	36	33	15	15	15	22	261	20	24	11	11	18	12
(隣村ⓐⓑⓒの合計)	金額	1,842	1,968	1,381	1,540	1,028	1,936	2,145	623	1,671	1,865	6,110	22,109	2,884	1,533	440	950	1,562	478
遠隔	件数	19	6	0	1	14	6	16	20	21	29	25	157	15	7	3	5	9	5
	金額	3,085	985	0	135	2,540	1,290	2,940	4,355	5,925	6,935	5,607	33,797	2,541	1,385	387	299	856	1,170
他国	件数	3	0	1	2	1	2	3	1	5	0	2	20	5	2	0	1	2	0
	金額	625	0	50	570	20	900	700	30	2,600	0	150	5,645	1,150	40	0	60	280	0
銀行	件数	0	0	0	0	0	0	0	0	0	0	0	0	0	0	0	0	0	0
	金額	0	0	0	0	0	0	0	0	0	0	0	0	0	0	0	0	0	0
総合計	件数	76	54	35	47	54	63	70	42	45	51	55	592	43	39	18	19	32	22
	金額	6,102	4,216	2,243	3,910	4,324	4,897	7,070	5,407	10,723	9,810	12,217	70,919	6,725	3,513	915	1,360	2,848	1,889

出典：名取替帳・貸付帳から作成。

(次頁へつづく)

（単位：数、円）

分類	項目	20	21	22	23	24	25	26	（小計）	27	28	29	30	31	32	33	34	（小計）
居村・岡	件数	5	2	0	5	6	3	10	54	3	2	9	6	3	5	10	1	39
	金額	226	25	0	622	181	590	371	3,250	456	250	2,487	1,265	406	825	1,193	150	7,032
隣村ⓐ	件数	3	6	7	3	6	6	14	84	11	9	19	12	5	14	6	2	78
	金額	275	865	1,049	115	200	1,120	2,655	8,761	3,276	2,903	6,979	7,330	4,670	7,714	1,310	695	34,877
隣村ⓑ	件数	10	4	5	3	5	0	0	66	11	11	11	7	4	5	5	0	54
	金額	948	220	130	370	1,030	0	0	5,172	3,227	2,586	3,221	1,985	543	1,590	1,525	0	14,677
隣村ⓒ	件数	2	0	1	2	4	1	2	30	4	12	3	0	3	0	6	2	30
	金額	320	0	50	120	245	65	90	3,781	1,195	6,664	560	0	2,485	0	3,430	230	14,564
近隣（隣村ⓐⓑⓒの合計）	件数	15	10	13	8	15	7	16	180	26	32	33	19	12	19	17	4	162
	金額	1,543	1,085	1,229	605	1,475	1,185	2,745	17,714	7,698	12,153	10,760	9,315	7,698	9,304	6,265	925	64,118
遠隔	件数	3	2	0	1	4	2	0	56	4	8	9	3	4	2	5	5	40
	金額	692	368	0	20	2,060	2,350	0	12,128	2,400	4,380	1,760	3,250	1,887	2,000	1,500	1,300	18,477
他国	件数	0	0	0	0	2	0	0	12	1	2	3	1	2	2	1	1	13
	金額	0	0	0	0	350	0	0	1,880	1,100	13,000	9,150	2,000	1,500	2,500	2,000	10,000	41,250
銀行	件数	0	0	0	0	0	0	0	0	0	0	0	0	0	0	1	3	4
	金額	0	0	0	0	0	0	0	0	0	0	0	0	0	0	5,000	27,000	32,000
総合計	件数	23	14	13	14	27	12	26	302	34	44	54	29	21	28	34	14	258
	金額	2,461	1,478	1,229	1,247	4,066	4,125	3,116	34,972	11,654	29,783	24,157	15,830	11,491	14,629	15,958	39,375	162,877

表5　遠隔地域・郡ごとまとめ　（単位：数、円）

郡名	項目	明治8	9	10	11	12	13	14	15	（小計）
丹南	件数	1	3	2	4	3	4	6	3	26
	金額	10	320	70	1,000	300	400	546	240	2,886
丹北	件数	1	8	2	5	5	8	1	1	31
	金額	30	720	85	445	655	945	35	45	2,960
志紀	件数	0	0	0	1	0	0	0	0	1
	金額	0	0	0	200	0	0	0	0	200
古市	件数	1	0	1	2	0	1	0	0	5
	金額	50	0	200	380	0	12	0	0	642
石川	件数	3	4	15	9	19	9	8	3	70
	金額	1,200	1,650	4,000	3,900	5,380	3,650	1,960	1,100	22,840
錦部	件数	0	0	0	0	0	2	0	0	2
	金額	0	0	0	0	0	500	0	0	500
若江	件数	0	0	0	0	1	0	0	0	1
	金額	0	0	0	0	250	0	0	0	250
安宿	件数	0	1	0	0	1	1	0	0	3
	金額	0	250	0	0	350	100	0	0	700
年計	件数	6	16	20	21	29	25	15	7	139
	金額	1,290	2,940	4,355	5,925	6,935	5,607	2,541	1,385	30,978

註：八上、渋川、大県、茨田郡へは貸付がない。

めた。

明治八年（一八七五）三月初出の九平への貸付がかなり目立つ（九件）。また、備考欄に目を転じると、「取次九平」といった記載がある。これは、九平から貸付相手を紹介してもらうかわりに、同人に手数料として利子のうち一朱程度を支払う約束となっているものである。石川郡と錦部郡へは、このような形により巨額の貸付をおこなっていた[6]。また、担保として田畑や山林を多く書き入れていることも、近世にはない特徴である。

このような貸付の積極さと関連する動きとして、「私立貯蓄預り金」の設立がある[7]。これは、明治一五年に岡田寿一郎が大阪府知事に開業認可を求めた金融機関の一種である。

表6　明治3年取替帳石川郡・錦部郡貸付詳細

明治	月	日	大字など	担保	金額	年利(%)	利息割合	備考(九平関連)
3	閏10	28	新堂		50	30.000	月二分半	
8	3	24	中・九平ほか2人		200	15.600	月2.60円	
8	4	2	中津原		300	18.000	月4.50円	九平取次(0.90円渡)
8	7	13	中津原	山林書入	700	16.800	月9.80円	取次九平
9	1	18	中	山林書入	800	16.800	月11.20円	証人九平
9	5	17	千早	山林書入	300	16.800	月一分四朱	九平取次
9	12	27	中津原		100	16.800	月一四	
10	1	4	中・九平		200	16.800	月一四	
10	1	4	中		300	16.800	月一四	証人九平
10	1	26	富田林		100	16.800	月一四	
10	2	2	千早		200	18.000	月3.00円	
10	2	22	白木	田地書入	200	16.800	月2.80円	
10	3	26	中・九平	当分貸	150	—		
10	4	30	中・九平	当分貸	200	—		
10	5	8	中	田地書入	700	16.200	月9.45円	証人九平ほか1人
10	6	4	中		100	14.400	月一分二朱	但し九平之手数料は不遣筈
10	10	5	千早	山林3か所書入	180	15.000	月2.25円	
10	10	5	白木	田地9反余書入	200	14.400	月2.40円	証人九平
10	11	3	中	山林3か所35反余	500	14.400	月6.00円	九平取次
10	11	3	中	山林書入	500	13.200	月5.50円	
10	11	11	北大友		170	13.200	月一分一朱	九平手数料なし
11	3	3	中		500	12.000	月5.00円	九平に手数料不遣筈
11	3	3	千早	山林書入	200	13.200	月2.20円	利息0.20円は九平に手数料
11	3	26	中津原		500	13.200	月5.50円	取次九平、一朱(0.50円)手数料遣す
11	5	2	平石	書入	200	12.000	月2.00円	一朱方九平へ遣す
11	5	8	中・九平ほか1人		600	9.600	月4.80円	
11	6	2	千早	山林書入	600	12.000	月6.00円	内一朱方九平へ手数料遣す筈
11	6	8	中	田地書入	500	10.800	月4.50円	内0.50円九平へ手数料
11	7		北大友	田地書入	300	12.000	月3.00円	内一朱方九平へ手数料遣す筈

(次頁へつづく)

11	9	1	南井備		500	12.000	月5.00円	内0.50円九平へ手数料
12	1	9	中		500	13.200	月5.50円	
12	4	23	水分		300	13.800	月3.45円	取次九平、内0.30円は手数料
12	5	9	中・九平		300	12.000	月3.00円	
12	5	24	大友	田地地1町3畝余書入	500	13.200	月5.50円	一朱方九平へ手数料遣す筈
12	6	2	千早		100	15.000	月1.25円	一朱方九平へ手数料遣す筈
12	7	14	中津原	田地改正反別3反3畝余書入	200	13.200	月2.20円	内0.20円九平へ手数料遣す
12	7	14	千早	田地宅地1反8畝余書入	150	13.200	月1.65円	内0.15円九平へ手数料
12	7		千早		300	13.200	月3.30円	
12	8	5	中・九平		300	12.000	月3.00円	
12	8	29	中・九平		200	12.000	月2.00円	
12	9	29	中	貸付証2通抵当にて	700	12.000	月7.00円	
12	11	8	千早	山林2か所	200	13.200	月2.20円	内0.20円九平へ手数料
12	11	8	千早	山林3か所	200	13.200	月2.20円	内一朱方九平へ手数料
12	11	17	千早	山林2か所	400	13.200	月4.40円	内一朱方九平へ手数料
12	11	17	千早	山林1か所	200	13.200	月2.20円	内一朱方九平へ手数料
12	11	17	千早		200	14.400	月2.40円	内一朱方九平へ手数料
12	12	18	平石	田地山林書入	180	13.200	月1.98円	内取次九平へ一朱方送る（ただし計算は0.9）
12	12	19	東坂	田地山林書入	150	14.400	月1.80円	内0.15円九平へ遣す筈
13	3	4	弘川		250	13.200	月2.75円	九平手数料なし
13	5	5	平石	田地3反4畝書入	300	13.800	月3.45円	取次九平、手数料あり
13	5	19	平石	山林2か所書入	400	13.800	月4.60円	内0.40円九平へ手数料
13	6	3	錦部郡・錦部		300	12.000	月3.00円	証人九平
13	6	4	中・九平		400	12.000	月4.00円	
13	10	1	中	田地書入	900	13.320	月10.00円	証人九平
13	10	19	別井	田地書入	750	1.250	月9.375円	
13	11	26	千早		200	14.400	月2.40円	明治9年5月13日元金300円の貼札あり
13	12	5	千早		100	15.000	月1.25円	証人九平
14	8	11	中		500	—		
14			平石		300	—		
14			甘山		200	—		

この内容は、以下の三点にまとめられる。

①五年間を単位として、毎月一定額（最低五〇銭）の積立をおこなった者に利子を付与する（途中脱退者には、付与しない。ただし、一年ごとの脱退は認める）。

②利率は、年五・八〜九・〇％とする（毎年増加する）。

③対象地域は志紀・丹北郡以南の大阪府内とし、徴収代理人を九平（石川郡大字中）と弥平次（丹南郡大字平尾）とする。

そして、これらの規定を盛り込んだ活字の冊子が作成されている。これを広く地域に配布し、「預り金」を募る目的であったと考えられる。徴収代理人の二人は、これまで岡田家の貸付を取次してきた二人であることから、これらを原資に貸付事業を広く展開しようとしていたのであろう。この試みのその後は、一名の通帳が名前のみ記入され残っているだけで、不明である。翌年の大凶作（後述）や、本格化する松方デフレの影響からほとんど機能せずに潰えてしまった可能性が高い。

では、ここで見てきたような、岡村からかなり遠方への貸付の極端な積極さは、どのような背景により可能となったのであろうか。この点を次に検討していこう。

2　法制度の整備と訴訟事例の検討

明治政府は、明治五年（一八七二）六月に華士族平民身代限規則を発布して、近世の法的枠組みを堅持し、翌年一月には地所質入書入規則を発布した。第一章で見てきたように、近世法にも身代限の規定はあったが、実際の運用は内済を促して再度証文を結び直す事例が大半で、証文の規定内容のとおりに返済を促す機能としては限定的なものであった。問題は、出訴した岡田家がどの程度の貸付金を取り立てることができたかという実効性と、裁判の迅速性である。

いくつかの事例から、この点を検討していきたい[8]。明治四年一〇月の津堂村某相手一五〇円の貸付は、同六年一一月に八〇円と六〇円の証文に分けられたうえで、後者の六〇円分について、同八年九月に出訴がおこなわれた。月一分五朱の利子が二五か月分で二二・五円になり、出訴金額は八二・五円である。返済は同月に講の通帳によっておこなわれており、三円の「戻し」(用捨)があるものの、七九・五円が戻ってきている[9]。この結果は、返済金額の多さと迅速性の双方で、岡田家を十分満足させるものであっただろう。

また、明治九年一二月に明治政府は全国の裁判所で勧解制度を設けた。裁判官が、原告と被告の間に立って民事(特に貸金関係)上の争いを和解させる制度で、明治二三年まで存続した[10]。この制度に則って岡田家は堺区裁判所に明治一〇年三月に訴訟を起こした。相手は岡村の某で、明治六年九月一日に元金一三〇円を貸し付け、利率は月一分二朱、出訴まで一度も利子の返済はなかった。明治一〇年四月まで四四か月分の利子は六八円六四銭で、元利一九八円六四銭が出訴金額になる。この裁判は、同年四月二二日に決着し、一九〇円を岡田家が受け取り、八円六四銭を用捨した。これも、返済金額・迅速性とも満足な結果であったろう[11]。

このように、岡田家が石川郡など遠隔地域に貸付を積極化させるのと同じ時期に、近世と比べて画期的な判決を岡田家自身が得ていることは極めて重要である。岡田家が明治一〇〜一三年にかけて、遠融地域に毎年四〇〇〇〜六〇〇〇円を貸し付けている背景には、このような裁判による執行力の変化があったのである。

3　返済状況の変化(明治八年と同一三年の比較)

前項で検討してきたような裁判による執行力の変化は、返済状況にどのような影響を与えたのであろうか。この点を検討するために、変化の起こる前の新規貸付分として明治八年(一八七五)を検討し、ほぼこのような変化

返済元金額	元金返済期間	元利計	実現利率	乖離率	備考
20	1	20	0.0125	0.833	50銭用捨
7	2	7	0.0125	1	
49	2	49	0	—	無利足
10	3	10	0.0125	1	
50	3	52	0.013	1	
140	3	140	0	—	無利足
300	3	314	0.015	1	
5	4	5	0.015	1	
20	4	21	0.015	1	
30	4	32	0.015	1	
50	4	53	0.013	1	
50	6	55	0.015	1	
83	6	89	0.013	1	
700	6	754	0.0128	0.915	5円用捨
4	7	4	0.0085	1	
13	8	15	0.015	1	
30	8	33	0.012	1	
150	8	166	0.013	1	
5	9	6	0.0125	1	
10	9	11	0.015	1	
50	10	57	0.014	0.933	50銭まけ
200	10	226	0.013	1	
200	11	229	0.013	1	
7	12	8	0.01	1	
15	12	18	0.015	1	
100	12	115	0.0125	0.893	1.8円用捨
13	13	16	0.015	1	
15	13	18	0.0147	0.983	5銭用捨
90	14	90	0	0	計21.20円用捨
25	15	31	0.015	1	
15.38	17	15	0	0	10年賦を一括返済により9.62円用捨
100	17	122	0.013	1	
13	21	17	0.0138	1	
55	22	72	0.0141	0.939	
20	23	26	0.0140	0.935	二口で1.55円用捨
25	29	31	0.0125	1	元金分割返済
13	30	17	0.0102	0.783	1.10円用捨
13.5	36	18	0.01	1	

表7　明治8年返済状況

月	限	大字	区分	元円	当初利率(月)	返済利率①	返済利率②	月数	計算利子	実現利子
1	限	野々上	隣ⓐ	20	0.015			1	0.3	0.3
8		藤井寺	隣ⓐ	7	0.0125			2	0.2	0.2
8		岡	居村	49	0			2	0.0	0.0
10		藤井寺	隣ⓐ	10	0.0125			3	0.4	0.4
3	限	岡	居村	50	0.013			3	2.0	2.0
7	限	岡	居村	140	0			3	0.0	0.0
4	限	中津原	遠隔	300	0.015			3	13.5	13.5
7		岡	居村	5	0.015			4	0.3	0.3
4		野々上	隣ⓐ	20	0.015			4	1.2	1.2
11	限	岡	居村	30	0.015			4	1.8	1.8
9	限	岡	居村	50	0.013			4	2.6	2.6
5	限	広　瀬	遠隔	50	0.015			6	4.5	4.5
6	限	野々上	隣ⓐ	83	0.013			6	6.5	6.5
7	限	中津原	遠隔	700	0.014			6	58.8	53.8
4		岡	居村	4	0.0085			7	0.2	0.2
4		野々上	隣ⓐ	13	0.015			8	1.6	1.6
10		我　堂	遠隔	30	0.012			8	2.9	2.9
3	限	岡	居村	150	0.013			8	15.6	15.6
7		藤井寺	隣ⓐ	5	0.0125			9	0.6	0.6
11		岡	居村	10	0.015			9	1.4	1.4
4	限	岡	居村	50	0.015			10	7.5	7.0
3		三　宅	遠隔	200	0.013			10	26.0	26.0
3	限	広　瀬	遠隔	200	0.013			11	28.6	28.6
11		藤井寺	隣ⓐ	7	0.01			12	0.8	0.8
4	限	大　井	隣ⓑ	15	0.015			12	2.7	2.7
3	限	伊　賀	隣ⓑ	100	0.014			12	16.8	15.0
12	限	岡	居村	13	0.015			13	2.5	2.5
2	限	野々上	隣ⓐ	15	0.015			13	2.9	2.9
2		岡	居村	100	0.008			14	11.2	0.0
6	限	北　宮	隣ⓐ	25	0.015			15	5.6	5.6
5	限	北　宮	隣ⓐ	25	0.005			17	0.0	0.0
3	限	小　山	隣ⓐ	100	0.013			17	22.1	22.1
2	限	藤井寺	隣ⓐ	13	0.0138			21	3.8	3.8
8	限	野々上	隣ⓐ	55	0.015			22	18.2	17.1
7	限	野々上	隣ⓐ	20	0.015			23	6.9	6.5
8		藤井寺	隣ⓐ	25	0.0125			29	6.4	6.4
5		岡	居村	13	0.013			30	5.1	4.0
11	限	藤井寺	隣ⓐ	14	0.01			36	4.9	4.9

400	46	630	0.0125	0.928	18円用捨
30	64	49	0.0099	0.828	元金分割返済
35	54	42	0.0037	0.463	５年先期限、2.45円用捨
30	63	30	0	0	５年賦
60	64	117	0.0148	0.990	60銭用捨
165	64	309	0.0137	0.912	14円用捨
15.75	72	16	0	—	無利足
5	92	5	0	—	無利足で返済
13.6	97	32	0.0137	0.914	二口で4.632円用捨
45	123	54	0.0016	0.114	提訴期限間近でやむを得ず、とのメモ
					返済記事なし
5					一部不返済か
					返済記事なし
					返済記事なし
					返済記事なし、５年賦の約定
					講金、利子のみ70銭入、明治19年別帳へ

返済元金額	元金返済期間	元利計	実現利率	乖離率	備考
50	1	51	0.011	0.786	
100	2	103	0.013	1	
190	2	194	0.011	1	
100	3	103	0.011	1	
250	3.5	261	0.012	1	
30	4	32	0.015	1	
30	4	32	0.015	1	
120	5.5	127	0.011	1	
50	6	53	0.01	1	
100	7	108	0.012	1	
750	7	810	0.0114	0.914	これで証文戻す
100	7.5	109	0.0125	1	
100	8	110	0.0125	1	
60	9	65	0.01	1	
2,896	9	2,896	0	0	追加していき、明治15年から3500円。田地受取
100	10	110	0.01	1	
200	10	224	0.012	1	
100	11	114	0.0125	1	

3	限	西　浦	隣ⓒ	400	0.0135			46	248.4	230.4
9	限	岡	居村	30	0.012			53	19.1	19.1
9		大　井	隣ⓑ	35	0.008	0.005		54	9.5	7.0
11		津　堂	隣ⓑ	30	0			63	0.0	0.0
12	限	岡	居村	60	0.015			64	57.6	57.0
12	限	野々上	隣ⓐ	165	0.015			64	158.4	144.4
3		岡	居村	16	0			72	0.0	0.0
10	限	藤井寺	隣ⓐ	5	0			92	0.0	0.0
12	限	野々上	隣ⓐ	14	0.015			97	19.8	18.1
6	限	野々上	隣ⓐ	45	0.014			123	77.5	8.8
3		藤井寺	隣ⓐ	3						
4	限	岡	居村	5	0.015			25		
6	限	藤井寺	隣ⓐ	8						
2	限	大　井	隣ⓑ	10						
5		岡	居村	16	0					
4		岡	居村	20	0.002					

出典：明治３年取替帳による。分家喜十郎へ譲り渡し分は除く。
註：取替帳の記載を月数の短いものから並べ替えて作成した。

表８　明治13年返済状況

月	限	大字	区分	元円	当初利率（月）	返済利率①	返済利率②	月数	計算利子	実現利子
6	限	岡	居村	50	0.014	0.011		1	0.6	0.6
2	限	古　市	隣ⓒ	100	0.013	0.0125		2	2.6	2.6
2	限	藤井寺	隣ⓐ	190	0.011			2	4.2	4.2
3		岡	居村	100	0.011			3	3.3	3.3
2	限	大　井	隣ⓑ	250	0.012			3.5	10.5	10.5
8	限	小　山	隣ⓐ	30	0.015			4	1.8	1.8
12	限	岡	居村	30	0.015			4	1.8	1.8
1	限	岡	居村	120	0.011			5.5	7.3	7.3
8		我　堂	遠隔	50	0.01			6	3.0	3.0
8	限	国　府	隣ⓒ	100	0.012			7	8.4	8.4
10	限	別　井	遠隔	750	0.0125			7	65.6	60.0
9	限	国　分	遠隔	100	0.0125			7.5	9.4	9.4
12	限	千　早	遠隔	100	0.0125			8	10.0	10.0
5		我　堂	遠隔	60	0.01			9	5.4	5.4
10		西大塚	隣ⓒ	3,500	0.016	0.01		9	315.0	0.0
1		我　堂	遠隔	100	0.01			10	10.0	10.0
11		千　早	遠隔	200	0.012			10	24.0	24.0
5	限	菅　生	遠隔	100	0.0125			11	13.8	13.8

100	12	114	0.012	1	
100	12	115	0.0125	1	
200	12	226	0.011	1	
200	12	229	0.012	1	
60	12	66	0.0083	0.926	元利66.48円を66円受取
220	13	249	0.01	1	２年限
50	16	60	0.012	1	
100	16	120	0.0125	1	
250	16	285	0.011	1	元金を途中１回返済、利子はすべて受取
100	19	121	0.011	1	
100	19	123	0.012	1	
100	22	128	0.0125	1	出訴ののち
200	23	246	0.01	1	
100	24	134	0.014	1	出訴ののち
12.6	31	17	0.0125	1	出訴ののち（年賦だが「受取相済」）
250	33	341	0.011	1	
30	34	40	0.01	1	
10	206	31	0.0020	0.170	明治30年元金10円のみ、以後記載なし
165	35	223	0.01	1	
10	36	15	0.0139	0.926	40銭用捨
350	41	498	0.013	1	元金を途中３回返済、利子はすべて受取
50	42	73	0.011	1	
100	42	116	0.0125	1	元金を途中１回返済、利子はすべて受取
300	42	489	0.015	1	
400	43	622	0.013	1	元金を途中１回返済、利子を組み込み、すべて受取、公訴の上示談
900	44	1,223	0.011	1	元金を途中１回返済、利子はすべて受取、山地田地買請代金として
250	48	284	0.011	1	元金を途中３回返済、利子はすべて受取
50	49	82	0.013	1	
0					返済記事なし、利子のみ明治17年まで受取
0					返済記事なし、利子のみ明治17年まで受取
170	77	327	0.012	1	
250					明治18年新帳へ、九平と一手勘定
300					明治18年新帳へ、九平と一手勘定
					新帳付け出しが見当たらず
25					返済記事なし
50					返済記事なし

4	限	大　井	隣ⓑ	100	0.012			12	14.4	14.4
8	限	国　府	隣ⓒ	100	0.0125			12	15.0	15.0
3		平　尾	遠隔	200	0.011			12	26.4	26.4
8	限	廿　山	遠隔	200	0.012			12	28.8	28.8
12	限	南　宮	隣ⓑ	60	0.009			12	6.5	6.0
1		大　井	隣ⓑ	220	0.01			13	28.6	28.6
3		黒　山	遠隔	50	0.012			16	9.6	9.6
11		?		100	0.0125			16	20.0	20.0
9		藤井寺	隣ⓐ	250	0.011			16	34.8	34.8
6	限	藤井寺	隣ⓐ	100	0.011			19	20.9	20.9
11	限	小　山	隣ⓐ	100	0.012			19	22.8	22.8
3	限	藤井寺	隣ⓐ	100	0.0125			22	27.5	27.5
2		我　堂	遠隔	200	0.01			23	46.0	46.0
4	限	碓　井	隣ⓒ	100	0.014			24	33.6	33.6
4		駒ヶ谷	遠隔	13	0.0125			31	4.9	4.9
3	限	西　浦	隣ⓒ	250	0.011			33	90.8	90.8
4		我　堂	遠隔	30	0.01			34	10.2	10.2
2	限	林	隣ⓑ	50	0.012			35	21.0	21.0
3		我　堂	遠隔	165	0.01			35	57.8	57.8
12	限	藤井寺	隣ⓐ	10	0.015			36	5.4	5.0
5	限	加　納	遠隔	350	0.01	0.013		41	186.6	147.9
6	限	国　府	隣ⓒ	50	0.011			42	23.1	23.1
8		国　府	隣ⓒ	100	0.0125			42	16.3	16.3
5	限	平　石	遠隔	300	0.015			42	189.0	189.0
5	限	平　石	遠隔	400	0.015	0.013		43	223.6	222.4
10	限	中	遠隔	900	0.011			44	323.4	323.4
4	限	小　山	隣ⓐ	250	0.0108	0.01	0.011	48	129.6	33.6
3	限	池　尻	遠隔	50	0.013			49	31.9	31.9
10		岡	居村	30	0.012			51	18.4	18.4
2		岡	居村	20	0.012			59	14.2	14.2
8		我　堂	遠隔	170	0.012			77	157.1	157.1
3	限	弘　川	遠隔	250	0.011					
6	限	錦　部	遠隔	300	0.01					
		中	遠隔	400	0.01					
12		堺	他国	50						
12		堺	他国	100						

出典：明治３年取替帳による。

註：取替帳の記載を月数の短いものから並べ替えて作成した。

が終わった時期のものとして明治一三年（一八八〇）の新規貸付分を検討したい。

まず明治八年から（表7）。全体の実現利子七五〇円弱のうち、一八九円を短期貸付（一年以内）が占め、五六一円（七五％）を長期貸付（一三か月以上）が占める。このように、長期貸付による収入が多くを占める構造は、近世と変化がない。特にこの年では、西浦村（隣村ⓒ）への四〇〇円の貸付と、野々上村（隣村ⓐ）への一六五円の長期貸付だけで全体の収入の五〇％を占めている。

乖離率[12]を見てみよう。短期貸付ほど一に近い。しかしながら、先述の西浦村と野々上村の事例では、利子を一八円と一四円用捨したうえで返済を受けている。これにより、乖離率は〇・九二八と〇・九一二になっている。数年におよぶ長期貸付の際に、元利を計算通り受け取る形態にはまだなっていないのである。

次に明治一三年を見たい（表8）。全体の実現利子一八七六円余のうち、一六一〇円（八六％）が長期貸付によるものである。すでに検討してきたように、この時期は遠隔地域の貸付が多く、金額も大きい。遠隔地域の貸付は短期・長期ともほぼ均等に存在しており、この地域への貸付増は、岡田家の利子収入増に結びついているのである。

明治八年と違うのは、長期のものでも乖離率が一のものが多い点である。元金九〇〇円で返済月数四四か月の中村（石川郡）の事例は、三二三円余の利子を受け取りながらも、乖離率は一である。この点は、元金四〇〇円で返済月数四三か月の平石村（石川郡）の事例でも、出訴におよんでいるものの同様である。他にも三件の出訴事例があるが、いずれも乖離率は一である。

以上の検討から、裁判による執行力の変化は、実際の元利回収の局面にもおよんでおり、近世以来の地域の貸付・返済慣行に大きな質的変化をもたらした。明治一〇年代前半に、貸付金の返済は証文に定められた利率にしたがって計算をして支払う、という近代的な原則が確立したのである。

三　明治一五～二六年の変化（衰退期・低迷期）

1　全体の傾向

再び表4によって、地域区分による年度ごとの推移を見ていこう。まず、明治一五年（一八八二）に前年からほぼ半減していることが目につく。その後、同一六、一七年と極端に低額な時期が続く。明治一八年に、久しぶりに三〇〇〇円に近づくが、その後、同二三年（一八九〇）まで低迷が続く。明治二四～二六年までは若干持ち直し、同二七年の岡田銀行の開業にいたっている。

ここで特徴的なのは、全般的な低迷状況である。近隣地域、遠隔地域、他国地域のどこを見ても、順調な地域はひとつもない。本節ではこの要因を探っていくことにしよう。

2　凶作への対応の変化

表9は、明治三～三四年までの、岡田家の貸地貸家所得・利子収入と米価の一覧表である[13]。明治一五年から米価が大きく低下している様子をみることができる[14]。貸地貸家所得の金額から、明治九年（一八七六）と同一六年（一八八三）は極端に収入が低い。この点を岡田家の小作帳簿の免合記述から見ると、明治九年は、明治七、八、一〇年に比べて引方が大きい[15]。また、明治一六年は「本年格外大旱魃」とある。なお詳細な検討が必要であるが、この両年は、凶作でかつ米価も低い年であったことは間違いないであろう。そして、凶作は明治一六年のほうが深刻だったことが明らかである。このような凶作時に、岡田家は貸付においてどのような対応をおこなっているだろうか。表4で明治七年から同一八年までを再びみてみよう。

明治九年は、岡村で一八件、隣村ⓐ、隣村ⓑでも三一件の貸付をおこなっており、明治七、八年とくらべて遜

表9　貸地貸家所得・利子収入と米価一覧表

（円）

明治	貸地貸家所得	（指数）	利子収入	（指数）	米価	（指数）
3	1,137	1.00	—	—	6.5	1.00
4	753	0.66	—	—	3.5	0.54
5	747	0.66	—	—	3.2	0.50
6	912	0.80	—	—	4.6	0.71
7	1,619	1.42	—	—	7.0	1.07
8	1,228	1.08	—	—	5.0	0.77
9	492	0.43	—	—	4.3	0.65
10	1,346	1.18	—	—	5.6	0.86
11	2,042	1.80	1,240	1.00	7.7	1.18
12	3,495	3.07	1,175	0.95	10.4	1.60
13	2,660	2.34	1,841	1.48	10.3	1.58
14	2,350	2.07	1,907	1.54	8.4	1.29
15	1,369	1.20	1,755	1.42	6.8	1.05
16	－268	－0.24	784	0.63	5.3	0.81
17	1,437	1.26	683	0.55	6.3	0.97
18	1,253	1.10	566	0.46	5.3	0.81
19	1,126	0.99	106	0.09	4.9	0.75
20	1,112	0.98	173	0.14	4.2	0.65
21	1,089	0.96	467	0.38	4.7	0.72
22	1,914	1.68	229	0.18	7.3	1.12
23	2,761	2.43	436	0.35	6.6	1.01
24	3,774	3.32	327	0.26	7.3	1.12
25	2,857	2.51	323	0.26	6.2	0.95
26	2,819	2.48	572	0.46	7.9	1.22
27	3,425	3.01	—	—	8.4	1.29
28	4,137	3.64	—	—	8.8	1.35
29	3,888	3.42	—	—	10.2	1.57
30	3,562	3.13	—	—	12.7	1.95
31	3,952	3.48	—	—	8.9	1.37
32	4,964	4.37	—	—	11.5	1.78
33	3,850	3.39	—	—	10.7	1.65
34	4,833	4.25	—	—	10.8	1.66

色はない。これに対して、明治一六年と翌一七年の貸付は全体として極めて少ない。この変化は極めて重要であろう。第一章における検討では、不作時に貸付をおこない、岡田家も長期にわたって利子を取得し、相手からの返済を待つというのが、基本的な貸し手と借り手の関係であったからである。次に、この変化の内容を見るため、デフレが深刻な状況にある明治一八年の新規貸付分の返済状況を見てみよう（表10）。

まず目に付くのは、乖離率が一の事例の少なさである。この年の新規貸付分三二件のうち、乖離率が一なのはわずか一一件である。先ほど検討した明治一三年の返済状況との違いは大きい。これ以外のものでは、「返済記事なし」で元金も利子も受け取れなかったと思われるものが七件、利子の返済がなく元金のみ返済があったものが四件を数える。このように、明治一八年の貸付は救恤的色彩が濃い。ただ、明治一〇年代前半に、すでに貸付金は証文に定められた利子を付けて返済するもの、という貸し手と借り手の関係ができあがっていることから、明治一六年、一七年の貸付の少なさは、岡田家が貸付を受けたい相手に対して、貸付を渋っている状況を表すのではないだろうか。そして、まだ近世的な金融関係の余韻を残している地域状況の中で、ある程度返済が滞ることを覚悟の上で貸付に応じた結果を明治一八年の返済状況は表しているのである。

3　小口年賦の役割

明治八年から「当座小貸」「新年賦口」「他村年賦并小口」（以下、一括して小口年賦という）といった小口の貸付が順次開始される。これらは、安政七年取替帳二冊目の余白部分から記載がはじまる。当時使用されていた明治三年取替帳と明治一四年取替帳とともに、岡田家の金融活動の一端を示しているので、検討をおこないたい。

これらの件数と金額を一覧にしたのが、表11である。後半になるほど居村の不明なものが多いが、判明するものは、大半が岡村と藤井寺村の者への貸付である。件数、金額で目立つのは、明治一一年と二三年である。ここでは、この両年の分析をおこなっていこう。

平均金額は、明治一一年で一七・八円、明治二三年で四・五円と僅少さが際だっている。また、岡田家の小作人であるものが非常に多い。明治一一年の岡村で五四％、藤井寺村で五七％、明治二三年では全体で七七％を占めている。明治一一年はとりたてて不作というわけではなく、もっとも凶作であった明治一六年にはそれほど多く貸し付けてはいない。また、後半のピークである明治二三年は凶作状況ではない。この貸付の性格については、

返済元金額	元金返済期間	元利計	実現利率	乖離率	備考
18					無証文
45					明治19、24年元金のみ(利足用捨)
10	1	10	0.01	1	
250	1	253	0.013	1	
10	3	10	0.015	1	
80	4	85	0.015	1	
60	5	65	0.015	1	地所買代金にて決算
600	5	645	0.015	1	
10	6	11	0.013	1	
30	7	33	0.015	1	
30	9	34	0.0148	0.988	利子5銭まけ
10	10	12	0.015	1	
80	14	80	0	0	利子は返済記事なし(残金を5年賦)
30	23	40	0.0142	0.947	利子10銭用捨、元金1月遅れ
5	25	5	0	—	利子なし、寺
300	33	399	0.01	1	白木領田地買取代金、残金は九平勘定
75	41	85	0.0033	0.260	80円抵当地買請、8.437円用捨、25円5年賦(明治22年)うち5円のみ。以降記載なし。期限あるも1年半
30	90	61	0.014	1	元金を途中2回返済、利子はすべて受取
200	109	300	0.0046	0.417	利子のうち139.8円用捨
					返済記事なし
					改めて頼母子講加入
					返済記事なし(田地の上端金として遣わす)
					記載なし
11.7	0	12	—	—	明治20年に6か月年賦。11.7円だけ明治34～36年に入る
					返済記事なし
25					当方所持山林諸掛物と取換
					返済記事なし
100					明治30年入り、利足は用捨
					記載なし(当初から6年賦)
200					明治29年5月、利金50円として年賦証文に。明治31～35年賦で受取
200					同上。期限あるも1年半
					記載なし

表10　明治18年返済状況

月	限	大字	区分	元円	当初利率（月）	返済利率①	返済利率②	月数	計算利子	実現利子
3		（大和）	他国	30	0			0		
5	限	岡	居村	45	0.0125			0	0.0	0.0
3		野　中	隣ⓐ	10	0.01			1	0.1	0.1
3	限	土　師	他国	250	0.013			1	3.3	3.3
9	限	平　尾	遠隔	10	0.015			3	0.5	0.5
12	限	菅　生	遠隔	80	0.015			4	4.8	4.8
12	限	岡	居村	60	0.015			5	4.5	4.5
3		小　山	隣ⓐ	600	0.015			5	45.0	45.0
7	限	南　宮	隣ⓑ	10	0.013			6	0.8	0.8
4	限	木　本	隣ⓒ	30	0.015			7	3.2	3.2
9	限	大　井	隣ⓑ	30	0.015			9	4.1	4.0
9	限	藤井寺	隣ⓐ	10	0.015			10	1.5	1.5
3	限	野々上	隣ⓐ	97	0.015			14	20.3	0.0
3	限	大　井	隣ⓑ	30	0.015			22	9.9	9.8
3		沢　田	隣ⓑ	5	0			25	0.0	0.0
6	限	弘　川	遠隔	300	0.01			33	99.0	99.0
8		野々上	隣ⓐ	75	0.0125			41	38.4	10.0
6	限	南　宮	隣ⓑ	30	0.016	0.012		90	31.4	31.4
7	限	千　早	遠隔	200	0.011			109	239.8	100.0
3	限	北　宮	隣ⓐ	8	0.015					
3	限	小　山	隣ⓐ	10	0.015					
3	限	大　井	隣ⓑ	13	0.015					
9	限	菜萸木新田	遠隔	15	0.01					
3		岡	居村	19	0.015				0.0	0.0
5		南　宮	隣ⓑ	24	0.015					
7	限	千　早	遠隔	25						
4	限	岡	居村	45	0.015					
10	限	大　井	隣ⓑ	100	0.01					
9		菜萸木新田	遠隔	176	0					
10	限	大　井	隣ⓑ	200	0.01					50.0
10		大　井	隣ⓑ	200	0.01					50.0
12	限	平　尾	遠隔	20	0.015					

出典：明治14年取替帳による。
註：取替帳の記載を月数の短いものから並べ替えて作成した。

表11　小口年賦一覧

（単位：数、円）

分類	郡名	大字	項目	明治8	9	10	11	12	13	14	15	16	17	18	19	20	21	22	23	24	25	26	不明	合計
居村	丹南	岡	件数		1	2	26	13	9	1	4	6	1	1	2	5			12				2	85
			金額		20	47	549	326	95	24	71	12	3	26	40	52			21				13	1,299
隣村ⓐ	丹南	藤井寺	件数	1		1	7	1	11	1	1	1	1			1			5					31
			金額	47		8	82	11	160	5	23	60	10			26			40					472
		野中	件数										1											1
			金額										1											1
		野々上	件数																2					2
			金額																14					14
		北宮	件数				1								1									2
			金額				20								8									28
	丹北	島泉	件数																					0
			金額																					0
		小山	件数							1		1												2
			金額							11		18												29
		（合計）	件数	1	0	1	8	1	11	2	1	2	2	0	1	1	0	0	7	0	0	0	0	38
			金額	47	0	8	102	11	160	16	23	78	11	0	8	26	0	0	54	0	0	0	0	544
隣村ⓑ	丹南	南宮	件数					1					1											2
			金額					30					16											46
	丹北	津堂	件数				1																	1
			金額				0																	0
	志紀	沢田	件数					1																1
			金額					5																5
		（合計）	件数	0	0	0	1	2	0	0	0	0	1	0	0	0	0	0	0	0	0	0	0	4
			金額	0	0	0	0	35	0	0	0	0	16	0	0	0	0	0	0	0	0	0	0	51
隣村ⓒ	丹北	西大塚	件数												2	2		2						6
			金額												42	36		29						107
遠隔	古市	駒ヶ谷	件数								1													1
			金額								108													108
他国		大阪	件数										1		1									2
			金額										10		7									17
不明			件数	1			2	1		1		1			2	2			16	3	2		1	32
			金額	20			9	1		4		14			5	6			84	7	13		2	165
合計			件数	2	1	3	37	17	20	4	6	9	5	1	8	10	0	2	35	3	2	0	3	168
			金額	67	20	55	660	373	255	44	202	104	40	26	102	120	0	29	159	7	13	0	15	2,291

出典：安政7年取替帳による。

いまひとつわからない点が多い。

注目したいのは、返済がまったくなされていないか、もしくは返済されても一部だけのものが多いことである。そして、この貸付が多くなされる明治一〇年代前半は、元利ともに証文どおり返済するように、貸借関係のルールが大きく変容する時期であった。このことから、返済が滞る可能性の高い小額貸付は小口年賦で貸付をおこない、利子取得を目的とする比較的高額な貸付と切り離しを図った、と考えられる。このような貸付ルールが定着していけば、小口年賦の役割はなくなっていくだろう。実際、明治二六年以降この貸付はなくなった。明治一〇年代前半にできた新しい貸付ルールによる金融関係に一本化されたのである。(16)

4　返済期間の短縮化と貸付規模の縮小

明治一五年以降の件数、金額の減少傾向は明治二〇年代になっても続いている。この点を考えるうえで、重要なのが返済期間の短縮化である。

明治二三年の新規貸付のうち、長期貸付の平均返済期間はわずか二二か月である。明治三、八、一三年を順に追っていくと、四九か月、四四か月、三五か月である。このように、明治一〇年代前半以降、返済期間が短くなっていく理由は、次のように考えられよう。すなわち、借り手にとっては、利子を期間どおりきっちりと計算して支払うルールが浸透していくにつれて、極力短期間で返済していくことが、負債を増やさないために重要となってきた。そして、岡田家も、きっちりと元利を返済してくれる相手にだけ貸付をおこなうようになっていった。結果として、貸付は少なくなり、その中で証文どおりの返済がおこなわれる姿に変化したのである。個別の貸付は厳密に取り立てられるようになったものの、金融の規模はむしろ小さくなる、という皮肉な状況が生まれたのである。そして、全体として利子収入は減少した（表9）。

四　岡田銀行の経営と貸付状況の分析

岡田銀行は、明治二七年（一八九四）四月に開業し、同三四年六月に廃業した。この間、岡田家自体も細々と貸付を続けているが、基本的には岡田銀行に金融機能を一本化しているので、この貸付内容を分析していくことにする。

1　岡田銀行の開業と地域での位置づけ

岡田銀行の開業は、銀行設立ブームの時期にあたる。周辺地域での銀行設立時期を見ていくと、明治二六年に堺銀行が富田林に支店を開く。明治二九年に富田林銀行、更池銀行（八上郡更池村）、同三〇年に河内貯蓄銀行、国分銀行富田林支店が開業する(17)。岡田銀行の開業は、近隣地域の中で比較的早い方であるが、明治三〇年頃から銀行間の競争に巻き込まれていったと予想される。

岡田銀行は資本金二万円（のち、五万円に増資）をすべて岡田家が出資した個人銀行である。資本金額からは、中小銀行といえる。支店はなく、岡田家居宅の街道沿いに店舗を構えていた(18)。

支出帳簿から、開業にあたって道明寺村の者に広告を二〇〇部刷らせていることがわかる。また、大阪朝日新聞に開業広告を出してもいる(19)。広告には、各預金の利率と「貸付金は相談に応じる」旨が記されていることから、広く近隣地域、遠隔地域を対象に営業活動をおこなう意図であったと考えられる。

2　経営の概観

表12は、貸借対照表と損益計算書をまとめたものである。不明な期も多いが、岡田銀行の経営について、かな

表12　岡田銀行の貸借対照表・損益計算書（明治27～33年）

（円）

貸借対照表		第１期末	第４期末	第６期末	第10期末	第11期末	第12期末	第13期末
		27年６月	28年12月	29年12月	31年12月	32年６月	32年12月	33年６月
資産	貸付金	?	26,639	32,699	39,137	19,533	18,928	21,325
	当座預金貸越	?	4,378	9,106	7,547	7,057	6,276	5,653
	約束手形	2,495	8,494	4,436	11,760	51,880	37,535	63,070
	国債証券	?	247	0	230	336	1,880	1,800
	社債券	?	5,643	13,819	10,306	7,630	7,530	7,130
	諸株券	?	33,579	61,067	60,152	44,720	67,981	58,105
	什　器	55	—	127	?	150	150	150
	仮出金	?	7	0	?	220	—	?
	別段貸金	?	—	13,500	?	—	—	?
	金銀有高	?	4,660	8,479	?	12,382	5,255	?
	預ヶ金	0	3,500	0	1,416	—	—	?
	合計	?	87,148	143,232	130,548	143,907	145,534	157,232
負債	当座預金	7,368	25	15	13,396	3,957	2,387	6,197
	特別当座預金	—	34,484	37,649	50,466	53,472	51,971	55,925
	定期預金	3,245	24,106	29,093	17,643	19,618	17,909	19,583
	別段預金	—	6,357	685	?	—	—	?
	資本金	20,000	20,000	50,000	50,000	50,000	50,000	50,000
	借入金	?	—	0	15,090	7,600	13,558	5,000
	積立金	?	520	0	?	4,300	5,300	?
	前期繰越金	?	131	204	?	—	—	?
	当期益金	?	1,524	4,706	3,875	4,961	4,409	4,798
	振出手形	?	—	20,880	?	—	—	?
	合計	?	87,148	143,232	150,471	143,907	145,534	141,503

損益計算書		第１期末	第４期末	第６期末	第10期末	第11期末	第12期末	第13期末
利益	利　息					5,176	1,168	
	割引料					759	1,900	
	株式配当金					2,106	1,354	
	前期繰越金					2,575	2,461	
	公債及社債利息					—	372	
	合計					10,617	7,254	
損失	給料及雑費					448	482	
	支払利息及損金					5,208	2,306	
	公債減価損金					—	57	
	（純益金）					—	—	
	積立金					1,000	500	
	営業主収得					1,500	1,500	
	後期繰込					2,461	2,409	
	合　計					10,617	7,254	

出典：第１期、10～13期は岡田家文書の各期営業報告書、第４期は註22武部論文、第６期は同期末時点の貸借対照表の数字による。

註：開業は明治27年４月２日、廃業は明治34年６月（営業期間は７年３か月）。

りの状況が明らかになる。ここからは、以下の点が指摘できる。
①貸付金と預金額から、明治二九年末までは発展期といえるが、その後は伸び悩んでいる。この時期は、周辺に銀行が開業していった時期であり、地域内で先行していた岡田銀行が競争に巻き込まれ苦戦するようになった状況といえるだろう。
②全体を通じて、預金額（特別当座預金と定期預金）の金額に対して、貸付金はその半分程度である。第一一期からは約束手形による収入の確保に乗り出しているが、それほど経営が好転しているわけではない。この預金額と貸付金については、のちに詳しく分析する。
③岡田銀行の全資本を出資している岡田家は地主経営が中心で、企業の設立などはおこなっていない。したがって、銀行の経営が株主・出資者の経営する企業などと融資の面で密接な関係を持つ「機関銀行」として利益をあげる余地はなかった[20]。
④行き場のない預金の運用は、株式投資や社債に向かわざるを得ない。明治二七〜三二年頃は企業勃興・株式投資ブームの時期で、鉄道株や紡績株を中心に高配当が見込めた。
⑤自主廃業をおこなった明治三四年は、株式の暴落時期であった。そして、周辺では取付騒ぎが起こっている。明治三四年四月に、岡田銀行は大量の預金引き出しにあい、その後円滑に自主廃業をおこなっている。
⑥第一一期と第一二期の当期利益は、二五〇〇円と二〇〇〇円である。一見経営は順調なようだが、投下した自己資本五万円に対する利益率は五％と四％にしかならない。同時期の定期預金と同程度の利益率は、事業としてそれほど魅力あるものではない。
まとめると、岡田銀行は、集めた預金を地域において貸し付けることで経営が成り立っていたのではない。また、株主（この場合は岡田家）の事業に融資をおこなって、そこからの収益によって成り立っていたのでもない。

その経営は、株式投資や社債に依存しており、企業勃興期の景況に大きく左右される収支構造の下に成り立っていたのである。(21)

3　預金の検討

岡田銀行の明治三三年四月の地域別預金状況が表13である。(22)これまでの分析で用いてきた近隣地域（隣村ⓒまでの範囲）までで、口数で八〇％、金額で七三％と大半を占めている。なかでも、隣村ⓑまでの地域金融圏が中心である。

再び表9でこの時期の地域状況を検討していくと、米価が八～一二円台と好調なことがわかる。岡田家の土地所有面積に若干の変動はあるものの、貸地貸家所得からは不作の様子も見られない。この時期は、作柄もよく米価も高い、順調な農業経営が営めた時期であろう。平均一五〇円程度の預金は、この時期の豪農（地主）の手元に一定の余剰資金があったことを意味している。これは、預金額が同規模である明治二八年くらい（第四期）までは同様の状況であったと遡って考えておきたい。

第一章では、豪農が複数の貸付金を受けられた事例の多さから、地域において借り手有利・金余りの状況があったと論じてきた。このような地域状況が、明治一六年を筆頭とする不作状況や松方デフレの中でどの程度ダメージを蒙ったのかは、詳しい検討が必要であるが、岡田家の不作・不況期（明治一六～一八年）の新規貸付の少なさが多くの豪農にあてはまるとす

表13　岡田銀行の預金状況　（単位：数、円）

分類	大字	口数	金額	平均
居村	岡	41	4,514	110
隣村ⓐ	（7か村計）	131	17,672	135
隣村ⓑ	（15か村計）	119	18,577	156
隣村ⓒ	（21か村計）	63	11,477	182
近隣（隣村ⓐⓑⓒの合計）		354	52,240	148
その他		87	18,907	217
総合計		441	71,147	161

出典：註22武部論文所載の表を加工して作成。

るならば、困窮した豪農の没落を引き起こしながらも、余剰資金を抱えた豪農が多数いる状況は、この時期まで継続していたと考えていいのではないだろうか。近世の特徴が、地域において預金額に比して貸付金が不足するという岡田銀行の経営にも刻印を残している可能性が高いのである。

4　貸付金の概要

再び、表4によって、銀行開業期間の貸付金の概要を把握したい。

①件数は明治二九年まで平均して四四件であり、明治一四年期（低迷期）より多くなっている。しかし、明治三〇年代に入ると、再び三〇件を割っていく。

②この期間全体の平均金額は六三一円であり、明治三年期の一一八円、明治一四年期の一一四円の五倍以上に跳ね上がる。特に、他国地域の数件の貸付が平均を大きく引き上げている。これらは、預金による手元資金の増加効果といえる。銀行開業のプラスの側面である。

③平均金額は、居村岡村で約三倍、近隣地域で約四倍となる。件数の増加と金額の大型化で、銀行開業は一定の効果があった。これは、堺や大阪の銀行への預金と、豪農への株式投資の広がりなどで[23]、豪農間の金融が低迷している状況で、広告により岡田銀行の地域での存在感が増した効果と考えておきたい[24]。

④明治三〇～三三年の間は、貸付金額が低迷する。これは、他国地域で高額貸付がなかったためである。いくつかの高額貸付に依存する、脆弱な構造である。

全体として、②、③のようなプラス面はあったものの、銀行の開業は明治一〇年代後半から続く低迷期を抜本的に打開するまでにはいたっていない、と評価できるだろう。

5　返済過程の分析

ここでは、表14によって、明治二八年の新規貸付分について返済過程を分析し、岡田銀行貸付金の収入構造を検討していく。

①短期貸付と長期貸付の割合はほぼ半数ずつである。長期の貸付が収入の過半を占める構造は、これまでと変わらない。

②動産担保（株式や米・豆などの農業収穫物）で貸付を受けているものが一一件ある。米・豆などの場合は「倉敷料」を取っており、実際に岡田銀行の蔵に運び込んでいることがわかる。この平均貸付期間は四・一か月、最長で一三か月である。このような貸付を受ける者は、経営が困窮しているのではなく、一時的な資金の借用が理由であろう。岡田銀行開業以前はこのような貸付はほとんどみられず、これは銀行開業のプラス面であった。ただし、収入への寄与は少なかった。

③土地を抵当に入れている貸付は、返済期間が長い。土地を担保にする者は、概ね困窮度が高いといえるだろう。そして、乖離率は二件を除いてすべて一（除いたうちの一件も〇・九九七）である。また、長期貸付の平均貸付期間は二七・三か月である。明治二三年の二二か月よりは幾分長くなっているものの、銀行貸付は明治一〇年代前半からの貸付期間短縮化傾向の延長線上にあり、低迷期を打開できてはいない。

④八〇〇〇円と五〇〇〇円の他国への長期貸付が、収入の大半を占める。第4項の④で指摘した利子収入の脆弱な構造がこれで裏付けられた。

おわりに

本章では、明治三〜三四年までの岡田家・岡田銀行の貸付の状況を検討することにより、近世以降の展開を明

実現利子	返済元金額	元金返済期間	実現利率	乖離率	備考
0.5	70	1	0.009	1	日歩。軍事公債100円
1.1	100	1	0.009	1	日歩
1.5	140	1	0.0105	1	日歩。菜種24石
1.1	150	1	0.009	1	日歩。大阪鉄道３株
4.3	595	1	0.0081	1	日歩。奈良鉄道10株
18.0	2,000	1	0.009	1	
7.8	500	2	0.0084	1	日歩。大阪鉄道10株
5.4	180	3	0.0105	1	日歩。米24石
7.6	215	3	0.0105	1	日歩。米28.5石
10.3	360	3	0.0105	1	日歩。菜種60石
3.5	120	4	0.0084	1	日歩
7.8	245	4	0.0105	1	日歩。米35石担保
32.4	900	4	0.009	1	
1.0	23	5	0.009	1	日歩。古市は行政村
3.3	75	5	0.009	1	日歩。古市は行政村
3.8	90	5	0.0081	1	日歩
5.0	115	5	0.009	1	日歩。田１町２反余
72.2	2,000	5	0.0084	1	日歩
2.7	50	6	0.009	1	
15.7	290	6	0.009	1	
2.8	50	7	0.008	1	
8.4	120	7	0.01	1	
18.0	250	8	0.009	1	日歩
19.2	200	9	0.0105	1	日歩
124.8	1,300	12	0.008	1	
33.5	278	13	0.009	1	日歩。明治28年12月より利下げ。蚕豆71.5石
47.7	390	13	0.009	1	日歩。明治28年12月より利下げ。蚕豆100石
64.3	600	13	0.0084	1	日歩
26.6	190	14	0.010	1	
32.4	200	18	0.009	1	利子②は日歩。田畑３反余
115.1	799	18	0.008	1	
24.0	120	20	0.01	1	
31.4	150	22	0.0095	1	
37.1	190	23	0.0085	1	田４反１畝余書入
129.5	1,050	23	0.0085	0.895	15.115円用捨。連帯地所２町４反余書入
40.5	150	27	0.01	1	田２反余
65.3	250	29	0.009	1	
75.7	290	29	0.009	1	
182.7	700	29	0.009	1	
107.1	398	30	0.009	1	日歩。地所
196.4	800	37	0.0097	1	途中元金400円返済。田畑１町１反
31.9	90	39	0.009	1	明治31年５月より利上げ。田１反余
2,334.9	5,000	45	0.0104	0.997	田畑７町７反余書入
6,109.8	8,000	76	0.0122	1	4,000円霜野氏（泉州大鳥郡土塔村）加入。利率は返済利率①～③の間を10回変更。計算は銀行廃業まで、最終的には明治36年４月返済、利足43.275円用捨（合計96か月）。田14町２反担保

表14　明治28年返済状況

月	限	大字	区分	元円	当初利率（月）	返済利率①	返済利率②	返済利率③	月数	計算利子
12	限	若　林	隣ⓒ	70	0.009				1	0.5
8	限	岡	居村	100	0.009				1	1.1
6	限	古　市	隣ⓒ	140	0.0105				1	1.5
12	限	若　林	隣ⓒ	150	0.009				1	1.1
11	限	野　中	隣ⓐ	595	0.0081				1	4.3
4	限	国　府	隣ⓒ	2,000	0.009				1	18.0
10	限	大　堀	隣ⓒ	500	0.0084				2	7.8
7	限	若　林	隣ⓒ	180	0.0105				3	5.4
7	限	若　林	隣ⓒ	215	0.0105				3	7.6
6	限	古　市	隣ⓒ	360	0.0105				3	10.3
12	限	野　中	隣ⓐ	120	0.0084				4	3.5
2	限	伊　賀	隣ⓐ	245	0.0105				4	7.8
3	限	北　宮	隣ⓐ	900	0.009				4	32.4
12	限	古　市	隣ⓒ	23	0.009				5	1.0
12	限	古　市	隣ⓒ	75	0.009				5	3.3
11	限	野　中	隣ⓐ	90	0.0081				5	3.8
3	限	一津屋	隣ⓑ	115	0.009				5	5.0
11	限	大　堀	隣ⓒ	2,000	0.0084				5	72.2
7	限	南　宮	隣ⓑ	50	0.009				6	2.7
7	限	軽　墓	隣ⓑ	290	0.009				6	15.7
10	限	道明寺	隣ⓒ	50	0.008				7	2.8
6	限	野	隣ⓒ	120	0.01				7	8.4
8	限	野　中	隣ⓐ	250	0.009				8	18.0
2	限	?	?	200	0.0105				9	19.2
7	限	枯　木	遠隔	1,300	0.008				12	124.8
6	限	北　宮	隣ⓐ	278	0.0105	0.009			13	33.5
6	限	北　宮	隣ⓐ	390	0.0105	0.009			13	47.7
10	限	中	遠隔	600	0.0084				13	64.3
3	限	野　中	隣ⓐ	190	0.01				14	26.6
11	限	?	?	200	0.008	0.006			18	32.4
3	限	向　井	遠隔	799	0.008				18	115.1
12	限	野	遠隔	120	0.01				20	24.0
1	限	岡	居村	150	0.0095				22	31.4
9	限	平　尾	遠隔	190	0.0085				23	37.1
8	限	平　尾	遠隔	1,050	0.0085				23	144.6
4	限	西　川	隣ⓑ	150	0.01				27	40.5
8	限	軽　墓	隣ⓑ	250	0.009				29	65.3
7	限	軽　墓	隣ⓑ	290	0.009				29	75.7
8	限	軽　墓	隣ⓑ	700	0.009				29	182.7
8	限	林	隣ⓑ	398	0.009				30	107.1
5	限	野	遠隔	800	0.009	0.01	0.0125		37	196.4
5	限	北　宮	隣ⓐ	90	0.009	0.01			39	31.9
8	限	下条大津	他国	5,000	0.008	0.011	0.013	0.01	45	2,342.5
3	限	嘉祥寺	他国	8,000	0.008	0.0135	0.0087		76	6,109.8

出典：岡田銀行貸付帳による。
註：貸付帳の記載を月数の短いものから並べ替えて作成した。

らかにしてきた。概要をまとめると、次のようになる。明治五、六年に明治政府の出した私的所有権の確立政策が、明治八、九年頃には岡田家と地域の豪農との貸付金訴訟にも影響を与えるようになった。それによって、証文どおりに利子を計算し返済するように貸借関係のルールが変化し、そのことは返済期間の短縮に繋がっていった。個別の貸付への取り立ては強化されたが、全体の規模は縮小し、利子収入も減少していく皮肉な状況が生まれた。明治二七年の岡田銀行の開業は、銀行制度独自のプラス効果と、地域において貸付をおこなっていることを広く周知したことから、貸付の増加をもたらした。しかし、それは脆弱なものであり、集めた預金額の半分程度しか貸付はおこなわれなかった。残りは当時好況であった株式投資や社債に回ったが、これらが不況に陥ると岡田銀行も廃業せざるを得なかったのである。また、五万円の出資金を投下資本とみた場合の利益率も、満足のいくものではなかった。

一九八〇年代以降の負債農民騒擾研究では、おもに関東・東山地域を中心として明治一七年を画期とした豪農と民衆間の軋轢が論じられてきた。本章の分析は、明治政府の私的所有権確立政策がもたらした、別の一面を明らかにしたものといえるだろう。畿内において確立していた豪農間の金融関係には、これらの諸政策は明治八、九年には影響を与えはじめている。そして、画期は明治一〇年代前半におかれる。明治一〇年代後半は、明治一六年の凶作時期にも貸付はそれほど増えず、同一八年に一時的な対応をおこなって不況期を凌いだに過ぎない。そして、明治二〇年代前半には、すぐに明治一〇年代前半と同様の金融関係が展開されていることが、本章の分析を通して明らかになった。

次に、第一章と第二章を通して考えてみたい。近世と明治期の比較をおこなうと、近世のほうが、明治一〇年代後半の停滞期より件数・金額とも上回っていることが注目される。すなわち、岡田家が金融を通じて地域に与える影響力は、近世のほうが大きいのである。これに、領主権力の銀札引請の問題も合わせ考えれば、影響力は近世のほうが明治期よりも、遥かに上回っているといえるだろう。そしてこの要因は、第一には地域の貸付要求に応え、長い目で相手豪農からの返済を待つ、貸し手・借り手双方が満足する金融慣行の成熟にある。第二には、それを支える構造として村落共同体による他村地主が村内の土地を所持することへの抵抗と、領主権力が訴訟において当事者同士の内済を勧め、返済を促すといった微温的な対応をおこなうといった点があげられ、総じてこれらは近世社会の特質にある、といっていいだろう。

これらの状況に変化を与えたのは、明治政府の私的所有権の確立政策である。そして、岡田家自身も、貸付金の返済と利子の支払いを証文どおりに履行することを求めていた。しかし、そのような姿勢は、貸付額の縮小と返済の短期化を進め、大局的には金融活動は低迷していった。個別債権への権利の強化が全体の縮小を進める、という皮肉な関係になるのである。

佐々木潤之介は近世の岡田家が展開する金融関係を、「高利貸商人の範疇から一歩すすみでているもの」「岡田家を中核とした新たな経済的関係の展開が展望されている」と評価し、これは近代社会に繋がるものと考えているようである(25)。しかし、近世と明治期の双方を分析した結果からは、岡田家の近世の金融は、近世社会の特質に根ざしたからこそ発展したのであって、近代社会への転換の中で縮小していくことが明らかになった。

ところで、豪農の政治主体化の未熟さについて、第一章の「おわりに」で私見を述べた。そして、第二章での明治期の分析をふまえれば、もう一つ別の見方を提示できる。すなわち、近世の方が明治期に比べて「政治」に関わることが金融活動にプラスに働いている、ということである。領主貸のみならず、嘉永六年（一八五三）の丹南郡七か村組合村々への貸付、恒常的な組合村所属の豪農・村役人層への貸付、銀札の引請など、すべて「政治」に岡田家が関わることから生まれた「ビジネスチャンス」である。だからこそ、岡田家が一九世紀に経済的に発展すること（その地域との関係の主要なものが金融関係(26)）と、地域における岡田家の政治活動の活発化が並行してみられるのである。野本禎司は、岡田家が一九世紀半ば以降「惣代庄屋」「郡中惣代」の肩書きを持って登場すること、そして、惣代を務めない時期でも「実力者」として地域の利益のために行動していたこと、三か国単位の訴願を目指して挫折した場合でも惣代の根ざす地域の利益を最優先にして訴願実現に向けて行動したことを明らかにしている。[27]これは、組合村での政治関係こそが、国訴など畿内独自の広域訴願の土台になっている、ということができるだろう。そして、岡田家がおこなっていた金融活動は、このような政治活動の土台を下支えしていたのである。それは岡田家の経営にも、金融を受ける相手にも利点のある関係であった。政治活動と経済活動は補い合っているのである。

これに対して、明治期の岡田家は一時期副戸長を務めるものの、政治との関わりは希薄であり、このようなあり方は、自家の経営を優先させる名望家像を思わせる。[28]そして、金融活動の低迷の打開を岡田銀行の開業という純粋な経済活動のみでおこなおうとしていることが注目される。岡田家は、経済の分野で地域に貢献しようとしたのである。近世と明治期では、政治に関わらなくとも金融活動の発展を追求できる点が大きく異なっていたのである。

（1）鶴巻孝雄『近代化と伝統的民衆世界』（東京大学出版会、一九九二年）、稲田雅洋『日本近代社会成立期の民衆運動』（筑摩書房、一九九〇年）。
（2）白川部達夫『日本近世の村と百姓的世界』（校倉書房、一九九四年）。
（3）畿内における土地売買のあり方については、早く丹羽邦男の仕事がある（『形成期の明治地主制』塙書房、一九六四年）。
（4）慶応四年（明治元年）八月に銀建て（匁）は廃止、以後両に統一され、明治四年から円（一両は一円）となる。幕末から明治にかけては米価の高下が激しく、貨幣価値による比較よりも、米石換算のほうが基準としては適切であろう。

(5)　岡田家が堺県役所に提出した「明治四年一二月　旧諸藩調達金明細書上帳」では、合計四七〇〇両余が書き上げられ(一橋大学附属図書館所蔵岡田家文書手書A—二四—四六三・C—一二—六。以下、同文書から典拠を示す場合は、史料番号〈請求番号〉のみ表記する)、のちに旧・新公債証書として認められたのは二四〇八両余(全体の五一・二%、安政七年・明治三年取替帳)であった。伯太藩と沼田藩(土岐氏)・芝村藩の調達金は認められ、年賦金の受取と明治一四年と同一九年におこなった証書の売却により元金に近い額(九二・四%)を手にしている。認められなかったものは信楽代官所の御用金一七〇〇両と山稜奉行戸田越前守(高徳藩)の調達金三二六両余が主であった。この区分がどこにあったのかは判然としない。明治三年期の地域に対する貸付の順調さをみると、このような領主貸の後始末はそれほど岡田家の経営の重荷にはなっていないと考えている。ただ、幕末期から明治初年にかけての変動(領主貸・両替商取引の廃止や銀建てから金・円建てへの変更、米相場の乱高下など)の影響については別に検討が必要と思われる。今後の課題としたい。

(6)　なお、丹南郡の貸付には、丹南郡平尾村の弥平次を取次とするものが多い。両者は取り扱う金額やみずからの所持地を書き入れたりもしていることから豪農と考えられる。註(14)も参照されたい。

(7)　三二—一一。

(8)　明治期には、近世の「書附留」のようにまとまった訴訟帳簿は残されてはいない。以下、取替帳の記事や個別の文書により分析をおこなう。

(9)　明治三年取替帳の記載による。

(10)　丹羽邦男「明治政府勧解制度の経済史上の役割」(『商経論叢』三〇巻一号、一九九四年)。

(11)　九—一四—三、四。返済金額は、明治三年取替帳の記載による。

(12)　第一章第二節第4項参照。

(13)　佐々木潤之介「地主経営の概要と論理——岡田家文書研究のはじめに」(『一橋論叢』八三巻三号、一九八〇年)所収の表を加工して作成。

(14)　これまで検討してきた、岡田家が遠隔地域に貸付を本格化させている時期は、米価も高く、貸付を受ける側も土地を担保にした貸付を受けることによって、土地の購入をおこなうなどしていた可能性も高い。取次をおこなっていた九平らの実態の解明とともに、今後の課題としたい。

(15) 各年の下作宛口帳（小作帳簿）の冒頭にその年の小作料の免合が記されている。なお、この時期の免合は、村で定めている場合がほとんどである。

(16) 小口年賦は時期の波動も大きく、不作期とも関連しない。貸付相手に小作人が多いことから、小作帳簿との関係がある可能性があるが、今回は分析できなかった。ここでは、取替帳とは別の性質の金融を岡田家自身が意識的におこないはじめたことに注目し、取りあげた。

(17) 佐藤政則「堺銀行文書」の魅力」（『堺研究』三〇号、二〇〇二年）。

(18) 現当主の岡田績氏から御教示をいただいた。

(19) P―二―一。

(20) 機関銀行については、高橋亀吉・森垣淑『昭和金融恐慌史』（清明会出版部、一九六八年。一九九三年、講談社学術文庫から改訂再版）。

(21) この時期の豪農（地主層）と資本主義の関係は、中村政則『近代日本地主制史研究』（東京大学出版会、一九七九年）。

(22) 武部善人「「更池銀行」の顚末」（『経済研究』一一九号、一九六四年）。

(23) 岡田家の銀行預金は明治一八年から、株式投資は明治二四年からはじまる。

(24) また、預金をしていたものが後に貸付を受けるケースや、貸付を返済したものが預金をおこなうなど岡田銀行を金融取引先として用いているケースも多い。地域に銀行が開業していく明治二〇～三〇年代は、豪農「家」同士の情誼的な関係が介在する可能性のあるものから、銀行という機関を媒介としたものへと大きく変化している様子がうかがえる。岡田銀行開業中や廃業以後の岡田家の貸付は、多くは親戚や小作地支配人へのものである。

(25) 佐々木潤之介「幕末期河内の豪農」（『幕末社会の展開』岩波書店、一九九三年）二四一頁、二八四頁。

(26) 佐々木は、豪農と地域の関係について、商品生産への吸着・作徳小作関係・雇用労働の三つの要因をあげたうえで、金融関係が岡田家において特徴的であると結論づけている（註25前掲書、二八三頁）。ここでの理解もそれにしたがっている。

(27) 野本禎司「大坂鈴木町代官支配の構造と惣代参会――岡田家の政治的活動――」（『畿内の豪農経営と地域社会』思文

閣出版、二〇〇八年)。

(28) 明治期の戸長辞職問題など政治への関わりを豪農が避けていく問題については、渡辺尚志編著『近代移行期の名望家と地域・国家』(名著出版、二〇〇六年)の理解によった。

〔附記〕本稿の作成では、一橋大学附属図書館の関係の方々、藤井寺市立図書館の西館長、久保副館長、同市教育委員会文化財保護課の山田幸弘氏、吉岡美和氏、羽曳野市教育委員会歴史文化課高野学氏、岡田績氏にお世話になりました(所属等はすべて初出当時)。また、羽曳野市と藤井寺市のフィールドワークでは一橋大学大学院社会学研究科「企画実践力強化部門」による助成をいただきました。みなさまにお礼申し上げます。

〔補註〕本論文についての書評への応答は、第一章の末尾にまとめたのでご参照いただきたい。

第三章　地域金融圏における地域経済維持の構造
――中核的豪農と一般豪農の関係分析を中心に――

はじめに

第一章では、河内国丹南郡岡村岡田家の近世における広域金融活動を分析した。そこでは、岡村の隣々村（隣村ⓑ、四八頁参照）くらいまでの範囲の村々に対して、常に二年に一件以上の新規貸付をおこなう恒常的な金融関係を築いていた。岡田家のような、所持高一〇〇石規模の石高を持つ豪農は、この範囲において貸付を受ける中小規模の豪農とは異なる役割を果たしていた。この範囲を地域金融圏、岡田家のような豪農を中核的豪農と定義した。

これをうけて、本章では、地域金融圏において貸付を受ける中小規模の豪農を、「一般豪農」と概念設定し、分析を進めていくことにする。岡田家の貸付相手は、村内・村外を問わず多くは村の中上層の者たちであり、特に村外の者はその多くが豪農・村役人層である[1]。そこで、岡田家から貸付を受けた一般豪農の金融活動や経営の分析を通して、一般豪農と村内小前層や小作人との関係を解明することにより、岡田家がおこなった広域金融活動を地域の小前層まで含みこんだ地域社会論として組み立てていきたい。

本章の分析対象である伊賀村は岡村の隣々村（隣村ⓑ）に位置していた。同村の西山家は幕末期に岡田家から貸付を受けており、岡田家を中核的豪農、西山家をその貸付を受けた一般豪農としてその特徴を見出し、この課題に応えることが可能である。

天保期から幕末期にかけての西山家の地主経営については、すでに李東彦による分析がある(2)。この中で李は、伊賀村の村民は一九世紀を通じて減少傾向にあり、天保期には西山家は村内の各層から広く小作人を集めていたが、安政二年以降特定の小作人との関係を強めていくこと、そして同年以降その者たちへの貸付が増大していくことを明らかにし、西山家の経営を地主—高利貸経営と位置づけている。李の論証からは多くの学ぶべき点があるが、①小作人を集約していく事実は重要であるが、その要因や西山家の意図が明らかになっていないこと、②その集約した結果が論じられていないこと、③分析が文久二年までに留まっており、慶応期まで分析がなされていないことが、地主経営の分析に限っても不充分である。また、経営全体の動向や金融活動の分析はなされていない。

そこで本章では、西山家の金融活動と地主経営について同家と小作人および村内小前層との関係を意識しながら、分析を進めていくことにする。

一　伊賀村と西山家の経営概観

1　伊賀村と西山家の動向

ここでは、伊賀村の概要と西山家の動向を述べておきたい(3)。

伊賀村は、村高四八八・二五五石の中規模の村落である。村内には主たる用水はなく、多くの溜池によって水源を確保していた。元文元年（一七三六）当時の村明細帳によれば、田方が七八％、畑方が二二％の田がちな村である。南河内の他の村落と同様に、米作と棉作、そして裏作の菜種と麦を作付けしていた。寛政一二年～天保一一年（一八〇〇～四〇）の高槻藩預所であった時期を除くと、ほぼ幕府領であった。伊賀村で特徴的なのは、天保期

表1　伊賀村の家族・人口の変化

年代	家数（戸）	人口（人）	1戸当り平均家族数（戸）	高持（戸）	無高（戸）	無高率（%）	牛数
元文5（1740）	97	—	—	73	24	24.7	—
安永6（1777）	100	472	4.7	—	—	—	12
天保7（1836）	103	401	3.9	72	21	30.1	15
天保8（1837）	103	406	3.9	65	38	36.8	12
安政2（1855）	80	330	4.1	43	37	46.2	13
元治元（1864）	72	287	4.0	40	32	44.5	16
慶応2（1866）	63	268	4.3	—	—	—	—
慶応3（1867）	62	260	4.2	39	23	37.1	16
明治2（1869）	63	277	4.4	—	—	—	16

出典：註(2)李東彦論文より転載（一部、西暦の誤りを改めた）。

表2　西山家の農業経営（宛口高表示）

年代	自作地（石）			小作地（石）	全経営地（石）	自作地率（%）	小作地率（%）
	稲	綿	計				
天保6	11.45	9.10	20.55	73.6832	94.2332	21.8	78.2
7	17.20	13.20	30.40	64.1810	94.5810	32.1	67.9
8	24.80	10.90	35.70	62.8434	98.5434	36.2	63.8
9	15.50	10.00	25.50	72.3514	97.8514	26.1	73.9
10	16.50	13.90	30.40	—	—	—	—
嘉永3	13.70	5.40	19.10	79.1114	98.2114	19.4	80.6
4	15.95	6.95	22.90	77.5650	100.4650	22.8	77.2
6	16.10	6.85	22.95	74.5364	97.4865	23.5	76.5
安政2	13.75	7.70	21.45	88.5150	109.9650	19.5	80.5
3	17.40	7.30	24.70	88.1449	112.8449	21.9	78.1
4	15.95	9.40	25.35	86.8069	112.1569	22.6	77.4
5	23.20	9.15	32.35	85.2999	117.6499	27.5	72.5
6	20.405	10.10	30.505	82.6319	113.1369	27.0	73.0
万延元	24.65	9.00	33.65	74.1300	107.7800	31.2	68.8
文久元	23.70	7.70	31.40	78.6169	110.0169	28.5	71.5
2	35.05	1.30	36.35	71.4150	107.7650	33.7	66.3
元治元	—	—	26.4175	82.0119	108.4294	24.4	75.6
慶応元	—	—	20.2975	86.6349	106.9324	19.0	81.0
3	—	—	24.26	77.6750	101.9300	23.8	76.2
明治元	23.55	5.30	28.85	—	—	—	—
2	—	—	34.90	77.3469	109.8469	31.8	68.2

出典：註(2)李東彦論文より転載（自作地 計の数値を一部改めた）。

から幕末期にかけて、戸数と村民が減少していく点である。天保七年に一〇三戸・四〇一人だったものが、慶応三年（一八六七）には六二戸・二六〇人になっている（表1）。そしてこの変化は、一五石以上層をわずかに増やしながらも、無高層・一石未満層・一〜五石層が減っていくという、全体的な減少という性質が強いものであった（4）。西山家は享和期まで庄屋を勤めたが村方出入のため退役し、天保七年に百姓代、同一二年以降年寄役を勤めていた。文久期以降村役人を勤めることはなくなるが、その理由については不明である。所持高は天保一〇年で四九・五七七石、村内では最上位であった。慶応三年には五二・五石である。西山家の地主経営は、天保三年で手作（自作地）は宛口二〇石、小作八〇石程度である。以後、宛口で一〇石程度の増減はあるものの、慶応期まで同様の規模で地主経営をおこない、村内・村外を問わず所持高を増加させてはいない（表2）。所持地はほとんど伊賀村内にあり、隣村の南宮村にも若干存在する。

2　店卸帳の検討

西山家の経営を店卸帳で概観しよう（表3）。

①天保一〇年で一九貫匁の純店卸（店卸の合計から借入金を引いたもの）が、三年後（天保一三年）には一三貫匁増加して三二貫匁余になっている。以後、四年後（弘化三年）に四〇貫匁に到達し、四年後（嘉永三年）に五〇貫匁台、七年後（安政四年）に六〇貫匁台、三年後（万延元年）に七〇貫匁台に到達している。おおむね、四〜五年間で一〇貫匁程度増加していく経営であった。しかしながら、石換算を試みると別の側面が見えてくる。天保一〇年から安政二年までの、比較的米価が安定的であった期間は順調な経営と評価しうるが、万延元年以降米価が石あたり一〇〇匁を大きく超えるようになると、純店卸額は目減りしていき、慶応三年には天保一〇年を下回る水準となってしまう。

表3　西山家店卸額の変遷

（単位：匁）

	天保10 亥	天保11 子	天保12 丑	天保13 寅	天保14 卯	弘化元 辰	弘化2 巳	弘化3 午	弘化4 未	嘉永元 申	嘉永2 酉	嘉永3 戌	嘉永4 亥
貸付（証文銀）	14,060	17,615	20,780	25,157	27,778	32,586	32,990	35,908	35,637	36,200	36,100	33,200	39,000
年賦	—	—	—	—	—	—	—	—	—	—	—	—	—
貸付・年賦計	14,060	17,615	20,780	25,157	27,778	32,586	32,990	35,908	35,637	36,200	36,100	33,200	39,000
（割合・％）	71	68	74	77	82	85	74	71	67	65	62	55	58
質入	—	—	—	—	—	—	2,570	7,500	12,000	16,200	18,800	20,000	21200
貸付・年賦・質入計	14,060	17,615	20,780	25,157	27,778	32,586	35,560	43,408	47,637	52,400	54,900	53,200	60,200
（割合・％）	71	68	74	77	82	85	80	85	89	94	95	87	89
未進代	1,319	1,500	1,071	692	356	524	366	420	370	500	1,488	2,278	2,150
実綿代	2,700	2,800	2,500	4,300	2,700	2,600	5,000	4,000	—	—	—	1,400	—
米代	1,100	3,000	1,600	1,500	1,500	1,500	2,000	2,200	3,300	800	1,000	2,600	4,500
菜種代	—	—	1,200	—	—	—	—	—	600	800	—	—	—
粕	—	—	—	650	700	600	500	150	—	—	—	—	—
有銀	550	980	900	500	1,000	400	1,000	720	1,440	1,200	500	1,400	700
その他	—	—	—	—	—	—	—	—	—	—	—	—	—
合計	19,729	25,895	28,051	32,799	34,034	38,210	44,426	50,898	53,347	55,700	57,888	60,878	67,550
借入金	—	—	—	—	—	—	5,500	10,000	10,000	10,000	10,000	9,000	10,000
（割合・％）	—	—	—	—	—	—	12	20	19	18	17	15	15
純店卸	19,729	25,895	28,051	32,799	34,034	38,210	38,926	40,898	43,347	45,700	47,888	51,878	57,550
岡村下作値段（匁）	69	69	80	55	84	—	92	84	—	—	104	—	82
純店卸の石換算（石）	286	375	351	592	405	—	423	487	—	—	460	—	702

	嘉永5 子	嘉永6 丑	安政元 寅	安政2 卯	安政3 辰	安政4 巳	安政5 午	安政6 未	万延元 申	文久元 酉	文久2 戌	慶応2 寅	慶応3 卯
貸付(証文銀)	37,550	40,840	44,000	40,220	34,200	34,100	31,385	53,226	41,580	42,937	48,221	—	74,233
年賦	—	—	—	—	9,659	10,530	9,195	—	11,706	9,934	9,543	10,559	10,273
貸付・年賦計	37,550	40,840	44,000	40,220	43,859	44,630	40,580	53,226	53,286	52,871	57,764	10,559	84,505
(割合・%)	59	65	67	67	72	64	59	71	72	65	61	100	54
質入	17,550	15,500	15,690	14,500	12,000	15,186	15,190	13,540	10,698	16,700	20,840	—	20,000
貸付・年賦・質入計	55,100	56,340	59,690	54,720	55,859	59,816	55,770	66,766	63,984	69,571	78,604	10,559	104,505
(割合・%)	86	90	91	91	92	85	81	89	86	85	82	100	66
未進代	2,020	2,315	1,410	1,846	1,600	1,900	2,970	3,124	3,418	4,858	4,968	—	10,918
実綿代	2,000	2,200	1,600	—	—	—	2,500	—	—	1,750	4,208	—	—
米代	2,700	1,300	1,200	1,500	1,350	6,600	6,100	2,530	5,100	3,900	4,995	—	36,000
菜種代	—	—	800	—	1,000	—	900	920	—	—	—	—	—
粕	300	—	—	—	—	—	—	—	—	—	—	—	—
有銀	1,800	650	1,000	1,800	900	1,700	500	1,695	1,940	1,400	2,547	—	6,000
その他	—	—	—	—	—	—	—	—	—	—	—	—	—
合計	63,920	62,805	65,700	59,866	60,709	70,016	68,740	75,034	74,442	81,479	95,322	10,559	157,423
借入金	7,350	5,600	7,000	7,000	1,500	6,000	6,000	5,900	3,500	10,350	17,075	—	?
(割合・%)	11	9	11	12	2	9	9	8	5	13	18	—	?
純店卸	56,570	57,205	58,700	52,866	59,209	64,016	62,740	69,134	70,942	71,129	78,247	—	157,423
岡村下作値段(匁)	93	112	—	76	—	—	—	—	160	134	168	1200	600
純店卸の石換算(石)	608	511	—	696	—	—	—	—	443	531	466	—	262

出典：店卸額の推移は伊118-46、47による。岡村下作値段は、一橋大学附属図書館所蔵岡田家文書の下作宛口帳の値段による。

註：純店卸の石換算は下作値段で割った数値。

②この中でもっとも大きな比重を占めるのは、利子付きの貸付（証文銀）、無利子の年賦貸付、質草をとっての小額金融である質入の三つである。この三つの合計は、天保一四年から文久二年（一八六二）までの二〇年間にわたり常に八〇％を超え、九〇％を超える年も六か年（嘉永元、同二、嘉永六～安政三年）ある。西山家は、その家産の多くを金融活動に回していた。

③弘化二年（一八四五）から始まる借入金は、慶応三年まで常に見られる。多いときで家産の合計に対して二〇％にのぼる。傾向としては、弘化・嘉永期に多く、安政期に減少し、文久期にまた増加している。西山家の経営において、借入金は恒常的に必要な要素であった。みずから貸付けながらも、借入をおこなっていることは、周囲の貸付の要望に対して借入をしてまで応えていた可能性が高いといえよう。(5)

④未進代（小作料の滞り）も一定額が常にあり、増減をともないながら安政四年（一八五七）から一路増大の傾向をたどる。この点は後述する。

⑤実綿代・米代・菜種代は、増減もあるが連年一定額を手元に残しており、手作と小作による作物であろうと考えられる。慶応三年の米代三六貫匁は、米六〇石の代金（石あたり銀六〇〇匁）であり、米価の騰貴がこの年の金融計の比率を下げている。これらの作物は翌年までに販売もしくは自家消費されたと考えられるが、詳細は不明である。

⑥粕が天保一三年から弘化三年までと、嘉永五年（一八五二）に見られる。これは、粕の商業販売と見られる。ただ、金額からみると経営上の比重はそれほど高くない。安政期以降の動向や販売先など詳しいことは不明である。

以上から、西山家は手作と小作による地主部門と、証文銀・年賦銀と質入による金融部門を経営の二本柱とし、若干商業部門を持っている。地主部門は、宛口高の推移と店卸の実綿代・米代・菜種代の金額からすると安定はしているが、それほど大きな発展を遂げたとは考えられない。一方、金融部門は銀による計算では「順調」な発展に見えるが、石換算では幕末期の米価高騰の影響を受けて大きく資産を目減りさせ、慶応三年は天保一〇年を下回る水準になってしまう。天保後期から安政前期は順調な発展であったものの、それ以降はなんとか経営を維持している、といった評価になろう。そして、その維持のためには借入も辞さなかったと見え、これはその「積極性」と評価ができるだろう。

3　金融活動（証文銀・年賦）の編年推移

表4は、伊賀村からの距離によって、貸付先の村を隣村ⓐから隣村ⓒまでと遠隔、他国地域[6]に分けて天保一〇年から慶応三年までの編年推移をまとめたものである。なお、この件数と金額は、店卸帳にある各年の貸付残高によるものである。

①伊賀村（居村）の金額と総計の金額は、ほぼ並行して増加していることがわかる。ただ、文久二年と慶応三年では増加率に若干乖離が生じている。これを貸付金額に占める比重で見ると、天保一〇年の六九％、嘉永三年の七三％から、文久二年は五九％、慶応三年は五八％と低下している。

②隣村ⓐの金額は、嘉永三年に減少し、文久二年に増加、慶応三年にはまた減少する。もっとも関係の強い南宮村でも、伊賀村よりも増加率は低いことがわかる。「はじめに」で触れた岡村岡田家のような、地域金融圏といえるような実体は幕末にいたるまで存在しない。南宮村だけが、二年に一件以上の新規貸付という基準をクリアしているぐらいである。

③隣村ⓑは、文久二年、慶応三年に激増する。これは、藤井寺村の増加によるものである。慶応三年にはその比重は一八％になる。

表4　伊賀村からの距離と件数、金額の関係の編年推移

分類	郡名	村名	支配	項目	実数				比重(%)			
					天保10亥(1839)	嘉永3戌(1850)	文久2戌(1862)	慶応3卯(1867)	天保10亥(1839)	嘉永3戌(1850)	文久2戌(1862)	慶応3卯(1867)
居村	丹南	伊賀	幕領	件数	55	76	79	193	71	75	64	73
				金額(匁)	9,696	24,383	34,063	49,349	69	73	59	58
				平均(匁)	176	321	431	256	—	—	—	—
隣村ⓐ	丹南	南宮	幕領	件数	16	8	14	27	21	8	11	10
				金額(匁)	3,142	2,411	8,439	8,597	22	7	15	10
				平均(匁)	196	301	603	318	—	—	—	—
	丹南	野々上	幕領	件数	—	1	5	12	—	1	4	5
				金額(匁)	—	100	1,277	2,851	—	0	2	3
				平均(匁)	—	100	255	238	—	—	—	—
	丹南	埴生野新田	幕領	件数	1	1	7	5	1	1	6	2
				金額(匁)	100	160	1,693	960	1	0	3	1
				平均(匁)	100	160	242	192	—	—	—	—
	丹南	向野	—	件数	—	—	3	1	—	—	2	0
				金額(匁)	—	—	4,350	1,500	—	—	8	2
				平均(匁)	—	—	1,450	1,500	—	—	—	—
	(合計)			件数	17	10	29	45	22	10	24	17
				金額(匁)	3,242	2,671	15,759	13,907	23	8	27	16
				平均(匁)	191	267	543	309	—	—	—	—
隣村ⓑ	丹南	北宮	幕領	件数	1	2	3	4	1	2	2	2
				金額(匁)	59	224	976	447	0	1	2	1
				平均(匁)	59	112	325	112	—	—	—	—
	丹南	岡	幕領	件数	—	—	3	3	—	—	2	1
				金額(匁)	—	—	570	302	—	—	1	0
				平均(匁)	—	—	190	101	—	—	—	—
	丹南	藤井寺	大久保加賀守	件数	—	—	3	4	—	—	2	2
				金額(匁)	—	—	5,522	13,932	—	—	10	16
				平均(匁)	—	—	1,841	3,483	—	—	—	—

分類	郡名	村名	支配	項目	実数				比重(%)			
					天保10亥(1839)	嘉永3戌(1850)	文久2戌(1862)	慶応3卯(1867)	天保10亥(1839)	嘉永3戌(1850)	文久2戌(1862)	慶応3卯(1867)
隣村ⓑ	丹南	郡戸	狭山藩	件数	—	—	—	1	—	—	—	0
				金額(匁)	—	—	—	200	—	—	—	0
				平均(匁)	—	—	—	200	—	—	—	—
	(合計)			件数	1	2	9	12	1	2	7	5
				金額(匁)	59	224	7,068	14,882	0	1	12	18
				平均(匁)	59	112	785	1,240	—	—	—	—
隣村Ⓒ	丹北	島泉	秋元但馬守	件数	1	—	—	—	1	—	—	—
				金額(匁)	30	—	—	—	0	—	—	—
				平均(匁)	30	—	—	—	—	—	—	—
	丹北	小山	宇都宮藩預所	件数	—	—	—	1	—	—	—	0
				金額(匁)	—	—	—	250	—	—	—	0
				平均(匁)	—	—	—	250	—	—	—	—
	古市	誉田	幕領	件数	1	1	1	1	1	1	1	0
				金額(匁)	230	400	335	335	2	1	1	0
				平均(匁)	230	400	335	335	—	—	—	—
	古市	古市	幕領	件数	—	1	—	2	—	1	—	1
				金額(匁)	—	800	—	1,200	—	2	—	1
				平均(匁)	—	800	—	600	—	—	—	—
	(合計)			件数	2	2	1	4	3	2	1	2
				金額(匁)	260	1,200	335	1,785	2	4	1	2
				平均(匁)	260	600	335	446	—	—	—	—
遠隔・他国	丹北	阿保	秋元但馬守	件数	—	1	—	1	—	1	—	0
				金額(匁)	—	160	—	25	—	0	—	0
				平均(匁)	—	160	—	25	—	—	—	—
	丹北	我堂	狭山藩	件数	2	2	—	1	3	2	—	0
				金額(匁)	800	154	—	3,640	6	0	—	4
				平均(匁)	400	77	—	3,640	—	—	—	—

分類	郡名	村名	支配	項目	実数				比重(%)			
					天保10 亥 (1839)	嘉永3 戌 (1850)	文久2 戌 (1862)	慶応3 卯 (1867)	天保10 亥 (1839)	嘉永3 戌 (1850)	文久2 戌 (1862)	慶応3 卯 (1867)
遠隔・他国	—	寺・遠隔	—	件数	—	4	1	—	—	4	1	—
				金額(匁)	—	870	70	—	—	3	0	—
				平均(匁)	—	218	70	—	—	—	—	—
	摂津	大坂		件数	—	—	—	1	—	—	—	0
				金額(匁)	—	—	—	180	—	—	—	0
				平均(匁)	—	—	—	180	—	—	—	—
	(合計)			件数	2	7	1	3	3	7	1	1
				金額(匁)	800	1,184	70	3,845	6	4	0	5
				平均(匁)	400	169	70	1,282	—	—	—	—
不明	—	—	—	件数	—	4	4	6	—	4	3	2
				金額(匁)	—	3,533	570	832	—	11	1	1
				平均(匁)	—	178	143	139	—	—	—	—
総計				件数	77	101	123	263	100	100	100	100
				金額(匁)	14,057	33,194	57,865	84,601	100	100	100	100
				平均(匁)	183	329	470	322	—	—	—	—

出典：伊118-46、47による。

④隣村ⓒ・遠隔・他国地域は、誉田村を除き些少である。

以上から、西山家の金融活動の基盤は居村・伊賀村に置かれており、ついで若干の土地を所持する南宮村との関係が見られる。このようなあり方は、中核的豪農である岡村岡田家の金融活動とは大きく異なっている。この居村への貸付相手が誰なのかを検討していくことが、重要である。

ただ、南宮村を除く隣村ⓐと隣村ⓑへの比重（金額）が、天保一〇年から順に、二%、三%、二四%、二四%と増えていく点も注目される。そして、表4を見ると、藤井寺村、我堂村などには平均三貫匁を超えるものも出てきている。これらは近隣の豪農相手の貸付であろうが、平均額は慶応期の隣村ⓑを除けばすべて一貫匁以下に留まっている。したがって、西山家の村外への貸付は、おおむね村の中上層相手のものであっ

たと概括できるのである。(7)

二　西山家の経営をとりまく環境

1　年貢納入の状況

伊賀村の年貢関係史料は、天保一一年（一八四〇）から嘉永四年（一八五一）の間はまったく残っていない。また、嘉永五年以降は年貢皆済目録が断片的に残っているだけである。そのため、隣村ⓑの位置にある岡村の史料も参照しながら分析を進めていこう。

ここでは、両村の年貢納合の比較について、欠損割合という指標を用いたい。これは、定免制が施行されその納合が「安定的」となった嘉永七年の数値（伊賀村三三〇石、岡村四五六石）をゼロとして、それに満たない石数の比率を求めたものである。まず、文政三年（一八二〇）から天保一〇年までは岡村の欠損割合が三〇以上の年は伊賀村もほとんどが一五以上になっており、岡村が一五以下であれば、伊賀村も一桁の数値になっている。(8)これらから、両村の耕地の状況、とくに旱損の状況は非常に近いことがわかる。そして、天保一〇年までは伊賀村の方が「恵まれて」いる、といえよう。

次に嘉永五年以降を分析する（表5）。(9)岡村では弘化四年（一八四七）以降定免制が施行され、近隣幕領でもほぼ同時期に施行されている。したがって伊賀村も同様であったと思われるが、両村を比較すると慶応四年を除けば定免・破免の年はすべて一致している。慶応四年は岡村も不作年であった（後述）。破免年の欠損割合を比較してみると、嘉永六年は岡村が三％高いだけで、文久四年（一八六四）、慶応二年（一八六六）では逆に伊賀村の方が高くなっている。また、慶応四年は伊賀村のみが破免を受けている。このような視点で再度天保一〇年までのデータを遡って検討してみると、天保七年は岡村四四：伊賀村三四、同九年は同じく三一：二六と両村の差が縮まっ

表5　伊賀村・岡村年貢納合の推移

年号	支	伊賀村		岡村		伊賀村欠損割合	岡村欠損割合
		納方	納合	納方	納合		
嘉永5	子	定免	330.000	定免	442.83	0	3
6	丑	破免	169.500	破免	219.6146	49	52
7	寅	定免	330.523	定免	456.0572	0	0
安政2	卯	定免	330.000	定免	456.0624	0	0
3	辰	—	—	破免	240.6472	—	47
4	巳	—	—	定免	456.0624	—	0
5	午	定免	330.000	定免	456.0748	0	0
6	未	定免	330.000	定免	456.0748	0	0
7	申	—	—	定免	456.0748	—	0
万延2	酉	—	—	定免	456.0748	—	0
文久2	戌	—	—	定免	456.0748	—	0
3	亥	—	—	定免	456.0851	—	0
4	子	破免	142.600	破免	221.5171	57	51
元治2	丑	定免	330.000	定免	456.0851	0	0
慶応2	寅	破免	154.244	破免	272.5268	53	40
3	卯	定免	330.560	定免	456.0851	0	0
4	辰	破免	220.000	定免	456.0851	33	0
明治2	巳	—	—	破免	369.513	—	19

出典1：伊賀村欄は、西今C12、C13による。
　　2：岡村納合欄は、菅野則子『村と改革』表1(58頁)を一部原史料により補った。
註：伊賀村納合欄の「—」はデータがない年、嘉永7、慶応2、3年以外は皆済目録からの試算値である。

てきていることがわかる。

以上の検討から、文政期以降伊賀村の耕地は荒れていく傾向があり、当初は岡村との比較では「恵まれて」いた状況が文久四年以降逆転した、と結論づけられる。この要因には、すでに検討しておいた村内の人口減少があげられよう。ただ、伊賀村のこの状況は、惣作地や荒地が発生したわけではなく、あくまでも収穫量に影響が出る程度のものであった。

2　岡村の免合と伊賀村西山家の未進代の検討

免合とは、村内の小作料の水準を村役人と地主たちで相談して決定したもので[10]、岡村の数字は岡田家の小作帳簿から判明する。西山家の小作帳簿にはこの数字の記載がない。前項で見てきたように、岡村と伊賀村は耕地の状況が近似的であることから、天保一一年から嘉永四年の間と、嘉永五年以降の定免制施行以後の作柄状況を検討する手掛かりとして、表6を検討していこう。たとえば、天保一二年の岡村は田方・綿方とも一となっている。これは、契約された小作料どおり岡村の地主・小作人の間では支払われるのが原則であることを、この年の岡村で取り決めたことを意味する（ただし、相対の地主・小作人間で割引をすることは当然あり得る）。なお、数値の記載がないところや、「自分相対」といって村では免合を定めずに各地主に対応が委ねられている場合もある。したがって、数値の記入されている年は、数値が一に近ければ作柄は良く、逆にゼロに近ければ作柄は悪いことになる。

まず、岡村の破免年（嘉永六・安政三・文久四・慶応二）は、田方で〇・五一三から〇・六五、綿方で〇・四から〇・六九と著しく低い数値となっている。また、慶応四年は定免年ではあるものの、田方・綿方とも〇・八一五と低い数値である。伊賀村のように破免年にはなっていないものの、作柄のかなり悪い年であったことがわかる。

次に時期ごとに目につく点として、①天保一〇年から弘化二年までは、おおむね作柄のよい年が多く、②弘化三年から嘉永六年までは不作年が目立つ。③安政二年から慶応四年までは、三度の破免年があり不作年が多い。特に安政五年から文久二年の間は、破免年はないものの不作の年が続いている。参考までに、表6には藤井寺村の数字も掲出したが、岡村とほぼ同様の傾向を示している。

表6　岡村・藤井寺村の免合（小作料減割合）の推移

年号	支	岡村			藤井寺村			備考
		田方	綿方	値段（匁）	田方	綿方	値段（匁）	
天保7	申	0.825	0.65	—	—	—	—	
8	酉	0.9	0.65	—	—	—	—	
9	戌	0.725	0.75	—	—	—	—	
10	亥	見合	0.929	69	見合	—	65	
11	子	1	0.945	69	見合	—	—	
12	丑	1	1	80	1	—	76	
13	寅	1	0.77	55.44	1	—	53.5	
14	卯	—	0.8	84	—	—	—	
15	辰	—	—	—	—	—	71	
弘化2	巳	0.929	0.905	92	—	—	78.7	
3	午	0.8	0.857	84	0.881	—	85.67	
4	未	—	—	—	—	—	71	
5	申	0.833	0.7	—	—	—	—	
嘉永2	酉	0.881	0.929	104	自分応対	—	85	
3	戌	0.833	0.79	—	自分相対	—	—	
4	亥	1	0.88	82	—	—	66.67	
5	子	0.952	0.881	93	—	—	78	
6	丑	（破損）	0.6	112	（破損）	（破損）	（破損）	破免
7	寅	1	1	—	0.94	—	73	
安政2	卯	0.897	0.897	76	0.85	—	66.7	
3	辰	自分応対	0.69	—	自分応対	—	67.85	破免
4	巳	1	1	—	自分応対	—	92	
5	午	0.85	0.8	—	0.81	—	123.3	
6	未	自分応対	0.85	—	自分応対	0.833	171.6	
7	申	0.85	0.85	160	0.762	0.714	187.2	
万延2	酉	自分相対	0.76	134	自分相対	0.785	130.4	
文久2	戌	0.9	0.77	168	0.905	—	—	
3	亥	1	1	—	0.952	—	—	
4	子	0.513	0.4	277	段免	—	—	破免
元治2	丑	0.952	0.857	420	0.9	0.85	436.1	
慶応2	寅	0.65	0.6	—	0.619	—	—	破免
3	卯	—	—	—	—	—	—	
4	辰	0.815	0.815	—	0.81	0.738	—	

出典：岡田家文書中の各年の下作宛口帳記載の免合記事により作成。
註1：免合が上、下など複数に分かれている場合は、平均（名目）して計上した。
　2：反当たりで免合が記載されている場合は、石あたりに換算して計上した。

一方、表3で伊賀村西山家店卸の未進代の傾向を確認すると、④伊賀村の未進代は天保一一年の一貫五〇〇匁をピークに弘化二年まで漸減していく。⑤嘉永元年から嘉永六年まで大幅に増加して天保一一年を大きく上回る水準に達する。⑥安政元年にいったん減少はするものの、安政二年以降再び上昇に転じて慶応三年にいたっている。そして、①と④、②と⑤、③と⑥は対応しており、岡村での免合と西山家未進代の累積状況はその傾向においてほぼ一致するのである。これらから、不作年において地主は小作人に一定の配慮（免合）を示しながらも、小作人に未進代の形で負担が残っていくことと、特に文久元年以降は返済の目途が立たないほど累積している状況が明らかになった。

3　弘化～安政年間の地域状況

ここでは、弘化～安政年間の地域状況を、岡田家文書の中の「村方書附留」「郡中郷中書附留」の主に願書関係史料により検討していこう。(11) 第1・2項で検討してきたとおり、伊賀村と岡村は耕地と作柄の状況が非常に近かっただけではなく、政治的な枠組みの点でも幕領丹南郡組合村を、一九世紀を通じて一緒に構成しており、他の組合村と連印で願書を提出してもいる(12)（五五頁参照）。そこで、まずは検見制から定免制への移行を、ついで不作時の願書提出の状況を検討していこう。

弘化二年一一月に貯夫食の年延と同三年九月に丹南郡組合村で鈴木町代官所に願い出た年貢上納銀の半分延納願には、「御時節柄之恐を不顧」といった表現が出てくる。これは、代官所における年貢収納を改善する方針をもかえりみず、といった意味合いであろう。岡村では弘化四年に定免制が施行されるがこの時の請書（同年一二月二八日）には、「年々御検見取ニ而御取箇近年相進ミ高免ニ相成罷在候」とある。実際に岡村では、天保一二年～弘化三年まで、四二〇石後半から四四〇石台と、定免制施行後と同じ水準で年貢を納めているのである。(13) このような状況は、岡村と同じ丹南郡組合村の野中・野々上・小平尾・多治井村でも同様で、弘化五年から定免制になった際の請書（同年三月一〇日）には、「昨年も余程の御取増ニ相成候村方も有之」とし、定免制を受け入れるにあたっての百姓側の利点としては「稲作刈取万端自由ニ相成」ことがある、としている。残念ながら伊賀村で何年から定免制を施行したのかという点と、その背景については不明だが、ほぼ同様の状況であったと思われる。

重要なのは、検見取であった期間でも高免が進んでいたという事実と、実際の作柄との関係である。弘化三年納合は前年と同様の数値なのに対して（先述）、実際の作柄をより反映していると思われる免合を見ると、むしろ不作に近い田方〇・八、綿方〇・八五七という数値である（表6）。「検見取」ではありながら、実際には定免制を施行したのと変わらないくらいの高免を維持するのが、「御時節柄」の幕領代官所の方針であった。そのため、稲作刈取自由という小さな利点を理由に定免制を受け入れていったのが実情であろう。以後、嘉永二・五・七年、安政二・五年、文久三年と増米を繰り返しながら幕末まで定免制は維持され、村々にとって大きな負担となった。

次に不作時の願書提出の状況を検討していこう。願書などで旱損や風水害の状況が判明する年は、弘化三年、嘉永元・三・五年、安政二・三・四・五・六・七（万延元）年である（安政五年以外はすべて伊賀村も連印している）。これを表6の免合の数値と比べると、安政四年以外はすべて作柄のよくない年に出されている。安政四年は台風が来たことの報知であるので、その後作柄は持ち直したのであろう。

さて、このような不作状況の年で、実際に年貢の延納など領主側に対応を願い出たのは、①上納銀半分延納願（弘化三年九月）、②上納銀延納願（嘉永五年一二月）、③夫食銀の岡田伊左衛門への拝借願（嘉永六年一二月）、④年貢籾納延期願（安政五年一〇月）、⑤同願（同六年九月）、⑥夫食拝借願（万延元年七月）、⑦拝借銀願（同年一〇月一六日）である。ここでは、当時の状況をよく表している⑦を検討していこう。

〔史料1〕

乍恐以書付奉願上候

河州丹南郡村々(14)
丹北郡更池村、高見村
志紀郡田井中村

一當年稲綿作柄之儀當春已来夏分相懸り作付之時節ゟ長々雨降続キ都而順気不宜ニ付麦作取入之時節ニも日々晴天無之（中略）、御支配所之内同国茨田郡讃良郡之内数十ヶ村水築ニて余時窮難之儀ニ有之、其辺之義ト同様も有之間敷哉、且又未立毛之儀者見定中ニも有之義ト旁以厚御理解御下知被為仰渡奉恐入候、勿論當村々年来御定免相続之村方ニ付右御利解之儀奉畏重而御願不奉申上候得とも、隣辺御支配村々之儀者先達而御検見被為在候通ニ而、毛柄不宜弥以奉上候風聞之通り當年之儀者大凶年ニて御座候得共、Ⓐ一圓ニ御定免相保候義ト今更再願不仕候段心得違ニ而追々取入仕候ハヽ両作とも存外実のり無少誠以當惑至極心痛仕候、Ⓑ右ニ付而ハ米穀追々直段高直ニ相成、此節米壱石ニ付銀百七拾五六匁位麦安[redacted]精麦ニ仕候ハヽ壱石ニ付弐百廿匁余ニも相成大豆壱石ニ付弐百匁余其外食用ニ相成候品々ハ増して高直ニ相成、弥御百姓一同難渋ニ相[redacted]り、重々歎ヶ敷奉存候、且又私共村々之儀木綿取入農業作間ニ年来もめん織出し売払代銀ヲ以御収納方銀納ニ仕来候處、Ⓒ右体木綿取入無少ニ而者、自然稼方も右日用之稼方ニも相[redacted]り候程之義ニ付而者、Ⓓ村々ニおゐて人気あしく相成農方作ものハ何品たりとも無用捨取あらし都而不用心ニ付八月已来村毎ニ数ヶ所農小屋相拵高持百姓申談人雇置等相備自身番等仕候ハヽ、諸雑費も相懸り右体災害相重り百姓難渋之次第歎訴ニも難及ニ、古来稀成大凶年ニ而従来之百姓相潰候義者眼前之儀ニ御座候ニ付、乍恐此段御憐恵被為成行ニ而恐多存も御座候得共、右村々へ金子千弐百両拝借御願奉申上度候得とも、唯御上様御歎奉申上候計ニ而者奉恐入候義ニ付、前段ニも奉申上候通り、必至難渋之百姓ニ而ハ御座候得共、誠以稀成年柄故人命ニ者難替候間、村々之内ニ而ヶ成取凌候ものへ飽迠申添金子三百両融通為致度、其余九百両之分者迚も下方ニて才覚難出来候ニ付御慈悲ヲ以来酉ゟ卯迠七ヶ年之間年賦御主法ヲ以拝借仰付被為成下度乍恐御歎願奉申上候、何卒格別之御憐愍ヲ以難渋之始末被為聞合上右願之通り御聞済被為成下候ハ、村々人気も立直り穏ニ百姓相續仕廣太之御慈悲永遠忘却不仕一同有かたき仕合奉存候、以上

（村名略）

万延元申年十月十六日

信楽御役所

この願書の重要な点は、以下の通りであろう。本年は（いまだ見定め中ではありながら）破免を願い出るほどの凶作年であり（傍線部Ⓐ）(15)、米穀はもちろん食用になるものはすべて高値になり難渋している（同Ⓑ）。そして、棉の不作により取り入れも少なく、日用稼ぎにも影響が出てきており（同Ⓒ）、これらの問題のために治安問題が生じて不用心になり、村ごとに「農小屋」を数か所設けて自身番をおこなわなければならない状況となってしまっている（同Ⓓ）。このような百姓潰や人命にもかかわるような状況を乗り切るために、一二〇〇両の融通を一三か村でおこないたい（一村あたり九二両）。ついては、三〇〇両は村々で賄うので、残りの九〇〇両（同七五両）を七年賦により拝借をお願いしたい。

これまで検討してきたように、定免制の施行後、破免年以外の年は定免＝高免の状況が続いていたが、弘化三年以降は多くが不作年であるのが実情であった。そして、この願書で出てくるように食料価格が上昇し、それが村内の小前層を中心に大きな影響を与え、百姓潰までが危惧される状況になってきたというのはあながち誇張ではないだろう。そのため対策として小前層への夫食拝借や融通による手当てが必要になっているのである。年貢納合（表5）や小作料免合（表6）の状況から文久四年以降特に作柄が悪い年が多く、食料価格の上昇問題もさら

表７　西山家小作人の持高構成

	天保７(1836)	嘉永４(1851)	安政２(1855)	文久４(1864)	慶応３(1867)
10石以上	2(　6.3%)	2(　7.7%)	1(　4.5%)		
5～10	2(　6.3)	5(19.2)	4(18.2)	2(　1.5%)	1(　5.5%)
3～5	7(21.8)	3(11.5)	4(18.2)	4(21.0)	6(33.3)
1～3	6(18.7)	8(30.7)	6(27.3)	5(26.3)	3(16.7)
1石未満	6(18.7)	2(　7.7)	1(　4.5)	0　―	0　―
無高	9(28.2)	6(23.2)	6(27.3)	8(42.2)	8(45.5)
合計	32(100.0)	26(100.0)	22(100.0)	19(100.0)	18(100.0)

出典：註(2)李東彦論文より転載。

に深刻化したと思われる(16)。第三節以降は、このような状況のもとでの西山家の経営を、小作地経営と金融活動の二つにわけて検討していきたい。

三　小作地経営の編成過程

西山家の農業経営は、第一節第1項で述べたとおり、若干の変動はありながらも、宛口高で八〇石前後を小作に出す経営である。すでに李東彦は、①安政二年までは村内において、無高層から持高一〇石以上層にいたるまでのかなり広い範囲の階層の農民と小作関係を結んでいたが、安政二年以降その範囲はせばまり、特に無高層と持高一～五石層に集中する傾向がうかがえる（表7）、②安政二年以降は小作人一人当りの宛口高も二・一石台から二・七～二・八石台に増加した、③安政二年～文久四年にかけて小作人の経営においても、西山家との小作関係を維持・発展していく中でなお所持石高を増加することができるような可能性が、幕末期伊賀村に存在していること、④伊賀村において戸数や人口の減少などからみても明らかなように小作人の確保が困難になってくる安政期～文久期に、西山家が小作人に対して肥料の前貸しあるいは貸金活動を積極的に展開することによって特定の小作人を集中的に確保しようとした、との四点を論じている。

「はじめに」で述べたように、このような西山家の小作地経営の意図をより明確に理解することと、慶応期での結果を把握するため、本節では下作宛口帳によって小作人への宛口高の変遷と、小作人の未進額と証文銀（西山家から小作人相手への貸付金額の年末残高）の関係について検討する。(17)

嘉永三年（一八五〇）では、宛口高一～二石層が人数の半数近く（四七％）を占めていることが特徴的である（表8−1）。このように人数は多いものの、全小作地に占める割合は三分の一程度（三四％）とそれほど高くはない。

表8－1　宛口高、未進額、証文銀額の関係表(嘉永3年)

宛口高	人数	宛口高計(石)	未進額(匁)	宛口一石当たりの未進額(匁／石)	証文銀(匁)	宛口一石当たりの証文銀額(匁／石)
7～	—	—	—	—	—	—
5～7	1	6.205	103	16.5	560	90.2
3～5	5	19.925	298	14.9	2,872	144.1
2～3	9	20.915	612	29.3	1,850	88.5
1～2	17	25.49	954	37.4	3,598	141.2
1未満	4	2.75	80	29.1	543	197.5
計	36	75.285	2,046	27.18	9,423	125.2

表8－2　同上(嘉永6年)

宛口高	人数	宛口高計	未進額	石当たり未進額	証文銀	石当たり証文銀額
7～	—	—	—	—	—	—
5～7	2	11.45	120	10.5	—	—
3～5	7	27.46	255	9.3	—	—
2～3	6	15.03	362	24.1	—	—
1～2	11	15.34	625	40.7	—	—
1未満	9	4.61	0	0.0	—	—
計	35	73.89	1,362	18.43	—	—

表8－3　同上(安政2年)

宛口高	人数	宛口高計	未進額	石当たり未進額	証文銀	石当たり証文銀額
7～	1	7.65	230	30.1	132	17.3
5～7	4	22.4	300	13.4	2,390	106.7
3～5	5	17.32	255	14.7	5,196	300.0
2～3	9	21.52	0	0.0	1,267	58.9
1～2	9	13.66	493	36.1	1,148	84.0
1未満	3	2.37	0	0.0	4,900	2067.5
計	31	84.92	1,278	15.05	15,033	177.0

表8－4　宛口高、未進額、証文銀額の関係表（文久2年）

宛口高	人数	宛口高計	未進額	石当たり未進額	証文銀	石当たり証文銀額
7〜	1	7.41	0	0.0	1,656	223.5
5〜7	2	12.25	581	47.4	3,313	270.4
3〜5	6	23.41	1,546	66.0	6,807	290.8
2〜3	6	16.3	2,372	145.5	3,062	187.9
1〜2	7	10.76	592	55.0	1,183	109.9
1未満	6	3.3	454	134.3	2,023	598.5
計	28	73.51	5,545	75.43	18,044	245.5

表8－5　同上（慶応3年）

宛口高	人数	宛口高計	未進額	石当たり未進額	証文銀	石当たり証文銀額
7〜	1	8.125	586	72.1	1,664	204.7
5〜7	4	21.11	9,712	460.1	9,865	467.3
3〜5	7	25.175	5,464	217.0	1,297	51.5
2〜3	6	15.685	2,761	176.0	5,136	327.5
1〜2	7	9.88	3,398	343.9	5,675	574.4
1未満	7	2.43	1,547	636.6	1,808	744.1
計	32	82.405	23,468	284.79	25,445	308.8

宛口一石当たりの未進額（石当たり未進額）は三七・四匁と、二〜三石層、一石未満層と比べても相当大きく、三石以上層のそれの倍以上となっている。次に宛口一石当たりの証文銀額（石当たり証文銀額）との関係を見てみると、多い順に一石未満層、三〜五石層、一〜二石層の順となるが、これといった特徴は見出せない。すでに検討してきたように、嘉永三年は天保期以降漸減していた未進額が急激に増加していく時期にあたる（表3）。西山家は、このような状況に対応を取ったのであろうか。次に嘉永六年（一八五三）を検討する（表8-2）。

嘉永六年では、嘉永三年で石当たり未進額の少なかった三〜五石層、五〜七石層の宛口高計の増大（二六・一三石から三八・九一石）が特徴的であり、この層は同年の未進額も少ない。そして一〜二石層はここでも石当たり未進額がもっとも多い（四〇・七匁）。また、未進額のみ残り小作をおこなっていないものが一〇人を数える。この内訳は、嘉永三年時点の宛口高で一石未満層が四人、一〜二石層が四人、二〜三石層が一人、三〜五石層が一人となる。したがって、嘉永六年には未進額の多い小作人を減らして未進額が少ない＝宛口高が大きい小作人を増やす編成をおこなったと考えられる。

では、安政二年（一八五五）を見てみよう（表8-3）。ここでは、三石以上層の宛口高計の合計が四七・三七石と全体の五六％になり、編成がさらに進んだことがわかる。その中では七石以上層が一人で多くの未進額を出しているが、それ以外は順調であったと評価できる。そして、一～二石層はここでも最も石当たり未進額が大きい。第二節で見てきたように、嘉永三年～安政二年の間には、嘉永三年の不作や同六年の破免もあり、必ずしも作柄がよかったわけではない。そのなかで、西山家の進めてきた小作人編成によって未進額は一定度減少しており、対応の効果はあった、と評価できる。では次に、連年不作が続いたあとの文久二年（一八六二）を検討していこう（表8-4）。

ここでは、編成した三石以上層の宛口高計の合計が四三・〇七石（五九％）と六割にまで迫ってきている。しかし、全体に未進額が大幅に増加してきており、石当たりの平均額で約六倍になっている。また、一～二石層よりも二～三石層のほうが石当たり未進額は大きくなっている。そして、三石以上層も未進額が大幅に増えてきている。さらに目につくのは、三石以上層への証文銀の多さである。この状況は、これまで編成をしてきた小作人の経営を証文銀の貸付によって支えていく構造、といえよう。

では、最後に慶応三年（一八六七）を検討しよう（表8-5）。ここでは、編成した三石以上層の宛口高の合計が五四・四一石（六六％）と全体の約三分の二にまでなった。しかし、未進額は文久二年の四・二三倍に達している。石当たり未進額では、これまで優位を保っていた五～七石層が平均を大きく上回っている。嘉永六年以来の小作人編成が破綻している状況といえよう。また、証文銀もこの層は大変に多い。証文銀の貸付は、ほとんどの層で巨額に達しており、文久二年で顕れてきた構造が深化している。証文銀で巨額の貸付を受けている安兵衛、佐右衛門、傳左衛門について見てみると、文久二年と慶応三年の宛口高は三・二五石→五・二五石（請を入れると一〇・二五石の大幅増）、二・八九五石→二・二八石（漸減）、三・〇石→一・四石（大幅減）となっており、証文銀が増大したからといって、必ずしも宛口高を減らすことにはつながっていないのである。

以上のように嘉永三年から慶応三年にいたる西山家の小作地の編成過程は、李の指摘に加え次の三点にまとめられるだろう。⑤全体としては未進額の少ない宛口高三石以上層の者に小作地を集めていく過程であり、⑥これは安政二年までは一定の効果を上げたが、安政三年以降動揺しはじめ、文久三年以降の二度の破免による不作状況や食料価格の上昇を要因としてか、慶応期には膨大な未進額と証文銀が累積する結果となった。⑦そして、安兵衛のように、未進額・証文銀ともに巨額に達している者でも宛口高を増やさざるを得ず、「再編成」はできない状況に立ちいたった。

以上、李（①〜④）と筆者の分析内容（⑤〜⑦）から、西山家の小作地編成の意図は未進額を減少させる目的をもって持高では無高・一〜五石層、宛口高では三石以上層の者と集中的に小作関係を結ぶことにより小作地経営の健全化を図ろうとしたが、安政二年以降に動揺をきたし、文久期・慶応期にはその維持のために膨大な証文銀を貸し付けて幕末までなんとか凌いでいった、とまとめることができよう。その要因には、第二節第3項で検討してきたような地域状況と戸数や人口の減少があげられる。

四　貸付金の村内における機能と岡村岡田家との金融関係

1　貸付相手と所持高・小作人との関係

西山家の証文銀の貸付が、村内においてどのような機能を果たしたのかを検討するため、貸付額と階層構成および小作人であるか否かに着目し分析していく。表9-1〜4は、これを天保一〇年、安政二年、文久二年、慶応三年についてまとめたものである。

表9－1　貸付相手と所持高、小作人との関係(天保10年)

	村内戸数	貸付戸数	それ以外	貸付戸数中小作人	平均貸付額(匁)	合計貸付額(匁)	うち小作人	それ以外
無高	37	6	31	2	78	470	299	171
0～1	7	2	5	2	610	1,260	1,260	0
1～3	18	11	7	7	241	2,660	1,865	795
3～5	16	4	12	1	102	408	150	258
5～7	7	5	2	5	148	740	360	380
7～10	5	1	4	0	100	100	0	100
10～20	10	4	6	0	177	710	0	710
20～30	2	2	0	0	460	920	0	920
計	103	35	67	17	—	7,268	3,934	3,334
不明・他	—	10	—	3	—	—	—	—

註：西山家は所持高49.577石で表から除いている。

表9－2　同上(安政2年)

	村内戸数	貸付戸数	それ以外	貸付戸数中小作人	平均貸付額(匁)	合計貸付額(匁)	うち小作人	それ以外
無高	38	15	23	7	248	3,713	2,540	1,173
0～1	3	2	1	1	480	960	250	710
1～3	10	7	3	7	659	4,614	4,614	0
3～5	6	5	1	3	1,007	5,036	3,346	1,690
5～7	6	4	2	2	1,481	5,922	132	5,790
7～10	7	3	4	0	438	1,314	0	1,314
10～20	6	3	3	0	1,559	4,677	0	4,677
20～30	3	1	2	1	550	550	550	0
30～50	1	0	1	0	—	—	—	—
計	80	40	40	21	—	26,786	11,432	15,354
不明・他	—	20	—	3	—	—	—	—

註1：西山家は所持高58石で表から除いている。
　2：不明・他の内訳は、村扣、長泉寺、左山(講ヵ)、天保8年宗門人別帳記載4人、西山家小作人3人、不明11人である。表の合計から除いている。
　3：小作人とは、その年もしくは過去5年間に田・棉を小作している者のことである。

表9－3　貸付相手と所持高、小作人との関係（文久2年）

	村内戸数	貸付戸数	それ以外	貸付戸数中小作人	平均貸付額（匁）	合計貸付額（匁）	うち小作人	それ以外
無高	32	20	12	10	494	9,872	4,576	5,296
0～1	0	0	0	0	—	—	—	—
1～3	10	6	4	5	1,566	9,395	9,295	100
3～5	8	6	2	3	482	2,893	1,941	952
5～7	2	0	2	0	—	—	—	—
7～10	3	0	3	0	—	—	—	—
10～20	12	6	6	1	465	2,792	373	2,419
20～30	3	1	2	1	2,400	2,400	0	2,400
30～50	1	0	1	0	—	—	—	—
計	71	39	32	20	—	27,352	16,185	11,167
不明・他	—	18	—	—	—	—	—	—

註1：西山家は所持高52.5175石で表から除いている。
　2：不明・他の内訳は、村扣、長泉寺、小前連印、天保8年宗門人別帳記載4人、嘉永5年別人別帳記載1人、西山家小作人5人、不明8人である。表の合計から除いている。
　3：小作人とは、その年もしくは過去5年間に田・棉を小作している者のことである。
　4：村内戸数は文久4年人別帳による。

表9－4　同上（慶応3年）

	村内戸数	貸付戸数	それ以外	貸付戸数中小作人	平均貸付額（匁）	合計貸付額（匁）	うち小作人	それ以外
無高	23	16	7	7	749	11,982	3,703	8,279
0～1	0	0	0	0	—	—	—	—
1～3	8	5	3	4	2,140	10,702	10,245	457
3～5	8	5	3	4	1,762	8,808	8,296	512
5～7	6	3	3	2	312	935	772	163
7～10	1	0	1	0	—	—	—	—
10～20	11	6	5	1	1,128	6,770	972	5,798
20～30	4	2	2	0	1,214	2,427	0	2,427
30～50	0	0	0	0	—	—	—	—
計	61	37	24	18	—	41,624	23,988	17,636
不明・他	—	18	—	3	—	—	—	—

註1：西山家は所持高52.5石で表から除いている。
　2：不明・他の内訳は、村方連印、若中、旧宗門人別帳記載4人、嘉永5年別人別帳記載1人、西山家小作人3人、不明8人である。表の合計から除いている。
　3：小作人とは、その年もしくは文久2年時点に田・棉を小作している者のことである。
　4：村内戸数は慶応3年人別帳による。
　5：未進有欄で連印の貸付の場合は計上していない。

まず、天保一〇年の特徴を見てみると、西山家は村内一〇三戸中三五戸（三四％）の家に貸付けており、これは大変高い比率といえるだろう。その中で、所持高が無高と〇～一石層への貸付比率が非常に少ないことが注目される。西山家の貸付は、一石以上層を中心としたものであった。また、小作人の割合は、全体で一七戸と貸付をおこなっている戸数中四八％となる。特に七石未満層では比率がおおむね高く、逆に七石以上の層では一戸もない。全体では少なかった無高と〇～一石層の割合も高くなっている。以上から西山家の貸付は、所持高七石未満の小作人と、それ以外の者とに実態としては区分できる。

このような特徴は安政二年から慶応三年まで続いていくが、ここでは所持高五石を西山家の小作地を耕作することが小作人にとって経営上重要であるかどうかの分岐点と考え、Ⓐ所持高五石未満で西山家の小作人、Ⓑ同じく所持高五石未満で小作人ではない者、Ⓒ所持高五石以上の者、の三区分を設定して表10を作成した(18)。そうすると、Ⓐの比率は天保一〇年→安政二年→文久二年→慶応三年の間で、四九→四〇→五八→五三と推移する。全体金額の半分以上は、常に小作人に貸付をおこなっている。Ⓑは一七→一三→二三→二二と漸増する。Ⓒは三四→四七→一九→二四と低迷していく。そして、無高層の合計（小作人・非小作人）をみると、六→一三→三六→二九と大幅な増加傾向を示している。とくに文久二年と慶応三年は、小作人以外の者への貸付が大幅に増加している点が注目される。万延元年に食料価格の上昇で苦しむ地域状況を訴えた願書を第二節第3項で検討した。表1を見ても、同年以降は米の値段が一石あたり

比率(%)				
天保10	嘉永3	安政2	文久2	慶応3
4	小作人が39、それ以外61	9	17	9
45		31	41	45
49		40	58	53
2		4	19	20
14		9	4	2
17		13	23	22
34		47	19	24
100	100	100	100	100

表10　貸付相手と所持高、小作人との関係表のまとめ

区分			実数（匁）				
			天保10	嘉永3	安政2	文久2	慶応3
Ⓐ	所持高5石未満で小作人	無高	299	小作人9,423、それ以外14,960	2,540	4,576	3,703
		0～5石層	3,275		8,210	11,236	18,541
		小計	3,574		10,750	15,812	22,244
Ⓑ	所持高5石未満で小作人でない	無高	171		1,173	5,296	8,279
		0～5石層	1,053		2,400	1,052	969
		小計	1,224		3,573	6,348	9,248
Ⓒ	所持高5石以上		2,470		12,463	5,192	10,132
合計			7,268	24,383	26,786	27,352	41,624

銀一六〇匁、一三四匁、一六八匁と高値で推移している。この貸付の増加は、物価の高騰に対する西山家の村内小前層への緊急避難的貸付の色彩が濃いのである。

以上の検討により、幕末期の西山家の金融部門の経営状況を概括すると次のようになるだろう。西山家は、小作地経営を補完するために村内貸付金額の半分を常に用い、村内小前層の経営維持のために四分の一程度を用いている。そして、安政二年の合計貸付金額二六貫七八六匁から慶応三年の四一貫六二四匁に貸付金額が一・五五倍になる中で、この比率はあまり変わらずに推移していくことになる。そして、すでに表4で検討したように、慶応三年には居村以外の少数の多額貸付に乗り出してもいる。だとすると、このⒶとⒷの部分はこのような貸付の「足かせ」として位置づけられるだろう。全体として、周辺の村の中上層を相手とした利子収得を目的とする貸付が半分、村内の自家の小作地経営の維持のための貸付（Ⓐ）と居村の小前層の経営維持のための貸付（Ⓑ）の合計で半分という割合で西山家の貸付はおこなわれていたのである。

表11　岡田家から西山家への貸付一覧（新規貸付）

年号	金額（匁）	口数	利率	備考
天保11	2,600	1	—	
12	0	0	—	
13	2,100	2	月 7	
14	700	1	月 7	
15	1,700	1	月 7	
弘化 2	5,000	4	月 7	
3	4,525	6	月 7	
4	5,765	4	月 7	引継ぎ
5	4,782	5	月 7	引継ぎ
嘉永 2	4,107	7	月 7	65両
3	1,867	3	月 7	30両
4	3,138	4	月 7	45両＋300匁
5	3,180	3	月 7	2,231匁引継ぎ
6	0	0	月 7、月 6	以降万延 2 年までなし
万延 2	3,500	1	月 8	名目は月 1

出典：岡田家文書の各取替帳より作成。

2　岡村岡田家と西山家との金融関係

「はじめに」で述べたように、岡村岡田家にとって伊賀村西山家は隣村ⓑ（隣々村）の位置にある。表11で、西山家は、天保一一年から断続的に岡田家から新規貸付を受けており、利率は月七朱（年率八・四％）でこの時期の岡田家の貸付利率からは若干低く設定されている（標準は月八朱）。そして、弘化五年時の貸付残高は約一〇貫匁であり、西山家の店卸帳簿の借入金額（表3参照）とほぼ一致している。この年の西山家の借入金は、すべて岡田家からのものだったのである。

その後、嘉永五年時の貸付残高は二貫二三一匁で西山家の借入金額七貫三五〇匁の約三分の一（三〇・四％）を、同じく万延二年時の三貫五〇〇匁は借入金額一〇貫三五〇匁の約三分の一（三三・八％）を占めている。近隣の豪農からの借入金を経営の恒常的な要素（第一節第2項）としている西山家にとって、中核的豪農・岡田家の金融は時には全面的に依存し、少ないときでも三〇％を超える貸付を受けており、重要な役割を果たしていたといえよう。そしてその西山家の経営の中で、金融部門は小作地経営の補完と村内小前層の経営維持のために必要不可欠のものであり（先述）、岡田家の金融は西山家を通じて間接的ながらも、地域の成り立ちのために大きな役割を果たしていたのである。

おわりに

表12で、中核的豪農（岡田家）と一般豪農（西山家）の関係について整理し、以下、考えていきたい[19]。

①幕末期の畿内においては、小前層への金融・融通問題が重要な課題として浮上してきた。この問題は各村々で発生するが、その村々における豪農がこの課題への対処をおこなっていく。西山家の天保期以降の貸付の推移を見ると、特に安政期以降は返済の有無にかかわらず、貸し込んでいって目の前の問題の回避・先送りに追われているという評価が適切である。そして、これは幕末期に顕在化する固有の問題（年貢高免のもとでの不作状況・穀物を中心とする物価高・治安問題の発生）に対応する姿でもある。

②自らの小作地経営を維持するためにも金融は不可欠な要素であって、未進額を減らしていくために小作人の編成をおこなって対応する場合にも、その背後では貸付を増加させ、それが累積

表12　幕末期畿内の豪農金融の特徴

項目	中核的豪農	一般豪農
相手	・村外の一般豪農中心 ・村内の中上層	・村内の小作人、小前層 ・村外の中上層
範囲	・村外中心 ・地域金融圏(隣々村まで)を中心とする郡規模	居村中心、周辺数か村
利率	月８朱(年9.6％)程度	月１歩(年12.0％)程度
期間	長期(平均５年程度)	(不明)
領主貸	おこなう	おこなわない
紙幣発行への関わり	ある	なし
都市両替商との関わり	預け金、借用金、為替	為替
所持高	100石以上	50石～20石程度
政治的役割	(郡中惣代)、庄屋	庄屋・年寄

してしまう状況であった。表1において、純店卸額を石換算にすると、慶応二年は天保一〇年のそれを下回っている。文久二年でも天保一〇年の一・六三倍に過ぎない。見かけ上の成長とは裏腹に、その実質は心許ないものだったのである。

③右の二点を要因として、一般豪農の資金需要・金融需要が発生する。

④中核的豪農は、一般豪農への貸付を通じて、間接的に各村々の小作人と小前層の経営維持に貢献した。また幕末期の膨大な貨幣需要に対応するため、銀札などの紙幣発行にも関わりをもった。しかし、これは銀の価値下落にもつながってしまう矛盾をはらんだ対応であった。

⑤安定的な利子収得を可能とする領主貸は、その貸付規模の大きさから中核的豪農にだけ見られる特徴であった(20)。

⑥大坂の都市両替商との当座預金的(預け金)な関係も、中核的豪農にのみ見られる特徴であった。ただし中核的豪農においても、預け金には利子が付かないことから、その関係は限定的なものであった。金融面に関する限り、都市と農村の関係は強いとはいえない。なお、為替取引(振り)は一般豪農も用いている(21)。

⑦両者の政治的役割、すなわち庄屋・年寄・郡中惣代などとして果たす役割は、一致する側面が大きい点が重要である。経営規模に応じて地域経済上は異なる役割を果たしながらも、拝借銀の訴願活動を一致しておこなうなど、地域において小前層や小作人の経営維持を図っていく姿勢は共通している部分が大きい(22)。

⑧ただし、一般豪農も幕末になるにつれて村外への貸付を増やす傾向にあったし、中核的豪農においても居村への平均貸付額は他村へのそれよりも少額であった。

以上のように、両者はその特徴において重なる部分もあるものの、類型化をおこなえばそれぞれに諸特徴を見出せる。そして、地域における中核的豪農、一般豪農、小前層との関係は、一見したところ「編成」のように見えるかもしれない。しかしながら、幕末維新期の困難を乗り越える、という観点からは、中核的豪農の貨幣資産が小前層まで行き届き、その経営維持に役立っているという事実を見出せるのである。

また、これら三者の関係を考えるとき、取り巻く「環境」も視野に入れなければならない。河内国においては、一九世紀を通じて利率は下がり続け、借り手有利の金融市場環境であった。この環境が、小前層の経営維持にまで大きな影響を及ぼしているのである。江戸時代後期の金融を考えるには、紙幣発行や文政期以降の改鋳が、地域金融にどのような影響を与えているのかを、もう一度考えてみる必要があろう。

中核的豪農を起点にまとめると、地主手作りが可能な隣々村（隣村ⓑ）までに主要な影響範囲（地域金融圏）は限定される[23]。貸し付けた一般豪農への貨幣資産（債権）は地域金融圏内で堆積する。外部との関係は、都市とは限定的で、領主貸による利子収得は、地域金融圏内で用いる貨幣資産が増える方向性を持つ。以上の構造の基盤である紙幣発行（貨幣量）にも影響力を行使する。

（1）第一章第一節第1項（2）村内と村外の貸付先の検討（三五頁）、参照。
（2）李東彦「幕末期河内国における一地主経営——河内国丹南郡伊賀村西山家を中心に——」（神戸大学大学院研究会『六甲台論集』二九巻四号、一九八三年）。
（3）本項の記述は前掲註（2）李論文Ⅰ、Ⅱ節によった。なお本章で分析の対象とするのは、神戸大学社会科学系図書館所蔵伊賀村文書（西山家文書）と羽曳野市伊賀今西正樹氏所蔵今西家文書である。前者は同大学図書館により整理番号が付されており、同文書からの出典は「伊〇〇」と略記する。後者は羽曳野市史編纂室発行の目録（『市史編纂資料目録7』）が作成されており、「今〇〇」と略記する。
（4）前掲註（2）李論文による。なお、この人口減少の原因は不明とせざるを得ない。今後の課題としたい。
（5）第一章の岡田家の分析において、貸付利率と借入れ利率の比較をおこなったところ、借入金を導入することはいわゆる「逆ざや」の状態である。当時の金融市場の動向から、このように考えておきたい（第一章第二節第5項（1）預り（借用金）の検討〈七二頁〉、参照）。

（6）第一章第二節第1項（1）分析地域の区分（四八頁）、参照。

（7）第一章表10（五三頁）によれば、岡田家の岡村への貸付は、安政七年期を除いておおむね平均一貫匁以下である。そして、その相手は、同章表3（三五頁）によると、おおむね所持高一五石未満の者である。西山家の他村への貸付も、ほぼこれと同様であると考えてよいだろう。

（8）これは、第一章表5（三九頁）の数値を計算して得られたものである。本文の根拠となる数値を以下に示す。文政六年の岡村五〇：伊賀村三二。以降、文政九年三四：一五、天保三年三四：一五、天保五年三三：一二、天保七年四四：三四、天保九年三一：二六。

（9）同年以降は、一一年分の年貢皆済目録の数字が判明し、そのうち米石の数値で判明するのは三年分で、残りは銀納の合計額のみがわかる史料である。この数値を岡村のものと比較すると、一〇分一大豆銀納・三分一銀納の割合と相場は岡村と同じなので、逆算して得られた数値を用いることにする。

（10）岡村の慶応三年村方騒動の際の規定書では「去寅年小作年貢之儀例年之通御村方幷ニ高持衆中御示談之上御上様御引方被下置候ニ付、小作方之儀も相応引方御取極之上、百姓代　御申渡被下候」とある（菅野則子「封建制解体期畿内農村の構造」〈北島正元編『幕藩制国家解体過程の研究』吉川弘文館、一九七八年、のち同『村と改革――近世村落史・女性史研究――』三省堂、一九九二年〉、八八頁）。

（11）一橋大学附属図書館所蔵岡田家文書A―三―七、A―三―八―一・三、A―三―九、A―三―一一。本項で用いる場合は年月日と願書の表題のみ表記する。

（12）幕領の丹南郡組合村については、野本禎司「大坂鈴木町代官支配の構造と物代集会」（渡辺尚志編『畿内の豪農経営と地域社会』思文閣出版、二〇〇八年）を参照されたい。

（13）天保一二年は四二七石余を納め、以下毎年、四三五石余（天保一三年）、四三六石余（同一四年）、四四二石余（天保一五年）、四四二石余（弘化二年）、四四二石余（弘化三年）と続く。

（14）「丹南郡村々」は、北宮・南宮・河原城・埴生野新田・野中・野々上・伊賀・岡・平尾・小平尾の一〇か村である。

(15) 傍線部Ⓐにおける「無少」については、「すくなくなく」とも読めるが、傍線部Ⓒで明らかに「僅少である」との意で用いているので、ここでも同様に解釈した。

(16) なお、万延年間以降の書附留の分析は第四章でおこなっている。

(17) 西山家の小作帳簿（下作宛口帳）で連続して残されているのは嘉永三年以降のもので、一冊に五年程度を連年書き継いでいる。これには、田方・綿方・畑方の記載があり、宛口高が記されている。このうち、畑方のみを小作するものは宛口高が非常に僅少であり、対象から外している。なお、証文銀には年賦も含んで分析する。また、表8-1～5の未進額の合計と店卸帳の数字の乖離は、帳簿作成時期の違いによると考えている。

(18) 前掲註(10)菅野書では、天保期の岡村の階層構成を分析し、四石以下層（五石未満、筆者注）はほぼ小作層として定着させられている（六六頁）、としている。本書での分析基準もこれに依拠している。

(19) 「村の中上層」とは村内での階層的位置をあらわす用語で、豪農とは経済的機能（村方地主および高利貸商人）と政治的機能（村役人）から成り立つ用語である。したがって、村の中上層と豪農という用語は相互に重なり合う部分も大きいが、村の中上層のほうが、小高持もその範囲に含まれる用語として本書では用いている（三五～三六頁）。高利貸商人（本書では金融面）という経済的機能は、本書での金融市場への参入者をみると村内所持高三三石～四石余（六三～六四頁）程度でも持っており、手元に一定の剰余蓄積があればだれでも金融市場に参入する状況であった。しかしながら、経営の安定性を考えると、一定の経営規模を持ったものに一般豪農という用語を用いるのが適切であると考え、五〇石～二〇石程度という範囲を設定したものである（第一章註41も参照）。ただし、この規模設定は、とりあえず畿内農村を前提にして考えており、他地域への適用については今後の課題としたい。現在の研究状況のもとでさしあたって重要なのは、規模の大きさを持ち出すよりも、豪農の役割の分化とその地域における機能（とくに小前層にとっての）を追究し、その結果として規模を検討していくことと考えている。
　また一般豪農の利率については、本章では詳しく検討をおこなわなかったが、おおむね月一歩程度が多いので、このように考えておきたい。

(20) ④⑤については、第一章第二節第6項領主貸の展開（七九頁）、参照。

(21) ⑥については、第一章第二節第5項(2)大坂・堺の両替商との預け金の関係（七三頁）、参照。

(22) 伊賀村における組合村の活動や第二節第3項で分析した郡中郷中書附留所収の願書への連印は、ほとんど庄屋藤右衛門がおこなっている。この藤右衛門の経営規模は安政二年で天保期の分家と併せても高五七石で西山家と同規模である。また、嘉永期には西山家以上の貸付を岡田家から受けている。この点から、庄屋藤右衛門家も一般豪農の範疇で考えていいだろう。前掲註(12)野本論文では、丹南郡組合村は平尾村藤右衛門と岡村岡田伊左衛門が郡中惣代を勤めることが多かった、とされる。残念ながら、平尾村藤右衛門の村内での所持高などは一切不明である。この中核的豪農・一般豪農の差異が、組合村を中心とした地域における政治活動での役割と関連があるのかは重要な課題であるが、今後を期したい。

(23) 第一章第一節第2項(2)他村の土地所持に関する問題点(四〇頁)、参照。

〔附記〕 本稿作成にあたっては、神戸大学社会科学系図書館、一橋大学附属図書館の関係の方々、文書所蔵者の今西正樹氏、羽曳野市教育委員会歴史文化課高野学氏にお世話になった。記して御礼申し上げます。

なお、本稿は二〇〇八年一月に一橋大学大学院社会学研究科に提出した課程博士論文第三章を一部改稿したものである。

第四章　幕末期河内の地域社会状況
――棉作から米作への転換と慶応期の社会状況の関係――

はじめに

慶応二年（一八六六）の大坂周辺打ちこわしを分析した酒井一は、大坂周辺に前期プロレタリア化した層が広汎にみられたことが一揆勢力をひろげた最大の原因であり、それ故にこそ主として米の安売りや粥施行という、飯米確保が要求されたとしている。(1) 一方で、より広く畿内周辺地域に視野を広げると、この打ちこわしが起こった場所は、大坂周辺の村々と近隣の在郷町が中心である。(2) 河内国では、国分村、新堂村、富田林村がそれにあたり、国分村と富田林村は在郷町である。また、酒井は、「大坂十里四方ハ一揆おこらざる所なし」としながらも、「米を作る百姓は一揆を起こさなかった」という興味深い指摘もおこなっている。(3)

酒井の研究に依拠した、佐々木潤之介の『世直し』において、大坂の打ちこわしの位置は高い。打ちこわし騒動の主体は、都市前期プロおよび半プロで、大坂の打ちこわしは一日でおさまったが、その周辺の騒動は、五月下旬まで和泉・摂津・河内の諸村であいついだとし、「五月の大坂は燃えていた」とするのである。しかし、この両者の成果は農村の構造分析をともなっておらず、この時点（一九七八年）では課題を残していた。(4)

一方で、河内国丹南郡岡村の幕末期の村落構造を分析した菅野則子によると、慶応二年の小作騒動には、無高層の過半が参加していなかったため、「なお小作料減免要求にとどまっている」この騒動は村方騒動の域を脱することができなかった、と否定的に評価している。(5)しかし、近年の小松賢司の分析によると、岡村の「無高層」には慶応期の用水規定や小作規定にその時点では連印をしていなくても、その前後の時期には小作をしている例が多くみられ、同村の「無高層」については小作層と脱農業層を区別せず、余業と小作を密接不可分なものとしておこなっていた層であったととらえるべきである、との論証が出されている。(6)

以上を踏まえると、大坂周辺農村の幕末期の社会状況をどのように考えるのかという点で、その要因を地域の生産構造と具体的な地域社会状況との関連から検討していくことは、重要な課題として残されている。そして、菅野や小松の成果を見ると、主たる生業であった農業との関連を追究していくことが、肝要であろう。本章では、岡村を対象として、この課題を検討していくことにする。(7)丹南郡はいわゆる南河内に属するが、その中でも岡村は生産力の最先進地域として、稲作・棉作と麦作・菜種作を組み合わせて農業生産をおこなっていた。村内は、南岡(南株)と北岡(北株)に分かれているが、天保期以降岡田家が両株を兼ねた庄屋を勤めている。本章での検討対象とする時期は幕府領であった。

一　幕末期岡村の社会状況

1 「郷村書附留」の分析

ここでは、文久元年(一八六一)から慶応三年八月まで書き継がれた「郷村書附留」を分析し、幕末期の岡村の社会状況や村役人の動向を把握したい。(8)この史料は、庄屋である岡田家が村役人として、領主への願書や返答書などを綴ったものである。表1には、預け銀出入の奥印や行倒れ人への対処などを除いた内容をまとめた。これをみると、おおむね四つの主要な動向が把握できよう(以下、[ ]は表のNoに対応する)。

①見分(破免)願[10・20]

表1　文久元年4月からの「郷村書附留」の内容

No	年号	内容	差出人	受取人
1	文久元年6月25日	用水不足に付雨乞祈願御届	岡、南宮、野々上、埴生野新田、野中、河原城、伊賀、小平尾、北宮、平尾村	信楽御役所
2	文久2年3月15日	御用張御灯燈拝借願	岡村庄屋、年寄	信楽御役所
3	文久2年6月	降雨無数、植付遅れ届	河原城、小平尾、平尾、北宮、南宮、野中、野々上、伊賀、岡村	信楽御役所
4	文久2年12月	陵山等御届	岡村、野中村	御役所[出信之節]
5	文久3年正月18日	亥年季明に付7か年定免願[1升増7か年仰付]	岡村	信楽御役所
6	文久3年正月18日	用水溜池池床広ヶ願に付御届	岡村	信楽御役所
7	文久3年3月10日	陵山下草苅除願	岡村	御陵山御掛御役人中
8	文久3年6月18日	5か年御定免請書	岡村	信楽御役所
9	文久3年7月	用水手当無きに付雨乞願	野々上、伊賀、岡、野中村	信楽御役所
10	元治元年7月	用水不足通毛に付見分願	野中、野々上、伊賀、岡、河原城、平尾、小平尾、北宮、南宮村	信楽御役所
11	元治2年正月23日	新規井路堀割戸関石堰上木差入用水引取方差妨り出入	訴訟方南宮、北宮村、相手方伊賀村	信楽御役所
12	元治2年正月7日	同上、願書	岡村	信楽御役所
13	元治2年2月5日	同上、日延べ願	伊賀村	信楽御役所
14	元治2年2月9日	同上、返答書	伊賀村	信楽御役所
15	慶応元年7月	京都二条御蔵納難儀に付難波蔵納願	當御支配所河州南九郡村々惣代連印	信楽御役所
16	慶応元年11月	米価高値に付銀納値段10か年平均にて納め願	河州南九郡	信楽御役所
17	慶応2年正月	枚方宿助郷平等割合仰付願	岡、野中、伊賀、北宮、南宮村、長原、川辺、木本、色丹、三宅、田井城、高見村	道中御奉行所、信楽御役所
18	慶応2年3月25日	岡村両株より庄屋立願	岡村	信楽御役所
19	慶応2年3月	南株北株規定	岡村	—
20	慶応2年8月	大雨風に付見分願	野中、野々上、いが、岡、北宮、南宮、埴生野、河原城、小平尾、平尾、誉田	信楽御役所
21	慶応3年正月12日	山陵長役被仰に付御届	岡村	信楽御役所
22	慶応3年2月9日	去寅年小作年貢の儀御取締出役願	岡村	[信楽御役所]
23	慶応3年5月28日	枚方宿助郷人馬可相勤旨御觸面拝見請書	村々連印	内海多治郎様御役所
23	慶応3年6月1日	田方植付届	[丹南]郡惣代	信楽御役所

出典：岡田家文書「文久元年郷村書附留」（一橋大学歴史共同研究室マイクロフィルム版）。

②用水不足への対応…(1)雨乞願・見分願［1・3・9・10］

…(2)伊賀村と北宮村・南宮村との用水出入［11〜14］

③定免願・請書［5・8］

④枚方宿での人馬負担に関する惣代願［17・23］

⑤京都廻米負担の軽減措置に関する惣代願［15・16］

このうち④と⑤は、幕末期に特有の願であるが、それほど継続的な運動というわけではないだろう。また、一二六三か村という畿内国訴で最大規模の結集をみた元治二年（一八六五）の願書は記されていない。(9)「郷村書附留」を通じて、棉作や菜種について正面からとりあげている願はみられない。

①は、元治元年［10］と慶応二年［20］に出されている。弘化期の定免制施行以後、岡村は年貢納入量の増加に苦しんでいた（一五一頁）。

②のうち、(1)雨乞願は文久元年［1］、文久二年［3］、文久三年［9］に出されている。［10］は用水不足を理由としている。(2)伊賀村と北宮村・南宮村との用水出入は元治二年である。

2　定免制と不作状況

前項でみた状況の背景を探っていくことにする。すでに第三章第二節第1項の表5（一五二頁）では岡村の納合（年貢納入量）を、同第2項の表6（一五四頁）では岡村で定めた小作料の減免水準（免合）を見てきた。その表5をみると、文久元年から同三年までは定免が維持されているが、表6では棉作を中心に免合は引き下げられており、実際には不作であったことがわかる。また、元治元年と慶応二年は破免が認められ、それに対応して免合も大幅に減らされている。岡村が定免制を受け入れたのは弘化四年（一八四七）のことであったが、その請書では

「年々検見取ニ而御取箇相進ミ高免ニ相成罷在候」と、検見取ではありながらも、実際には定免制と同じ水準で年貢を納めていることから、「稲作刈取方万端自由ニ相成」という利点もあることを理由に受け入れたものであった[10]。幕府代官所の年貢量確保を第一とする姿勢はその後も変わっていない。全体として、高免下で不作が断続的に到来している時期、とまとめることができよう。

3　米・棉の価格比較と作付け動向

表2により、米作と棉作の商品価格を大坂卸売物価の動向から見ていこう。天保末期（一八四〇〜四四）の平均を一〇〇とした米・繰綿の指数を、天保期・弘化期・嘉永期・安政期・万延〜元治期（以下、文久期）、慶応期として期間平均を見てみよう。米は、嘉永期一三四・〇、安政期一三二・六、文久期二二六・二と高値が続いている。一方の繰綿は、嘉永期一〇八・四、安政期九八・五、文久期一七八・五となり、安政期は一〇〇を切るなど、それほど高くはなっていない。この両者の期間平均を比較する（期間平均（指数）係数欄）と嘉永期一・二三三、安政期一・三四三、文久期一・三五六と常に米が比較優位な商品作物となっている。

このような価格動向は、岡村の作付面積にも影響を与えている。表3をみてみよう。本田の稲作率をみると、弘化三年は六四・五％であるのに対し、嘉永六年は八六・一％と二〇％以上も上昇している。その後も、安政三年の八〇・〇％、元治元年の七五・八％と高率を維持している。また、本畑も嘉永六年の六六・〇％以降、元治元年まで少しずつ上昇している[11]。そして全体では、嘉永六年は八一・五％、安政三年は七七・三％、元治元年は七五・五％と、耕地の四分の三以上は稲作である。岡村における基幹商品作物は、棉ではなく米になっている。この点については、のちに詳しく分析していきたい。

表2　米価・繰綿価格の趨勢

年号	西暦	米（匁/石）ⓐ	期間平均（指数）	繰綿（匁/貫）	期間平均（指数）ⓑ	期間平均（指数）係数ⓐ/ⓑ
天保元	1830	75.0	124.7	28.3	106.0	1.176
2	1831	80.0		27.1		
3	1832	70.1		22.7		
4	1833	94.4		26.4		
5	1834	102.7		23.7		
6	1835	76.8		23.6		
7	1836	111.8		37.2		
8	1837	165.5		40.3		
9	1838	110.3		38.3		
10	1839	86.0		35.4		
11	1840	67.6		25.4		
12	1841	68.6		27.0		
13	1842	75.6		26.6		
14	1843	72.5		28.4		
弘化元	1844	75.7	117.3	30.8	107.3	1.075
2	1845	84.6		31.9		
3	1846	90.7		29.2		
4	1847	84.4		26.7		
嘉永元	1848	85.7	134.0	28.9	108.4	1.233
2	1849	89.8		30.0		
3	1850	118.1		31.2		
4	1851	109.2		31.1		
5	1852	81.2		29.8		
6	1853	94.8		28.9		
安政元	1854	93.8	132.6	27.0	98.5	1.343
2	1855	77.5		23.1		
3	1856	77.8		22.7		
4	1857	91.3		25.6		
5	1858	118.0		31.9		
6	1859	114.3		32.9		
万延元	1860	139.3	226.2	39.4	178.5	1.356
文久元	1861	169.1		39.5		
2	1862	148.4		35.8		
3	1863	158.3		47.3		
元治元	1864	198.9		84.6		
慶応元	1865	352.2	1082.6	112.9	641.0	1.659
2	1866	1041.7		174.2		
3	1867	943.5		244.4		

出典：新保博『近世の物価と経済発展』（東洋経済新報社、1978年）、付表1-A・B「大阪卸売物価の動向」より作成。

註1：期間平均（指数）欄は、米・繰綿の1840～44年の平均を100とし、基本的に年号ごとの期間を設定し算出したもの。

2：期間平均（指数）係数は、米の期間平均（指数）を、繰綿の期間平均（指数）で除したもの。

4　近隣村々での用水争論と用水不足への対応

この争論は、元治二年正月二三日に南宮村・北宮村が、用水を供給している伊賀村に対して起こしたものであるが、岡村もその争論には関わっており、地域の状況もよくわかるので検討していきたい（表1［11～14］）。南宮村・北宮村の主張は、次のようなものである。伊賀村は、自分たちの村にとっては「池元水口」であるが、これまで用水を供給してきた井路筋を塞ぎ、新溝を掘って岡村の陵池へ用水を流そうとしている。そのようなことを

表3　岡村の稲作・棉作の作付推移

年号	西暦	本田			本畑			合計			出典
		稲作（反）	棉作（反）	稲作率（%）	稲作（反）	棉作（反）	稲作率（%）	稲作（反）	棉作（反）	稲作率（%）	
宝暦10	1760	194.9	137.7	58.6	46.4	43.8	51.4	241.3	181.5	57.1	B-1-4
享和2	1802	233.4	98.2	70.4	24.5	72.7	25.2	257.9	170.9	60.1	B-1-6
文政6	1823	227.0	92.0	71.2	15.0	78.0	16.1	242.0	170.0	58.7	B-1-7
天保7	1836	182.3	149.6	54.9	41.4	48.2	46.2	223.7	197.8	53.1	B-1-9
天保10	1839	206.3	145.6	58.6	48.0	41.5	53.6	254.3	187.1	57.6	B-1-10
弘化3	1846	214.3	117.7	64.5	45.9	51.4	47.2	260.2	169.1	60.6	B-1-17
嘉永6	1853	285.8	46.3	86.1	64.7	33.4	66.0	350.5	79.7	81.5	B-1-18-2
安政3	1856	265.6	66.3	80.0	63.2	30.0	67.8	328.8	96.3	77.3	B-1-19-3
元治元	1864	243.7	77.6	75.8	67.0	23.4	74.1	310.7	101.0	75.5	B-1-20-1

出典：岡田家文書、出典欄はその史料番号。

されては用水不足となって昨年のような旱魃時には田地相続が出来かねるので、厳しい対処をお願いしたい。

一方、岡村の対応は、この訴状の一六日前の日付のものしか残っていない。そこでの主張は、自分の村は昔より地高の場所で用水に乏しく、隣村（南方）の野々上村、伊賀村や野中村の余水を溜池へ囲い込んでなんとか用水を確保してきた、この度、伊賀村の領内で字今池というところに落とし込んでいる余水が夥しいので、そこから溝を掘って受け入れたい、念のため南宮村にも掛け合いをおこなっている、といったものである。

伊賀村の二月九日付の返答書では、岡村への溝は、新規に掘ったものではなく、村の古絵図にも載っている「有来候溝筋」である、としている。最終的な争論の決着は史料が残されておらず不明であるが、岡村の主張では「正直」に溝を掘ることを明記しており、伊賀村の主張のように古来からの溝筋であったとしても、南宮村・北宮村の言っていることがより実態に近いのではなかろうか。また興味深いのは、岡村の願書の中に、近来方々の村々で溜池の築造が進み、用水の確保に支障が出ている、という状況がうかがえることである(12)。この争論は、用水を確保するという地域的課題への各村々の対応という側面を持つのである。

5 小括

以上をまとめると、高免下で断続的におとずれる不作の状況下で、年貢負担の軽減を図りながら（見分願）、棉作より米作が有利な状況への対応として、村・地域全体として米作の比率が高まるなかで、用水の確保に苦心する村の状況が浮かび上がってくる。棉作よりも米作のほうが用水を多く必要とし、その対応が図られるのは明治期からというのが通説であったが[13]、元治期以降、積極的な対応が図られていることがわかる（第二節の分析から、これは文久期にさかのぼろう）。頻出する雨乞願は、自然的要因よりもむしろ米作＝使用水量の増加という、社会的要因によると考えるべきであろう。このような状況下にある村は、どのような対応をおこなっていくのだろうか。以下、第二節では用水不足への村の対応、第三、四節では棉作団地慣行の変化を検討し、第五節では、慶応期における矛盾の顕在化とそれへの対応を分析していく。

二　文久期の仏供田池の堀添普請

1　岡村の用水構造

岡田家に代々伝わる系図では、天保一四年（一八四三）に岡田家の当主となり、明治元年に死去した伊左衛門正保について、「晩年最留心于水利、穿池鑿溝、其益将来頗多」と記されている[14]。これは、先述したような用水需要の増大への村としての対応ということができよう。ここでは、文久期の池堀添普請を分析の対象とするが、まずは岡村の用水構造を確認しておきたい。

明治期に入ると小作料の減免は耕地の水掛りを単位として細かく設定されるようになるので、その史料を用いれば用水構造の把握には便利である。明治二六年の場合、大池法（陵池法）、谷地法、川法（八か村用水組合）、笑坂法の四つに大別され、判明する水掛りの範囲は、大池法六一九・八七石（宛高）、谷地法七二・四一二石（石高）、川法七四・六六六石（石高）であり、宛高と石高の違い（宛高は石高の約二倍程度）を勘案しても、大池法が圧倒的である。[15]なお、大池法は主に南岡の名寄帳に結ばれている耕地に掛かり、谷地法は、北岡の名寄帳に結ばれている耕地に掛かる用水である。

2　仏供田池堀添普請の概要

まずは、普請の概要を押さえておこう。[16]文久三年正月一八日、庄屋伊左衛門の息子伊一郎が信楽代官所に願い出て、池を掘ることにより生ずる潰地の年貢免除を申し出たが聞き入れられなかった。願書では、これまでも用水不足と旱損に悩まされ、これまでの普請によりかなり解消されたものの、なお、用水が不足勝ちなので、仏供田池と谷地池の堀添（拡張工事）によって「用水一段の囲方」をおこないたい、ということが意図として述べられている。この仏供田池は大池法に接続し、谷地池は谷地法に接続する。[17]結局、潰地の年貢免除は認められなかったものの、代官所役人の見分がおこなわれ、江戸伺いの最終返答が同年一一月二五日に来た。ただし、普請は見切り発車的に一〇月三日から開始された。

仏供田池は三反七畝一七歩を、谷地池は一反二畝九歩を潰して池床を広げる計画であった。普請の方法は、潰地の土を掘り取り、別の場所に運ぶという作業である。[18]前者は南岡が、後者は北岡が担当した。庄屋岡田家が属する南岡が担当した仏供田池普請については、入用帳などの史料が残されている。[19]この普請の最終的な費用総額は一五貫四二五匁余であり、水掛り高で九貫二八九匁余負担している。当初の予定をオーバーしたため、不足分は神社鳥居修復講から捻出した。水掛り高での負担方法は、普請当初に高持寄合で決定していた。普請は翌年六月一九日に終了している。

3　入用帳と目論見書書入の分析

次に、入用帳の支出項目（表4）で、この普請と村人・集団との関わりを具体的に検討していこう。[20] 入用帳は、工期、金額、支出内容が担当人ごとにまとめられている。尾張屋半七の工期は、文久三年一一月二三日から翌年二月四日に及んでいる。No.2をみよう。下畝町という場所の土を深さ四尺掘り、四八坪の体積の土を掘り取った。一坪あたり一五匁の単価で合計七二〇匁が支払われている。No.1では、「入工」人足が四一・五人に対して、一人あたり五匁の支払いで合計二〇七・五匁が支払われている。

普請を担当したのは、尾張屋半七（上田村）、尾張屋新蔵（藤井寺村）・野々上村利右衛門組、尾張屋儀助・同新蔵組（藤井寺村）、新町半蔵組（岡村）と岡村の村方人足であった。工事担当は入札によって決定され、実際に担当はしなかったものの、向野村甚六も応札している。村方人足以外は、帳面上は「野々上　△人」といった組単位で把握されており、頭によって統率された近村の専門的土木集団（後述）であった。各集団への支払金額は、半七五貫五五三匁余、新蔵・利右衛門組二貫九匁余、儀助・新蔵組三貫一三九匁余、半蔵組七五三匁余、村方雇人足二貫五匁余である。特に半七は全体の四一・二％の支払を受けており、注目される。

この半七が担当したなかで、もっとも高額が支払われた工事内容は、上畝町五尺七寸取（No.7）と専右衛門地平均四尺九寸取（No.8）であった。これは、ある一定の面積の土をそれぞれ五尺七寸、平均四尺九寸にわたって掘り取るものである。これらの専門的土木集団に期待された技術は、大量の土を屈強な男たちの肉体労働によって迅速に取り去ることであった。実は、普請開始当初の一〇月一五、一六日に岡田伊左衛門・伊一郎は半七を普請箇所に案内している。半七（およびその集団）は、地域社会のなかでその土木技術によって一目置かれる存在だったことが、ここからもうかがわれよう。一方、村方雇人足では、日雇賃を特定の者に一〇労働日分の単位で渡すものと、牛出しおよび人足とがある。これは、掘り取った土を土置き場まで運ぶ、比較的軽い労働を与えて、村の

表4　仏供田新池普請入用書出帳の内容

No	担当人	金額(匁)	内容
1	尾張屋半七渡し方	207.50	入工41人半代、5匁つつ
2		720.00	下畝町4尺取、本坪48坪、15匁渡切
3		10.00	竿ヵ外清水場所渡切
4		89.84	上畝町地味くり、平坪112坪3合、8分つつ
5		84.84	平二地地味くり、平坪141坪4合、6分取
6		148.75	道作り其外入工〆、29人7分半
7		1,967.40	上畝町5尺7寸取、本坪109坪3合、18匁渡切
8		2,931.00	専右衛門地平均4尺9寸取、本坪162坪8合、18匁渡切
9		−288.88	藤井寺尾張2人渡切引之
10		−337.30	村人足牛繰賃金〆高除之
11		2,304.82	[専右衛門地]引き残り
12		5,533.15	渡銀惣〆　[半七]
13		200.00	段々歎立候ニ付、成就之上余内遣、上田松川氏懸合ニよつて如此取計
14	藤井寺村新蔵、野々上村利右衛門〆2人組合	199.15	藤井寺入工44人2分半、4匁5分替
15		3.00	酒代
16		184.50	野々上入工〆41人、4匁5分替
17		235.00	下畝町平坪22坪4合、4尺取賃銀渡
18		−33.00	牛人足賃引之
19		202.00	正味
20		1,491.00	下畝町4尺取、本坪99坪4合、15匁渡切
21		−70.55	牛人足賃村方扣へ引
22		1,420.55	残而[1分計算違い]
23		2,009.10	渡銀〆　[新蔵、利右衛門組合]

出典：G-1-14-2。
註：[　]は筆者による補足である。

成り立ちに配慮したと考えられるが、それほど大きな就業（余業）機会を創出したとまではいえないだろう。

また、実際の普請のために、机・そろばん・半紙帳など備品の書き上げが残されていることから一定の常設した空間、普請事務所のような場所が現場近くにあったことをうかがわせる。土の堀り取り面積・体積の計算は、村役人によってもなされている。人足などへは、昼食を支給している。そして、南岡の年寄専右衛門には、三九〇匁が支払われている。専右衛門は役中見分もおこなっており、水掛り宛高も一九石余ある。岡村では上層農民といえ、岡田伊左衛門、伊一郎と専右衛門が村役人の中でも中心となって、事業を遂行したのであろう。また、材木や飯米などの請取の宛先は、村方様、といったものに混じって、岡田伊左衛門様、岡田御氏様といったものがあり、入用帳の材木や車の部材（軸など）でも岡田家が費用を立て替えている。費用を立て替えて、普請が円滑に進むよう、岡田家は役割を果たしている。

また、仏供田池普請に関する、北岡の意向は北岡年寄の高田藤兵衛がとりまとめて報告をしている。北岡が担当する谷地池については北岡が中心となって普請を進め、南岡の意向も踏まえたうえで普請は遂行されたと考えていいだろう。普請は村株の枠組みに則っておこなわれたのである。

4　小　括

池普請は、庄屋・年寄を中心とした村役人層が事業の遂行に主導権を発揮し、普請の立案、見分、入用の立替え、道具の指定といった、細かい部分まで把握してなされた。一方で、専門的土木集団を周辺地域から入札の形で募集し、彼らの専門的能力と村方雇人足を組み合わせて、分業によって村の成り立ちと費用の逓減・事業の効率化の両立を図った。

費用の支出は基本的には水掛り高によって賄われ、地主負担の原則であった。管見の限りでは、用水普請を理由とした宛口高の引き上げはおこなわれておらず、巨視的にみれば村内の小前層や小作人も、この普請の利益享受者といえるだろう。稲作の増加、用水の確保といった村の課題に、この事業は応えたものと評価できよう。

三　稲作率と棉作団地の関係

1　稲作と棉作の比率の変化

更池村の棉作団地を詳細に分析した葉山禎作によると、同村の棉作率は嘉永年間で三〇％程度であったが、なお棉作の重要性は変わらなかったとしている(21)。しかし、残り七〇％の稲作が村にどのような影響を与えたのか、については考察がなされていない。また、葉山は棉作団地の分析を単年でおこなってはいるが、連年で耕地の利用がどのようにおこなわれていたのかについては実証がなされていない。

岡村の検見史料から、稲作と棉作の推移をまとめたものが表3（前掲）である。ここから、そのおおまかな傾向が読み取れよう。本田は、稲作が宝暦一〇年から天保一〇年まで五四・九％〜七一・二％の間で推移しており、なお棉作が一定の割合を占めている。一方、本畑では、享和二年で棉作率が七四・八％、文政六年で八三・九％と高く、宝暦一〇年を除いて、天保七年まで稲作の作付面積を上回っている。その後、本田では弘化三年に稲作率が六五％に迫り、嘉永六年、安政三年には八〇％を超える。本畑にも大きな変化があり、嘉永六年以降六〇％を超え、安政三年以降は棉作の二倍以上となっている。

以上から、弘化から嘉永期の間に、村全体として明らかな稲作重視の傾向が見て取れる。この背景にあったのは、第一節第3項で検討した米の価格優位性であったことは間違いないだろう。

2　岡村の棉作団地の状況

岡田家文書の中には、検見を願い出る際に、全耕地の「痛毛」の度合いを書き上げた史料が残されている。これには、一筆ごとの稲作・棉作の区別が記されており、作付け動向を見る上でまたとない史料である。ここでは、連続して残されている天保一四年から弘化三年までの史料を用いて、稲作化が強まりつつある状況を検討していこう。

表5は、字寺湊と字大保の地番（村が独自に付したもの）、字名、地目、面積（反・畝・歩）、稲作・棉作の区別を表した。たとえば、地番五四二番（以下、五四二番のように表記する）の字寺湊、上田・六畝二〇歩の土地は、天保一四年は「稲三合毛」、同一五年は「稲二合毛」、弘化二年は「稲一合毛」、同三年は「稲一合毛」である。この土地は、四年間連続して稲作をおこなっている。次の五四三番の上田・八畝二五歩は、天保一四年から弘化二年までは稲作をおこなっているが、弘化三年は「田綿」と記載があり、この年は棉作である。ここでは、五四二番のように四年間のうち、すべて稲作をおこなっている地番を「通期稲作地」（もしくは、通期棉作地）と表す。五四三番のように三年間稲作をおこなっている地番を「三期」と表し、以下、「二期」「一期」「〇期」の順で表していこう。

このような作業を岡村の本田・新田の全耕地でおこなって、まとめたものが表6である。まず本田欄を見てみよう。全体三三町二反余のうち、通期稲作地は九町二反余で二七・八％にのぼる。続いて三期が一一町余である。この二つで、六一・〇％を占める。次に、本畑には、一年も稲を作付していない土地がある（六反余）一方で、四期すべて稲を作付している土地も八反余あることが注目される。主流は、二期であるが、三期もしくは四期稲を作付している土地も、二六・八％にのぼっている。本田、本畑の合計をみると、三期もしくは四期稲を作付している土地は、全体の五三・二％になる。

表5　天保14年～弘化3年の一筆ごとの稲・棉作付状況

No	字	地目	反	畝	歩	天保14	天保15	弘化2	弘化3	区分
542	寺凌	上田		6	20	○	○	○	○	通期稲
543	寺凌	上田		8	25	○	○	○	×	3期
544	寺凌	上田		8	16	○	○	○	○	通期稲
545	寺凌	上田		8	16	○	○	○	○	通期稲
546	寺凌	上田		9	10	○	○	○	○	通期稲
547	寺凌	上田	1	0	6	×	×	○	○	2期
548	寺凌	上田	1	3	6	○	○	○	○	通期稲
549	寺凌	下田		4	3	○	○	○	○	通期稲
550	寺凌	下田		5	27	×	○	×	○	2期
551	大保	上田		7	22	○	×	○	×	2期
552	大保	上田	1	1	6	○	○	×	○	3期
553	大保	上田		6	28	○	×	○	○	3期
554	大保	上田	1	1	12	×	×	×	×	0期
555	大保	上田		8	13	○	○	×	○	3期
556	大保	上田		4	0	○	○	○	○	通期稲
557	寺凌	中田		5	23	○	○	○	○	通期稲
558	寺凌	上田	1	0	20	○	○	○	×	3期
559	寺凌	上田		8	20	○	○	○	○	通期稲
560	寺凌	中田		5	23	×	×	×	×	0期
561	寺凌	中田	1	0	17	○	○	×	○	3期
562	寺凌	上田		6	24	×	○	×	○	2期
562	寺凌	上田		6	0	×	○	×	○	2期
563	寺凌	上田	1	0	20	○	○	○	×	3期
564	寺凌	上田	1	6	12	○	○	○	○	通期稲
565	大保	上田	1	1	6	○	○	○	○	通期稲
565	大保	上田		4	20	○	○	○	○	通期稲
566	大保	上田	1	1	0	○	○	○	○	通期稲
567	大保	上田		3	2	○	○	×	○	3期
568	大保	上田		7	0	○	○	×	○	3期
569	大保	上田		5	10	○	○	○	○	通期稲
570	大保	上田		6	0	○	○	○	○	通期稲
571	大保	中田		4	7	×	○	○	×	2期
572	大保	中田		3	2	○	×	○	○	3期
573	大保	上田		8	3	×	○	×	○	2期
574	大保	上田		9	22	×	○	×	○	2期
575	大保	上田		8	0	○	○	○	○	通期稲
576	大保	上田		9	10	○	○	○	○	通期稲
577	大保	下田		3	11	○	○	○	○	通期稲
578	大保	上田		7	18	○	○	○	×	3期
579	大保	上田		5	10	○	○	○	○	通期稲
580	大保	上田		6	0	○	○	×	○	3期
581	大保	上田		7	4	×	○	×	○	2期
582	大保	上田		5	0	×	○	○	○	3期
583	大保	上田	1	2	28	○	○	×	○	3期
584	大保	中田		4	11	○	○	○	○	通期稲
585	大保	上田		2	25	○	○	×	○	3期
586	大保	上田		8	10	○	○	○	○	通期稲
587	大保	上田		4	0	○	○	○	○	通期稲
588	大保	中田		5	23	○	○	○	○	通期稲
589	大保	中田		2	0	○	○	×	○	3期
590	大保	中田		4	0	○	○	○	○	通期稲
591	大保	上田		9	10	○	○	○	○	通期稲
592	大保	上田		6	20	○	○	×	○	3期
593	大保	上田		5	24	○	○	○	○	通期稲
594	大保	上田		5	13	○	○	×	×	2期
595	大保	上田		5	10	○	○	○	×	3期
595	大保	上田		2	17	○	○	○	○	通期稲
596	大保	上田		7	5	○	○	○	○	通期稲
597	大保	上田		6	0	○	○	○	○	通期稲
598	大保	上田	1	1	6	×	○	×	○	2期
599	大保	上田		5	10	○	○	×	○	3期

出典：B-1-14～17(枝番号は省略)。
註：「通期稲」とは、「通期稲作地」を表す。

表6　稲作・棉作の作付状況(天保14年〜弘化3年)

区分	本田		本畑		合計	
	面積(畝)	比率(%)	面積(畝)	比率(%)	面積(畝)	比率(%)
通期稲	924.37	27.8	81.97	8.3	1,006.34	23.3
3期	1,106.17	33.2	182.73	18.5	1,288.90	29.9
2期	961.27	28.9	344.67	34.9	1,305.94	30.3
1期	290.20	8.7	225.57	22.8	515.77	11.9
0期	27.17	0.8	63.13	6.4	90.30	2.1
不明	19.60	0.6	89.23	9.0	108.83	2.5
総計	3,328.77	100.0	987.30	100.0	4,316.07	100.0

出典：表5と同じ。

この様相を、字大保・寺凌をフィールドに確認するために図1を作成した。図では、通期稲作地もしくは通期棉作地は全面を塗りつぶしている。それに対して、その年のみ稲作もしくは棉作の場合は、丸印で表している。岡村一帯は南から北になだらかに傾斜しており、東側にも傾斜している。したがって、図1では北東方面（左下方向）に用水は流れていくので、用水路に接続している北東方面の耕地は、直接用水を取り入れることができるが、そうでない土地は、南西側（右上）の耕地から流れてくる水を受けることになる。天保一四年では、三筆の棉作地（五七一番・五八一番・五八二番）が用水路に接していないのにも関わらず、南西側を稲作地に押さえられており、用水の受入に支障を来している。これは、棉作団地の慣行が有効に機能していない状況を表している。これらの三筆の棉作地の南西側の稲作地は通期稲作地であり、恒常的な稲作地が、棉作の用水に支障を来しているのである。このような棉作地を以後、孤立型棉作地と呼ぶことにする。天保一五年の五七二番も南西を通期稲作地に押さえられた孤立型棉作地である。弘化三年の五七一番と五七八番も同様である。一方、弘化二年は二つの棉作団地がうまく形成されている。しかし、南西側の棉作団地は、五六〇番の通期棉作地のおかげでうまく棉作地が接続できたという側面をもっている。

以上をまとめると、通期稲作地の増大に伴って、棉作団地慣行は形骸

図１　字大保・寺凌の稲作・棉作地の推移

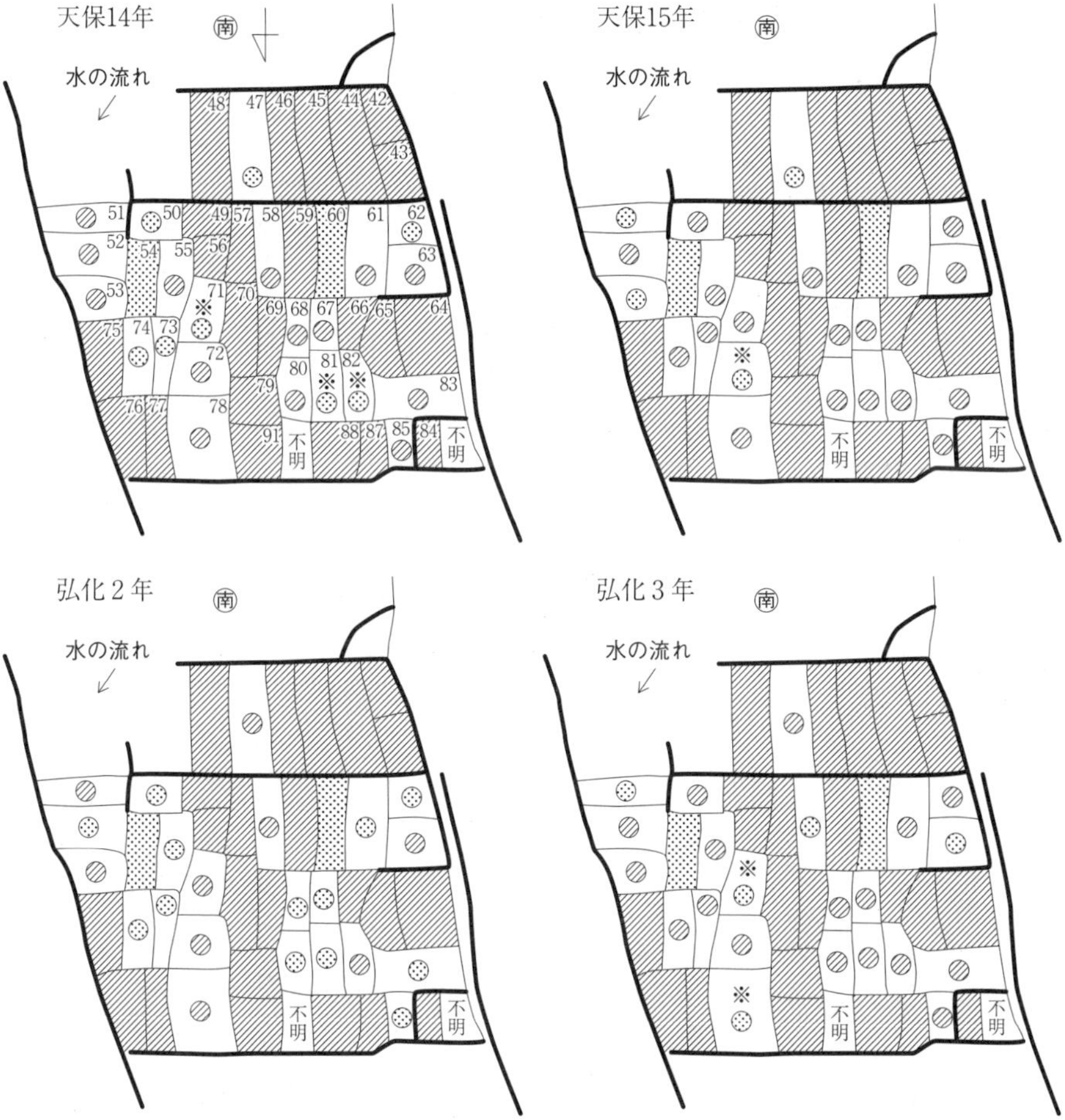

〔凡例〕

━用水路　▨稲作地　░棉作地　※ 孤立型棉作地

出典：Q-2-2。

註１：Q-2-2に表５の年度ごとの作付状況を重ねた。

２：天保14年の番号は、表５の下２桁を表す。

３：全面を塗りつぶしているのは四期作付をしていることを表す。

化しつつある、と評価するのが適切であろう。稲作化が一層進展する嘉永期以降は、ここで検討したよりも、さらにその傾向が強まったはずである。しかし、弘化二年のように、一時的にうまく棉作団地が形成される年もあり、村の中での棉作団地の「規制」は「できれば近くの耕地で棉作をまとめよう」といった程度のもの、すなわち共通の努力目標レベルになっていると考えるのが適当であろう。興味深いことに、安政七年の岡田家の小作帳簿には「常田」との文言がみられる(22)。この土地は米しか作付をしない、という耕地が安政期には出てきているのである。

四　小作人層の作付動向

1　慶応二年の作付動向

ここでは、前節で検討した村全体の棉から米への作付変更の動向のなかで、どのような特徴が見いだせるのかを検討していきたい。

表7は、岡田家小作人の作付動向と、所持高を合わせて一覧にしたものである。もとより、複数の地主に散り掛かり的に小作関係を取り結ぶことはあるにしても、ここからは一定の傾向が見て取れるであろう。

まず、各人の作付した宛口高の合計は、稲作一六一・九石、棉作四二・三四石である。稲作の割合は七九・三%であり、村内の作付動向と同様の傾向を示している。そして、稲作のみ作付している者が四三人、棉作のみは五人と、前者が後者を圧倒している。また、作付者全体の平均宛口高は、稲作二・六九八石、棉作一・九二四石であるが、両作している者は、稲作三・六三石、棉作二・一一六石であり、特に米作では平均を〇・九三二石上回っている。以上から、両作している者は全体的に作付規模が大きいといえ、これらの者は、農業専業もしくは、余業をおこなっていても農業が経営の中に占める割合が高いことをうかがわせる。

表７　慶応２年岡田家小作人の作付動向

No	町名	名前	稲	棉	所持高
1	西町	惣兵衛	2.9	×	無高
2		源左衛門	0.23	×	10.276
3		儀兵衛	2.4	×	1.62
4		九郎兵衛	×	1.6	無高
5		善左衛門	1.4	×	無高
6		九兵衛	3.25	×	無高
7		源兵衛	2.4	2.15	無高
8		作左衛門	2.3	×	5.372
9		太七	1.1	×	1.615
10		吉松	×	0.95	無高
11	南町	常八	4.35	2.15	不明
12		八左衛門	3	3.4	4.008
13		和助	3.87	2	無高
14		佐右衛門	3.35	×	1.2
15		弥右衛門	5.25	×	4.177
16		又兵衛	2	×	不明
17		孫助	2.7	1.5	不明
18		林兵衛	2.2	3.15	無高
19		利兵衛	1.5	×	不明
20		嘉平次	1.95	×	1.973
21		仁兵衛	6.6	×	無高
22	東町	太右衛門	6.075	3.675	1.406
23		磯右衛門	1.3	×	3.1
24		源右衛門	1.6	1.5	不明
25		源八	2.3	×	無高
26		常右衛門	5.53	1.7	無高
27		浅右衛門	0.55	×	3.133
28		作兵衛	3.35	×	無高
29	北町	兵右衛門	1.96	1.7	1.62
30		新助	5.2	1.25	不明
31		北之方	8.1	2.1	不明
32		善助	7.5	2.5	0.3
33		弥左衛門	1.25	2.05	不明
34		喜兵衛	1.2	×	不明
35		友右衛門	4.1	×	4.902
36	北町	磯八	1	0.75	不明
37		九兵衛	1	2.75	4.26
38		利八	1.8	×	不明
39		源助	2.8	×	0.8
40	新町	為右衛門	1.8	×	無高
41		庄右衛門	1.04	×	無高
42		佐兵衛	1.85	×	2.087
43		利助	0.26	×	0.68
44		嘉兵衛	1.6	×	不明
45		六左衛門	1.3	×	2.883
46		弥七	2.6	×	無高
47		吉郎兵衛	5.1	×	不明
48		儀助	3.8	1.65	0.15
49		吉右衛門	3.23	×	無高
50		清兵衛	0.6	×	無高
51		佐助	1.35	×	無高
52		善兵衛	2.86	×	8.165
53		弥助	4.2	×	無高
54		利八	1	×	無高
55		小八	×	1.25	無高
56		武兵衛	2.3	×	無高
57		七左衛門	3.3	×	不明
58		三左衛門	2.65	×	0.9
59		仁兵衛	1.5	×	不明
60		甚助	1.7	×	無高
61		清七	1.8	×	無高
62	北岡	半右衛門	4.1	×	無高
63		新七	2.6	×	不明
64		源右衛門	×	2.2	不明
65		吉左衛門	×	0.36	2.888
合　計			161.9	42.34	―

出典：Z-2-1-1、F-1-79-1～4。

註１：所持高欄のみ石高。その他は全て宛口高である。

２：岡田家の小作地のうち、岡村内の土地のみ計上。また、入作人も省いている。

表8　作付動向の階層別区分

所持高区分	稲作のみ	棉作のみ	両作	合計
以上　未満 10	1			1
7　～10	2			2
5　～　7	2			2
3　～　5	3	2	2	7
0　～　3	9	1	4	14
無高	17	2	5	24

出典：表7と同じ。
註：表7のうち、所持高が不明の者は除いている。

表7を階層別に区分したものが、表8である。無高層のうち、稲作のみは一七人で、全体二四人のうち七〇・八％を占めている。〇石以上～三石未満層では九人が稲作のみで、全体一四人のうちの六四・三％である。三石以上～五石未満層では三人が稲作のみで、全体七人のうち四三％となる。五石以上層は、すべて稲作のみを作付している。以上から、無高層と〇石以上～五石未満層、五石以上層での大きな違いや傾向は見いだしにくく、岡村の稲作への傾倒は、全階層的な傾向であったと考えておきたい[23]。そしてこれは、米価の相対的有利性への対応であった。

2　用水規定

棉作団地慣行の弱化が一層進展したと思われる慶応元年、岡村では用水規定が結ばれている[24]。一条目と二条目をあげると、

〔史料1〕
一（一条目）當村之儀者用水不足勝之場所ニ付、外村々とハ格段用水大切ニ相心得可申之處、當座之身勝手ゟ麁略ニ仕候もの間々有之、右等之儀追々押移候得者村中一統之難渋ニ相成候間、此度取締方左之通
一（二条目）稲作植付旬合へ少々早く候共、雨降候ハヽ、勝手あしく候共、地毎ニ水相囲置候様千一ニ心掛可申事

とある。一条目では、身勝手に用水を使うことを取締るというこの規定の制定趣旨が述べられ、二条目では、多少不便を来しても、溜池や用水の利用を少しでも減らすように、一筆毎に水を囲っておくようにとしている点が注目される。三条目では、植付後に雨が降った際には、稲の生育に支障があっても一筆毎に水を囲っておくこと、

四条目は「田かせ」の禁止と水代としての過料銭の取り決めである。「田かせ」の意味には不明な点が残るが、「田綛《かせ》」の意味でわがままに田に水を囲い込むことを禁止するという意味に捉えておきたい。五条目は、草取りや修理などを理由に、水を切り捨てることの禁止と過料の取り決め、六条目は、秋に田から水を切り落とす際には、村役人の指図によることを定めている。また、「附り」では、池の樋に手を掛けたりして、自分勝手に水を引く行為があれば役所へ訴訟をおこなうことを付している。

この取り決めは、場合によっては個別の耕地の生育に悪影響があっても、村全体としての用水を確保する姿勢と、自分勝手な行為を禁止することが貫かれている。いうまでもないが、棉作は視野の外である。慶応期の岡村では、用水問題とはすなわち稲作問題であった。

したがって、棉作団地という作付の規制から、用水の用い方というより詳細な規制の再確認へという変容はあっても、村落共同体による規制は最幕末段階まで維持され、用水の側面ではむしろ強化されているという点は留意する必要があるだろう。岡村の全階層的な作付作物の主体的選好が、棉作に関する規制を弱化させながら、その先に村内の主要な生産作物となった稲作に関しての新たな規制が確認・強化されたのである。

五　慶応期の肝煎制導入と小作騒動

1　慶応元年若者一件

慶応元年八月二五日に岡村の氏神春日明神祭礼で、若者が地車を曳いて行燈台などを持ち出して通行中に、隣村藤井寺村の若者と口論を起こした。近隣の庄屋が内済を試みたが、疵人も出たことから藤井寺村側が納得せず訴訟に発展した(25)。口論には岡村の若者のうち、村の家数の約半数にあたる九七名が参加しているが、これを主導した者（処罰された者）を分析すると、一一石から二・八石の高持ちが四名、無高借家層のうちで、慶応元年用水規定もしくは同三年に小作人として連印している「農業生産者」が四名、[26] 連印していない者が三名、宗門帳と対照し得ない者もしくは複数いるものが二名となる。したがって、多くの者が農業生産者（小高持もしくは小作人）であった。これは当時の岡村一般の社会階層を反映しているといえよう。この一件を受けて、取締議定が小前・肝煎（後述）一同から村役人へ出され、それが信楽代官所にも提出された。

2　取締議定の内容と肝煎制の導入

この取締議定は、全体で一一条からなる。[27] 多くの条文は、若者の取締りや喧嘩口論の防止を意識した内容になっている。注目されるのは、農業前後の買い食い・立ち寄りを禁止した条文と、寄合は村役人へ届出がないものは禁止することと、それをおこなう際には事前の届出が必要であるという条文である。その一方で、小前層の意向を察知し、聴取するための肝煎制が導入されている。

岡村の中央部は、南北に貫いている東高野街道沿いに町が広がり、南株の東町、西町、南町、北町と北株に属する新町、それに北岡の集落が主要な集住単位である。[28] 肝煎は、この五町と北岡から各二名、合計一二名を村役人が「見立」て任ずることにより決定され、年行司（年番の町の責任者）とともに、町の小前層の動向を把握し、村役人に伝達し、それを受けて村役人が対応を検討するという役割が求められた。この制度は運営次第によっては、従来の庄屋・年寄を中心とした村政機構よりも開かれた、小前層の意向を反映したものとして機能する可能性があったが、その実態を表す史料は未見である。すぐに明治維新を迎えたことから、これは未発の可能性にとどまったと評価すべきであろう。注目すべきは、ここで選ばれた肝煎は、全てが「農業生産者」で小高持が半数を占める点で[29]（表9）、岡村のなかで比較的安定的な社会的位置にあるものが任ぜられている点である。

表9　肝煎の構成と小作騒動での動向

肝煎	所持高	慶応元年 用水規定	慶応3年 小作人規定	慶応2年 小作騒動 での動向
八左衛門	4.008	印	印	参加
嘉平次	1.973	印	印	重立
源左衛門	10.276	印	印	
新十郎	無高借家	印	印	
重右衛門	無高借家	印	印	
卯兵衛	1.406	印	印	参加
源助	0.8	印	印	
友右衛門	4.902	印	印	参加
武兵衛	無高借家	印	印	重立
六左衛門	2.883	印	印	重立
吉右衛門	無高借家	印	印	参加
源兵衛	無高借家	印	印	参加
利八	無高借家	印	印	重立

出典：E-3-46-2。
註：新町で規定よりも１名多く肝煎が任命されているので、13名となっている。

3　慶応二年小作騒動の分析

慶応二年一二月に村内の小前層が道場などに集まり、地主への小作料減免を要求した(30)。この一件の全貌は、翌慶応三年八月に信楽代官所役人の取調がおこなわれてようやく明らかになった。この一件に掛かった費用を小作騒動に加わった者たちから徴収した入用帳によると、慶応三年六月二七日に手代石黒享平へ菓子料二〇〇疋が支出されている(31)。この時に岡村への出役を願い、同年八月一六日にそれが実現した。手代石黒は一晩で呼び出しと取調をおこない、籠舎・手鎖の刑を言い渡した。その後、村役人による赦免願で一一月には赦免された。前年一二月の一件を半年後に訴え出ていることは、小作料徴収の秩序を立て直す、地主・村役人層の意図を見て取ることができよう。

慶応三年八月に村役人が作成し、提出した願書に書かれた騒動の実態としては、道場に集まった小前層が信楽代官所（近江国甲賀郡）まで訴願に行く最中に、その途次にあたる笠木宿（笠置宿、山城国讃良郡）まで、一年前に任命された肝煎一同が呼び戻しに行った、と記されている。ここからは、村役人の期待どおりの働きをした肝煎の姿がうかがえる。

その後の手代石黒による審理の過程で、意外な事実が明らかになった。肝煎のうちの四名が今回の騒動の主導者（重立）であった、という事実である（表9）。重立の四名は処罰され、他に五名が騒動に参加したとして、入用の徴収に応じている。ここでの肝煎の行動は、複数名が今回の騒動の主導者でありながら、笠木宿まで一同で呼び戻しにいくという、矛盾したものであった。しかしながら評価にあたっては、「重立」として主導した者が四名にのぼったことと、一三名のうち九名が参加者であったという事実を重視したい。村役人層が期待した肝煎の小前層とのパイプ役としての役割は果たされることなく、肝煎は小前層の立場で、行動したのである。

4 小括

以上みてきたように、若者一件の参加者、村役人から任命された肝煎、小作騒動主導者の階層は一致している。岡村の村落秩序の安定は、小高持・「農業生産者」の動向如何によっていたのである。そのことを十分理解していた村役人層は、彼らのうちから肝煎を任命して、村政上一定の役割を負わせ、村落秩序の維持を図ろうとした。肝煎制の運営如何では、地主層と小前層の合議による一歩進んだ村運営がなされる可能性も存在した。しかし、小前層にとって主要な要求であった小作料の引下げは、慶応二年には従来の村役人層・地主による合議→百姓代を通じての示達という、すでに確立していたルートによっておこなわれた。肝煎層と村役人との意思疎通の場は、この議題を話し合う場ではなかったのである。そのことが、肝煎層が小前層の立場で行動する要因となった。

また、肝煎制が、町場化している町の原理に立脚していることも重要であろう。岡村に残されている最古の村絵図をみると、宝暦期から町並みは形成されているが、基本的には南株・北株という土地所持・年貢納入・村役人の選出単位としての村落共同体の原理によって村落運営はなされてきた。慶応三年時点で町の入用は成立しており、これ以前にも独自の財政基盤をもつ町の成立は想定されるが、町ごとに肝煎を立て、小前層の把握を強めた慶応三年は岡村にとっての一画期といえよう。農村集落として存在しつづけている北岡も、その原理によって「把握」されることになった。

おわりに

以上、幕末期の岡村の直面したもっとも大きな問題は、棉作から稲作への転換であった。本章ではこれに関わって、用水確保に対する村役人・地主層の主体的な対応と、村全体の作付動向、慶応二年小作騒動の主導者・参加者の問題を中心として論じてきた。

地主・村役人層の用水確保・池普請などの事業は、全体の生産力向上に尽力していると評価でき、これらは、村の小高持・「農業生産者」の抱えている生業上の問題に適合した対応であった。一方では、慶応二年の小作騒動をみると、その分配面、小作料の減免という点では、これらの者たちの期待に十分応えきれていなかった、といえよう。当時の村落秩序のキーパーソンとして、村役人層が見立てた肝煎たちと小前層の動向がそれを象徴している。

また、村落共同体という観点から考えてみると、大きく二つの潮流が見出せよう。池普請が南岡・北岡という旧来の村落秩序のもとで区分を保ちながら協力して実施され、棉作団地慣行の弱化を伴う稲作への転換がなされると、それに対応した用水規定が詳細な内容を伴って確認されるという、村落共同体が最幕末まで村の成り立ちや村落秩序の維持に主要な役割を果たしているという潮流が一つ。一方で、「農業生産者」ではありつつも、南岡の四町、北岡の新町という、多くが街道沿いに住居を構えるという町場化の現状に対応し、村内の秩序に乱れをもたらす寄合を肝煎からの報告を通じた届出制にするなど、村落共同体の弛緩しつつある現状を正確にとらえた肝煎制の導入という潮流がある。この二つの潮流に対し、村役人層は村内の治安維持という目的のために、町場の村であるという現状を的確にとらえ、積極的に対応した。

また、豪農の地域への影響力という観点からすると、岡田家がこの時期に展開していた金融活動により、恒常的（金融）関係を持つ村としていた北宮村や藤井寺村も、用水争論や若者争論では、自律的に出訴に踏み切っている（五四頁）。また、同じように用水争論をおこしている伊賀村と南宮村の金融関係も同様に恒常的であった[32]。一方では豪農の経済的成長による地域の形成、影響力の拡大をみることも重要ではあるが、他方で村の自律性を軽視することは慶応期においてもできないことが明らかとなった。地域と村という、ふたつの単位を視野に収めながらも、錯綜する諸関係をさらに丁寧に分析していくことが要請されている。

河内国における世直し状況は、豪農と半プロ間の矛盾は拡大しながらも、本章で分析した岡村のように、実際には豪農と「農業生産者」との小作騒動の形をとるものが多かった[33]。これは、小前層の生業の構造から惹起するものであり、当然騒動の勃発は一一月から一二月という小作料納入時期になる。また、棉という食料に供しえない商品作物から、食料である米への生産作物の転換は、全国的に世直し状況が展開した五・六月の端境期に騒動が起きにくかった要因である。なによりも、騒動を起こす際に重要な役割を果たす、岡村でいう肝煎層の最大の関心は、小作料の率であったことは間違いがないだろう。幕末政局の中心地畿内において、生産構造の観点から分析をすると、村方騒動が起こる時期が、全国的に世直し状況が展開する慶応二年六月とは異なる構造になっていたことは、極めて重要である。今後は、富田林村・国分村などで起こった在郷町の騒動について、合わせて検討していくことが必要とされよう。

（1）酒井一「慶応二年大坂周辺打毀しについて」（京都大学読史会五十周年記念『国史論集』二、一九五九年、のち、『歴史科学大系23　農民闘争史　下』、一九七四年に再録）。

（2）富田林市役所『富田林市史研究紀要第二号　慶応二年五月富田林村方惑乱一件記録』（昭和四七年三月）、第一図　慶応二年大坂周辺打ちこわし図（Ⅱ頁）。

（3）前掲註（1）酒井論文。ただし、引用史料の典拠、『幕末珍事集』については確認できていない。

（4）佐々木潤之介『世直し』（岩波書店、一九七九年）、七二〜七四頁。

（5）菅野則子「封建制解体期畿内農村の構造」（『村と改革』三省堂、一九九二年）、八〇・八五頁。初出は一九七八年。

（6）小松賢司「幕末期岡田家の地主小作関係と村落」（渡辺尚志編『畿内の豪農経営と地域社会』思文閣出版、二〇〇八年）、一八二・一八三頁。

（7）岡村を対象とした先行研究は、他に津田秀夫、佐々木潤之介のものがある。同村については、註（6）の渡辺編書が詳しく、本章の前提となっている歴史的事実も多い。また、本章の使用史料である岡田家文書は現在一橋大学附属図書館所蔵となっており、引用の際はその史料番号（請求記号）のみを表記する。

（8）一橋大学歴史共同研究室マイクロフィルム版による。弘化〜安政年間の状況については、第三章第二節第3項弘化〜安政年間の地域状況（一五五頁）、参照。

（9）藪田貫「国訴の負担と村」（『国訴と百姓一揆の研究』校倉書房、一九九二年）、一一三頁。

（10）A―三―七。第三章第二節第3項参照。

（11）このような畑の稲作率の増加は、土地の普請を伴っていたと考えられる。Z―二三―一には、畑の土地を掘り取る普請をおこなっている記事が散見される。

（12）表1［12］の文中には、「近年来水上之村方溜池等掘立られ候ニ付、是迠受来候水掛り殊之外相減水溜薄く年々旱魃痛毛ニ相成百姓相続難出来候ニ付」とある。また、雨乞願、見分願の多くが丹南郡八か村という地域的枠組みで出されていることも、これを裏付けていよう。

（13）葉山禎作『近世農業発展の生産力分析』（御茶の水書房、一九六九年）。

（14）佐々木潤之介「幕末期河内の豪農」（『幕末社会の展開』岩波書店、一九九三年）。

（15）Z―二―二一。笑坂法の水掛り高は不明だが、谷地法・川法以下であることは確実である。法（のり）とは、一定の範囲に掛かる用水の名称である。

(16) 以下、「仏供田池堀添記帳」による(G—一—一二—一)。

(17) ただし、これはあくまでも〝直接〟の意であって、当地域の溜池は、それぞれ独立して存在していたのではなく、複数の溜池が相互に水路で結びついていた(システム・タンク方式、渡辺尚志『豪農・村落共同体と地域社会』柏書房、二〇〇七年、二〇八頁)。

(18) 運び先の全体像は明かにしえないが、一つは隣村藤井寺村葛井寺の境内であった。

(19) G—一—一四—二。

(20) ここでは、文久三年部分のみ表示した。以下、本項の記述は、註(19)史料と、四七—五による。

(21) 前掲註(13)葉山書。葉山は、棉作を交替でおこなうという耕地条件に基づき、村が棉作地を決定し、用水管理の面から二反歩程度の棉作団地が転々とする耕地条件の下、地主は小作人への宛作地を変更することにより自作の棉作地を確保することができた、とする。本章での棉作団地の理解もこれによっている。なお、同じく畿内の地主経営を分析した優れた成果に竹安繁治による研究(『近世小作料の構造』御茶の水書房、一九六八年)があるが、竹安が対象とした北河内・中河内の棉作のあり方(半田)と、南河内の更池村や岡村のあり方(輪作)は異なっている。

(22) 一—一—一四。手作方入用小拂留、五月四日に田植賃二七匁七分の支払いを小山村新七外一人におこなっており、内訳を「綿跡　弐反八畝　三匁ツヽ、常田　三反五畝　三匁五分ツヽ」と記している(ただし、計算は若干合わない)。

(23) 五石未満で階層を区切ることについては、第三章註(18)を参照。

(24) 手書A—三一—六三一。

(三条目)一植付出来後雨降候節ハ毛上生立方差障りニ相成候共、地毎ニ嵩水丈夫ニ囲置可申事

(四条目)一田かせ之儀不相成儀者兼而一同承知候處、近年猥ニ相成候ニ付向後少々ニ而も田かぜ候もの者、田面大小ニ不抱壱作ニ銭五貫文壱反歩已上之田地者八貫文ツヽ水代として過料銭早速差出可申、尤地障之者ゟ村方江早々可申出、若見遁過日致居候ハヽ、銭壱貫文ツヽ可差出筈、地續ニ無之もの右等之儀見附植成儀村方へ注進致候者江者褒美として銭壱貫文ツヽ村方ゟ御與ニ可被成事

(五条目)一水者嵩草取幷ニ修理難致杯と申、水切捨申間敷、無據訳柄等有之候ハヽ村方へ申出差圖ヲ請可申、左も無之自儘ニ切捨候もの者地面大小ニ不限壱作ニ銭五貫文ツヽ壱反歩以上之田地者八貫文ツヽ過料可差出候、右切流シ候水請込

候地續田面作付之者者、切捨候者之半通り銭四貫文可差出筈、地隣之もの万端可申出處、見遁過日いたし置脇ゟ相顕レ候節ハ地隣之もの共壱貫文ツヽ之過料急度御取立可有事
（六条目）
一秋田之落水之頃ニ相成候節者、村方へ申出村役人中ゟ御差圖之上一統同様ニ切落可申候、若自儘ニ抜捨候者有之候ハヽ前件田かぜ同様之半通り都而過料銭差出可申事
右之通一同示談之上取締出来候上者、相夫々実意ニ村為之儀相心得規定通り堅相守可申候、万一相背候者有之節ハ村役人中ゟ如何様共厳敷御取計可被成下候、為其規定一札調印依而如件
　附り池々之樋ニ手ヲかけ候歟、又ハ除ヶ切下ヶ自儘ニ水引取候もの有之候ハヽ、早速御役所へ御訴被下厳敷御取計可被成下事

(25) 四二―二一―二九―二、三、一〇。

(26) 手書A―三一―六三一およびA―四―補六。

(27) A―四―補五。ここでは、本章と関連ある条文を抜き書きしておく。

一村方取締向之儀者、是迄毎々申渡置候得共、年月相立候ニ付而者相弛ミ心得違之もの共間々有之、既ニ今般　御役所ニおゐて厳重ニ被為　仰渡候趣も有之、向後際立取締行届候様示談之上左之通取極候（一条目）
一壱町限肝煎と唱壱両人ツヽ村役人ゟ見立置可申候、年行司ハ是迄通り相定何事ニ不寄談用等有之節者右肝煎年行司江申出、尚又肝煎年行司ゟ村役人江可申出、左候ハヽ示談之上差略可致遣候、然ル上者老若之ものニ不限、且善悪ニ不相拘向後勝手ニ寄合等之儀堅差留可申候、若相背候ハヽ最初ニ触歩行候もの幷寄合之宿いたし候もの之名前御役所へ可訴出、其節諸入用ハ右名前之もの共ゟ急度可相弁事（七条目）
一家別取集銀等之儀者年行司肝煎之もの共より村方へ申出示談之上取集可申候間、聊之ものニ而も余人取集候節ハ決而差出し間敷、且取集ニ罷越候者之名前村方江可申出事
　但し吉例之掛り物取集物等ハ都而是迄通之事（八条目）
一平日男女奉公人又者年若之もの共両三人ツヽ不時ニ打寄せ酒食為致間敷、別而農業ニ罷出候往返ニ為立寄候儀ハ急度差留可申候、此段右等之宿いたし候ものハ不実之所業ニ付見聞次第厳敷相糺御役所へ訴出御吟味可奉願上候、其節之諸入用万端宿致候ものゟ相弁事（一〇条目）

(28) 岡村の町の成立時期と契機については、不明である。宝暦八年七月の「河内国丹南郡岡村絵図」(『藤井寺市史　第十巻　史料編八上』、平成三年三月)を見ると、すでに幕末期と同様の町並みは形成されている(三〇頁)。
(29) 「農業生産者」の定義については、前掲註(6)小松論文を参照。
(30) A—四—補六—一、二。前掲註(5)菅野論文史料E・Fと同じ。以下、本項における騒動の実態はこの史料による。
(31) E—三—四六—二。なお、慶応三年二月九日にも出役願をおこなっている(表1[22])。
(32) 筆者の分析によると、伊賀村の庄屋西山家は恒常的に南宮村の豪農・村役人層に貸付をおこなっていた(第三章参照)。
(33) 森田周作氏文書「年貢減免騒動につき小作人物代詫状」、羽曳野市所蔵矢野家文書「誉田村小作人取締り請印帳」(『羽曳野市史』第五巻資料編三、一九八三年、四二七~四三一頁)。

補論　大坂本屋・正本屋利兵衛の「武鑑」「在方本」の出版活動

はじめに

大坂本屋による武鑑出版についての研究は、藪田貫によるものがある。藪田は「武士の町」大坂をテーマとして追究するなかで、大坂において出版された武鑑の特徴を次のように論じた。当初は、大坂城代・城番などの番方と町奉行所などの役方の情報が均一に配置された武鑑が地誌から分離する形で享保期に成立したが、徐々に訴訟などの工作をおこなう相手を情報として多く盛り込んだ形に変化していき、宝暦年間にいたって神崎屋金四郎による『御役録』という一枚摺りの「書物」が出版された。これは、その袋書きへの印などから、本屋から郷宿が買い取り、顧客である在方の村役人層（庄屋・年寄層）に年頭・八朔に配布したものと考えられる。[1]藪田の論においては、本稿の対象としている正本屋利兵衛（以下、「正本屋」とする）が出版した『大坂袖鑑』『大坂便用録』は、武鑑が「発展」していく途上の書物として位置づけられている。

筆者は、大坂から南東に四里離れた河内国丹南郡岡村（現・大阪府藤井寺市）の村落分析をここ数年おこなってきたが、[2]その過程で、天保一〇年（一八三九）改正『在方便用録　河内ノ部』なる小本（懐中本）を「発見」した。[3]これは、正本屋利兵衛発行の刊記がある。[4]そこで、本稿では正本屋の出版活動を可能な限り明らかにすることと、「武鑑」「在方本」（後述）といった実用的な情報を扱う書物の近世社会における位置づけを検討する。

一　天保六年の正本屋利兵衛の出版活動

1　『大坂袖鑑』の内容

『大坂袖鑑』は天保六年版から同一〇年版まで現存が確認されているが、まずは天保六年版を検討したい(5)。この内容は正本屋によると、「御城内御大名方國所御知行高御道具附諸御奉行方御代官方諸役人与力同心用人手代名前諸役附諸國大名方御留主居名代蔵元用達惣年寄諸仲間年寄惣代其外すべて御用筋之人々もらさすしるす毎月改(6)」となる。大坂城代から年寄惣代まで、御用筋に関わる人々はすべて漏らさず記す、という出版意図が簡潔に表れている。実際の構成内容を表1にまとめると、確かに大坂に関する御用筋の情報を万遍なく盛り込んでいる。そして後半では、蔵屋敷について多くの丁数を割いている。しかし、子細に天保六年版を見ていくと、奇妙な点に気が付くのである。一つは、一四丁目の同（町奉行）御与力同心が二一丁まで続くのに、与力・同心の名前を記

表1　天保6年版『大坂袖鑑』の構成

目録	丁数
上町御屋敷圖	—
御城代	1
御城番京橋口	2
同御与力同心	2
同玉造口	5
同御与力同心	7
大番頭	8
御加番	8
御目附	9
地廻御目附	9
御太鼓坊	9
御破損奉行	10
御具足奉行	10
御弓奉行	10
御鉄砲奉行	10
御金奉行	10
御蔵奉行	11
御蔵番	11
御舩手奉行	11
同御与力同心	12
町御奉行東	12
同西	13
与力町図	13
同御与力同心	**14**
御用日附	22
堺御奉行	22
御代官	**23ゟ7**
大坂三郷惣年寄	28
同惣代	28
同過書年寄	29
同廻舩年寄	30
同質屋年寄	30
同傳馬年寄	30
同舩方筆頭	30
同十人両替	31
御用達	32
座年寄會所	33
飛脚人足方下宿	—
舩問屋	34
飛脚屋	34
御大名御蔵屋鋪名所附[56丁迄]	35
[見立]大坂便用録・在方便用録	56
刊記	56・見返し

註：御代官の丁数のみ版心の記載による。

したのみで、他の情報が記されていないことである。体裁は、上段が空白になっていて、下段に名前が記されている。同様の形式である二丁目の同（御城番）御与力同心では、町奉行では空白になっている欄に役職名が記されている。この空白は、何らかの事情で削り取られたものではないだろうか。

二つには、御代官の部分の丁数が版心には「廿三ゟ七」と記され、実際には一丁しかないことである。これも、何らかの事情によって削り取られたのではないだろうか。これらの点は第3項で検討することにしよう。

2　『大坂便用録』の内容

前項で検討した天保六年版『大坂袖鑑』では、見立目録（広告記事）に次のようにある。

一大坂便用録　懐中本全一冊
右之本ハ袖武鑑ニ洩申候御大名方御旗本御家中御所方宮家緒《（ママ）》國寺社方大阪ニ而出張役所産物用所近国近在用
達郷宿ニ至る迠御用筋こと〳〵くいろは部分ニして便有候、早見之重宝の書也

ここでは、『大坂袖鑑』に洩れた支配領主の御用筋のものを掲載していることを、第一に謳っている。具体的には、大坂に蔵屋敷を持たないが所領だけを持つ大名や、同様の旗本たちの情報を載せていることを意味している。その構成をまとめると表2となる（ここでは、天保一一年版を用いる）[7]。

上段は、目次丁と一丁目の目録をまとめた。ここでは、い・ろ・は順に「御例目録」があり、次に支配区分ごとに御三卿御代官からまとめている。その実際の順序を下段にまとめると、【御代官】【御郡代】が充実している点が注目される。天保一〇年版と比較すると、大坂代官（谷町二丁目・鈴木町代官）が一丁増やされていることがわかる。具体的には、一〇年版では手代までの情報しかなかったのが、手代見習・郡中惣代まで記されるようになり、これにより全部で一丁だった掲載欄が二丁になった。旗本欄にも代官が記されており、摂津・河内・和

表2　天保11年版『大坂便用録』の構成

目録	丁数
御例目録	目
御三卿御代官　壱	1
御代官方　ニヨリ	1
摂河泉播御大名方　七ヨリ	1
同領分在之御大名方　十五ヨリ	1
同御公家衆　十四	1
同御簱本方　廿二□	1
寺社用達　丗二	1

順序	丁数
御三卿御領	1
【御代官】	—
谷町二丁目	2ノ1
鈴木町	2ノ丁
【御郡代】	—
京都二条	3・4
【御代官】	—
大津	5
京都七条大仏前	6
山城宇治	6
摂河泉播御大名	7
(中略)	
「右之外蔵ヤシキハ大坂袖武かんニ出ス」	32
寺社用達	32
大坂御用日	33
[見立]大坂御役前録	34
刊記	見返し

泉・播磨の支配国の領主の御用筋が「ことごとく」盛り込まれているのである。(8)

3　『在方便用録』の内容

これは「河内ノ部」として出版されているが（先述）、現在のところ他国のものは発見されておらず、「河内ノ部」も天保一〇年と一一年版のみ確認されている。(9) 前項と同様に『大坂袖鑑』の見立目録によると、

一在方便用録　懐中本全一冊

右ハ摂河泉播近国近在何郡何村ハ誰様之御領分庄屋年寄ハ誰何村之郷宿ハ何屋と迠くわしくしるせし重宝

表3　天保10年版『在方便用録　河内ノ部』の構成

順序	丁数
條目	表紙裏
方角略画圖	口1
目録郡名	口1
凡例合印	口1
交野	1
讃良	3
茨田	5
若江	9
河内	12
高安	13
大縣	14
渋川	15
丹北	16
丹南	19
志紀	21
安宿部	22
古市	23
石川	23
錦部	26
八上	28
摂泉播州追々出板旨	29
[見立]天保改正大坂袖武鑑	29
[見立]大坂便用録	29
[見立]摂河泉播郷村高附帳	29
大坂郷宿名寄	30
摂河御國役普請定請負御用達	見返し
摂河下屎方惣代	見返し
刊記	見返し

之書也

とある。この構成を表3にまとめた。八上郡の後に「都合一六郡・村数五百四ヶ村」とあり、河内国のすべての村の領主・村名・村役人を掲載している。また、大坂郷宿名寄以下、領主と村々の間に入って御用を請け負う者たちを、項目を立てて掲載している点が注目される。

4　小括――正本屋の出版意図――

以上、正本屋が天保六年に出版した三冊の懐中本の構成を検討してきた。ここでは、三冊の間で掲載内容の分担がおこなわれていることに注目したい。『大坂袖鑑』では、大坂城代以下、大坂という町に視点を据えた内容が掲載されている。後半に蔵屋敷が二二丁にわたって掲載されているのが、それを象徴している。一方で、御代官の項では、大津御代官が掲載されており、大坂に視点を据えた「武鑑」（後述）の内容だけでなく、それを利用する大坂近隣の村役人層の需要にも応えようとする姿勢がうかがえる。大坂町奉行与力・同心や御代官の名前と役職を積極的に掲載しようとするのも同じ姿勢の表れといえよう。

表4　正本屋の出版した「武鑑」「在方本」

種類	書名	おもな内容
武鑑（狭義）	大坂袖鑑	大坂の町に視点を据えた武鑑
武鑑（広義）	大坂便用録 大坂御役前録	4か国の領主に関する情報 城代以下の役職歴
在方本	在方便用録 摂河泉播郷村高附帳	国内の村の領主・村名・村役人の一覧 4か国の村名と石高を網羅（未刊ヵ）

『大坂便用録』は、そもそもの出版意図が『大坂袖鑑』に洩れたものを掲載すると謳っている。摂河泉播の四か国の領主に関する情報を集めるという、大坂周辺地域の村役人層の視点に立った書物といえるだろう。そのために洩れざるを得なかった蔵屋敷情報は「右之外蔵ヤシキハ大坂袖武かんニ出ス」（三二丁目）として、『大坂袖鑑』への参着を読者に乞うている。この二つで重複しているのは、「御代官」の項目である。『大坂袖鑑』の天保六年版で削られたと思われる部分が充実していれば、ここは双方で多くの丁数を割いて掲載されていたことになる。また、『大坂便用録』の見立目録では、「大坂御役前録　小本一冊　右ハ昔ヨリ御城代様御奉行御代官代々御勤御交代被成候年号月日何御役ゟ何役と昇進被成候迠くわしくしるす」とある。城代以下の役職歴をまとめた小本が、さらにもう一冊出版されていたのである。

一方『在方便用録』は、「摂泉播州追々出版」の予定で河内国版が先行出版された。その視点は、前の二冊が領主層を見上げていたのに対し、村々を水平に見渡すヨコに向いている。しかし、巻末に郷宿・用達などが掲載されており、このヨコの連合が領主層への訴願や運動につながっていくものとも推測されよう。また、見立目録には『摂河泉播郷村高附帳　小本一冊』が「近刻」と告げられている。内容の説明はないが、書名から四か国の村名と石高をすべて網羅した内容を意図していたものと考えられよう。これも『在方便用録』と同様に、その視点はヨコに向いている。

これらの五冊（うち一冊は未刊と思われる）のなかで（表4）、いわゆる武鑑（狭義）の内容をもっているのは『大坂袖鑑』のみであって、『大坂便用録』は在地の村役人層の視点からの情報を集めたもの、『大坂御役前録』は領主層の役職歴を集成して出版したものである。これらは広義の「武鑑」といえよう。一方、『在方便用録』と『摂河泉播郷村高附帳』は、領主層への訴願や運動において利用されることが推測されつつも、その内容は村々の情報をヨコの視点でまとめあげたものである。これらはもはや、広義の「武鑑」ということもできない。むしろ「在方本」とでも称することのできる一ジャンルを形成しつつあると評価するのが妥当であろう。以上、天保一〇年段階での正本屋の書物出版は、「武鑑」三冊と「在方本」二冊が、相互に内容を補完しながら、大坂の領主と支配国（摂河泉播）の村々の情報をかなりの広がりと深みをもって読者（利用者）に提供する段階にいたっている、と言いうるだろう。[10]

二　『大坂袖鑑』をめぐる神崎屋金四郎との類版出入

1　出入の経過と訴訟の論点

前節では、天保六年から同一〇年の正本屋の出版活動を検討してきたが、『大坂袖鑑』に版を削って出版したと思われるところが二か所あることを指摘した。本節では、大阪府立中之島図書館所蔵の『大坂本屋仲間記録』[11]を史料に用いて、『御役録』を出版する神崎屋金四郎（先述）との類版出入を検討していくことにより、この点を明らかにしていきたい。

表5は大坂本屋仲間の行司が記録した業務日誌である『出勤帳』における正本屋利兵衛（正利）に関する記事を一覧にしたものである。ここでは、『出勤帳』の文言を手がかりに出入の争点を検討していきたい。

15	同　　10月26日	一廿六日、夕方別寄合、前文之正利心得違、右彫刻致候袖鑑、惣年寄衆より利兵衛不患致方被仰聞候ニ付、其段申聞、則板木持参候而証文取之置候事
16	同　　10月28日	一廿八日、正利新板願本ニ付相改、天満組へ持参致、薩摩屋様へ差出し置候事
17	天保6年正月11日	一神崎屋金四郎、年頭役録出銀幷ニ出本受取候事 一正本屋利兵衛ヨリ大坂袖鑑出板白板料受取、添章認メ上ヶ本受取候事
18	同　　正月16日	一大坂袖鑑、上ヶ本差出し候事
19	同　　2月5日	一大坂袖鏡直し在之候ニ付、正利呼寄申付候事
20	同　　4月5日	一正本屋利兵衛呼寄、大坂袖鑑袋ニ直し在之申付候、御大銘御役付之処板ケスリ取候事
21	同　　8月5日	一正利ヨリ、大坂袖鑑改正ニ付聞届ヶ願出候ニ付、願本預り置候事
22	同　　8月20日	一正利ヨリ、大坂袖鑑出本受取候事
23	天保7年3月19日	播磨屋九兵衛願出ニ付別寄合 一大坂図ニ付、神崎屋金四郎呼よせ種々利解為申聞候ニ付、漸致会得板木不残差出し、播磨屋九兵衛立会之上板面削取、双方より一札取之無滞事済仕候事
24	同　　6月20日	一播九ヨリ神崎屋金四郎へ、大坂図板行趣向被致候儀、相止メ呉候様利解ヲ相願申出候所、此義渋川氏聞込之筋も有之候ニ付、五日迄ニ示談致置候様申きかせ候事
25	同　　8月5日	一正利ヨリ、大坂袖鑑、御役人様方御替り相改候段申出、聞届遣し先例之通り銀一両受取、出来本相改受取候事、聞届印形取候事
26	嘉永6年2月20日	一神崎屋金四郎呼寄、役録出銀催促致候所、近日持参被致、延引之断聞置候事
27	同　　2月22日	一神崎屋金四郎より、子年頭幷ニ八朔、丑年頭、都合三度、役録吟味料拾弐匁九分受取候事
28	同　　5月20日	一神崎屋金四郎ヨリ、役録其外所持之板木株目録ニ記帳有之哉尋ニ参り、取調候所、金四郎申通有之候、其旨為申聞候事
29	安政3年3月5日	一河茂[河内屋茂兵衛]ゟ、正利売上ヲ以、甲越三編揃 一正本屋利兵衛故人ニ付、弟利右衛門ゟ其趣口上書取置候、但し甲越切替ニ付
30	同　　4月20日	一油町壱丁目正本屋九左衛門[油町壱丁目正本屋利左衛門方ニ同家：第10巻p424]仲間退、印形取候也

出典：『大坂本屋仲間記録』第4巻、第5巻。
註：[　]内は筆者による加筆。

表5　『大坂本屋仲間記録』の正本屋利兵衛に関する記事

No	年月日	記事
1	天保4年12月20日	一正利ヨリ、右同品[大坂町鑑]、加弥ゟ買請帳切申出、付替遣し候事
2	天保5年正月7日	一神崎屋金四郎招待寄合 右は正本屋利兵衛方ニ、大坂袖武鑑ト申ス看板差出在之候間、相調呉候様申出候事、右ニ付正利呼かけ候得共他行故、明日出候様申遣候事
3	同　正月8日	一正本屋利兵衛参候ニ付聞調候上、此度致補刻売出度、大坂袖鑑写本持参在之候様申聞置候事、右之趣神崎屋へ申渡候事
4	同　正月11日	一正利ヨリ、一昨九日、袖鏡写本柏清方迄持参被致候事
5	同　正月14日	一神崎屋金四郎呼寄候事、但し袖鑑凮摺拾壱枚かし遣ス　十八日返し遣ス 一正利呼寄、先年河太ゟ神崎屋へ差入在之候証文見せ、与力衆・同心衆等御名前加江候事出来不申趣申渡候事
6	同　正月18日	一神崎屋金四郎・正本屋利兵衛呼寄せ、大阪袖鑑出入和談可致様為申聞候事
7	同　3月5日	一神崎屋金四郎ヨリ、正利ゟ出板致かけ候大坂袖武鑑之事、対談致度候段申出候ニ付、正利呼寄利解申聞ヶ置候事
8	同　8月5日	一神崎屋金四郎、八朔改役録幷ニ出銀請取候事 一同人、正利方大坂袖鑑之義申出候事
9	同　8月6日	一正利、大坂袖鑑之義ニ付詫証文差出し、幷板木壱枚差出し候事 一神崎屋金四郎呼寄、右之趣申聞候事、願写本引合申聞置候事
10	同　8月20日	一神崎屋金四郎ヨリ、大坂袖鑑差構付札致持出候ニ付、正本屋利兵衛呼寄、双方へ得与申聞置候事
11	同　9月11日	一正理(ママ)ヨリ、大坂袖鑑之儀応対行届兼候ニ付、願写本持参ニ付預り置候事 一神金呼寄、大坂袖鑑、引合様子相尋置候事
12	同　10月13日	別寄合神崎屋金四郎正本屋利兵衛ゟ 一大坂袖鑑再板差構出入、段々双方へ利解申聞せ、差構之所夫々抜取訳立等和談相とゝのひ、来ル廿日願本相改メ差出し可申趣申渡シ置候事
13	同　10月20日	一正本屋利兵衛・神崎屋金四郎袖鑑差支一件事済致候而、連印為被致候事 一正本屋利兵衛、袖鑑頼出候ニ付出銀受取、願書相認候事
14	同　10月25日	一廿五日、神崎屋金四郎待請寄合、正利・神崎屋、右袖鑑差構出入在之候処、双方相調之上事済相成、連印証文取之有之候所、神崎屋ヨリ役録武鑑等ニ差支在之所、先板此度彫立候板木とも、年行司席へ取置呉候様口上書差出し候、且惣年寄中ヨリ被仰聞候趣、尚又正利呼寄委細申聞置候、猶明日右之板木、会所へ持参可致段申之引取り候事

天保五年正月七日、神崎屋金四郎が行司を招待した寄合で、正本屋が「大坂袖武鑑」なる看板を出しているので、調べてほしいとの申し出があり、翌日呼び出して調べたところ、今回『大坂袖鑑』に補刻をして売り出したいとのことであった。これは、文化一一年頭改（一八一四）の大坂書林谷町三丁目丹波屋栄蔵と心斎橋北久宝寺町加賀屋孫助の相板による『大坂袖鑑』を補刻して売り出したいという意味であろう。[12] そして、正月一四日に行司が正本屋を呼び寄せ、先年河太（河内屋太助）が神崎屋に差し入れた証文により、与力衆と同心衆などの名前を加えることは出来ないことになっている旨を申し渡している。河内屋太助発行の『大坂袖鑑』は享和二年版（一八〇二）が残されている。正本屋は、丹波屋・加賀屋の相板の前に出版していた本屋（河内屋太助）と神崎屋との証文を見せられたことになる。[13]

以後、正月一八日と三月五日に内済が図られたが不調に終わった。そして、八月六日に正本屋が詫証文を提出し、願写本を提出、これに神崎屋が差し構いの箇所を付札で指摘し（八月二〇日）、最終的には、その箇所を抜き取って和談が整い、翌天保六年正月に出版にいたった、というのが事の経緯である。

神崎屋が『大坂袖鑑』の問題点として指摘している内容がうかがえるのは、①「大坂袖武鑑」という看板（先述）、②与力衆と同心衆の名前を加えている点（先述）、③神崎屋の御役録武鑑等に類版として差し支えがあること（一〇月二五日）、④袋の御大銘（御題名、袖武鑑と称すこと）と御役付との文言（天保六年四月五日）、の四か所である。したがって、神崎屋が問題にしているのは、武鑑という名称についてと、与力衆と同心衆の名前の掲載および役付の有無の二点ということになる。

2　武鑑というネーム・バリュー

武鑑という名称については、嘉永六年（一八五三）五月二〇日に神崎屋が所持している板木についての確認を、行司に依頼していることが手がかりになる。寛政二戌年（一七九〇）改正『板木総目録株帳』には、「大坂袖鑑再版」の箇所に次のような紙片が貼り付けられている。(14)

一大坂詣御役録　壱
一大坂武鑑　壱
一難波宝鑑　折本一
一公私要覧　折本一
一公譜記　折本一
一難波名鑑　一
一公私要覧　閉本一
一大坂（抹消）□□　出所不明ニ付消ス
〆八品　古目録貞ノ部ニ有之候、右神崎屋清兵衛ゟ目録相改呉候様被申出候、新帳ニハ無之候

すなわち、神崎屋は「武鑑」と正本屋が称することの不当性を、自身の板木株に基づいて主張しているのである。正本屋は本の題名では『大坂袖鑑』と称しながら、看板や袋、他シリーズの見立目録（『在方便用録』での刊記、前節第1項の註6参照）など目立たないところで「袖武鑑」と名乗る苦肉の策を展開している。つまり武鑑とは、出入の危険を冒してまで、称する価値のあるネーム・バリューだったのである。(15)

3　東西町奉行所の削り取り箇所

もう一つの訴訟の論点であった与力衆・同心衆の名前の掲載および役付の有無について検討していこう。正本屋は天保六年版『大坂袖鑑』の刊記（口代）で「此袖武鑑之儀ハ先年より賣来候へ共、板行摩滅仕候ニ付此度増

表6　文化11年版『大坂袖鑑』の構成(一部)

順序	丁数
難波御蔵番	7
御舩奉行	7
町御奉行東	7
町御奉行西	8
東御組与力御名附	9
同御組同心御名附	10
西御組与力御名附	11
同御組同心御名附	**12ノ18**
堺御奉行(表は白紙)	19
摂河泉播御大官　大坂住	**20**
北組惣年寄	20
南組惣年寄	21
天満組惣年寄	22

補改正」して出版したとある。そこで、文化一一年版の町御奉行から御大官（御代官）までの部分を表6にまとめた。

まず注目されるのは、一二丁目が「一二ノ一八」丁となっていて、この間が抜けていることである。また、一九丁目の表は白紙のままである。文化一一年版と天保六年版では、各項目の掲載順序はほとんど同じであるから、この間は東西町奉行所の与力・同心についての何らかの情報が記されていたのを削ったために生じたと考えるのが自然であろう。実際の文化一一年版の九丁から一二ノ一八丁は整然と記されているが、これは、後で整えたものと考えられよう。ただ、前項で神崎屋が指摘していた②の点（与力・同心の名前を新たに加えている）というのは、文化一一年版でも名前自体は一覧で掲載されているので、天保六年版では役職名が追加されて丁数も大幅に増加していることを指摘したものと思われる。この点は④で袋の「御役付」という文言に過敏になっている点からも傍証できよう。

一方、正本屋にとっては天保六年版で与力町図（表1・一三丁目）が追加できたことは、大きな前進であった。これは、神崎屋の『御役録』一枚摺の裏面がほぼ全面を与力町図にあて、表面の与力・同心名と対照させて村役人層が役宅を訪れる便宜を図っていたことを取り込んだものといえよう。正本屋の劣っている点は同心・与力の役職名記載の有無のみになったが、この点は天保一〇年版（現存の最終版）にいたるまで「改善」されなかった。

4　代官所の削り取り箇所とその「復活」

第一節第1項で指摘した『大坂袖鑑』の丁数の大幅な抜け（二三～七）については、『出勤録』に明確な文言はないものの、③の主張（御役録武鑑等に類版として差し支えがある）により内済の過程で削り取られたものと考えておきたい。実際に、天保六年版から一〇年版まで（八年版は未見）を比較すると、ジリジリと正本屋が抜け部分の丁数を増やし、当初企図していたと思われる体裁に巻き返しを図っている様子がうかがえる。表7は、天保一〇年版を基準として、各年版の内容を比較したものである。

まず、天保六年版については、急な削り取りに対応するため「二三～七」丁では、何の脈絡もなく表の代官所についての記載の裏に御城代御用達・西宮用聞の一覧が刷ってある。そして、ここでは大坂代官の内容が一部しか記載されていない。これは、天保七年版でも同様である。

それが、天保九年版になると、大坂代官の鈴木町、谷町二丁目代官所とも手代まで役職名を記して掲載されている。京都代官についても元〆・舩番所詰まで掲載されるようになった。また、天保六・七年版であった不体裁もなくなり、ほぼ正本屋の意図が貫徹した内容になったといえよう。さらに天保一〇年版では、これまで総称のみ記されていた堺奉行所与力一〇騎と同心五〇人の個別の名前が記されることで、表裏一丁が追加されて、さらに充実した内容となっている。正本屋は、天保七年版、八年版、一〇年版とも、行司に「御役人様御替り相改」を先例通り聞き届けられて「吟味料・白板料」と「出来本」を納めている。[16] 先例通りと説明しながら、修正記載を加えていったものと思われる。[17]

5　小括――『大坂袖鑑』と『大坂便用録』の関係――

以上をまとめると、類版を恐れて武鑑という名称を公然とは使えず、大坂町奉行所の与力・同心には役職を付

表7　『大坂袖鑑』の版ごとの異同内容

丁数	天保6年版	天保7年版	天保9年版	天保10年版
21裏	町奉行淀川過書船支配	同左	大坂城御用日	同左
22表	木村・角倉大坂御用日 御代官御用日	同左	都築御代官御用日	同左
22裏	堺御奉行曲渕甲斐 水野隼人今明キ	堺奉行曲渕甲斐 （余白）	天保6年版に同じ	天保6年版に同じ
（各版）				堺奉行所与力十騎内訳迄【23表】
（各版）				堺奉行所同心五十人内訳迄【23裏】
（各版）			大坂鈴木町代官所手代迄【23表】	大坂谷町二丁目手代迄【23表】
（各版）			大坂谷町二丁目手代迄【23裏】	大坂鈴木町代官所手代迄【23裏】
（各版）	大津御代官 大坂谷町二丁目代官所川役迄 大坂鈴木町代官所廻船迄【23ゟ7表】	同左	大津御代官 御代官淀川過書船支配元〆船番所詰迄【25表】	大津御代官 御代官淀川過書船支配元〆船番所詰迄【25表】
（各版）			御城出入由緒之町人 御為替御用達【25裏】	御城出入由緒之町人 御為替御用達【25裏】
（各版）	御城代御用達 西宮用聞【23ゟ7裏】	同左	御城代御用達 西宮用聞【26表】	同左【26表】
（各版）			大坂三郷惣年寄【26裏】	同左
28表	大坂三郷惣年寄	同左	（省略）	（省略）

註：表内の【　】は各版における丁数を表す。

けられないなかで、代官所役人情報を盛り込むことに苦心している正本屋の姿が浮かび上がってくる。

この点で注目したいのは未だ発見されてはいないが、『大坂便用録』が天保六年の時点で『大坂袖鑑』の見立目録に登場している点である。天保一〇年版と同じ内容だとすると、ここには、『大坂袖鑑』には掲載できなかった代官所役人情報が盛り込まれていたと思われる。しかし、見立目録では「(『大坂便用録』は)袖武鑑ニ洩申候御大名方御旗本御家中御所方宮家緒《ママ》國寺社方（中略）御用筋こと〳〵」と記すのみで、代官所という表現を避けているかのごとくである。『大坂便用録』は大坂本屋仲間の記録類、板木株帳には一切出て来ない。これは、この本があまり目立たず売られていたことを表しているのではないか。代官所役人の情報が詳細に記されていることを積極的には告知・広告できない状況に、正本屋は置かれていたと思われるのである。

三　丹南郡岡村岡田家における『便用録』

1　分析の前提

先述したように、河内国丹南郡岡村は大坂から四里の距離である。その気になれば日帰りも出来るし、途中の在郷町・平野との距離はさらに近い。同村の庄屋・岡田伊左衛門家は、天保期にすでに所持高一〇〇石を超える地主であり、周辺の数郡の村々の豪農相手に広域金融を営んでいる中核的豪農である(18)。野本禎司の分析によると、岡田家は寛政期から庄屋を務め、丹南郡の物代庄屋として大坂での中央型物代参会と隣村藤井寺村の旅人宿などでおこなわれる地域型物代参会に参加する存在であった(19)。本節では、野本・前田美佐子・藪田貫の研究成果を前提としながら(20)、先行研究で明らかにされてきた畿内における社会関係が、『大坂便用録』と『在方便用録』（以下、『便用録』とある場合はこの二冊を意味する）の内容とどのような対応関係にあるのかを検討していきたい。

表8　天保9～11年の岡田家の書物購入

年月日	金額	内容
天保9年閏4月5日	200文	本代壱本分(平野)
同　閏4月晦日	180文	平ノ本や拂
同　10月28日	210文	平ノ本屋拂
天保10年9月6日	350文	平野本屋拂
同　10月25日	3匁札	平野本屋拂
天保11年2月28日	400文	平野森本本賃
同　4月23日	2匁6分	便用録弐冊
同　5月20日	200文	森本拂
同　7月22日	1朱	大坂本屋拂
同　10月15日	2匁2分	大坂本や　見解カ
同　10月28日	150文	平ノ本や
同　12月24日	7匁、20文	森本

出典：岡田家文書12-4、12-5。

2　『便用録』の購入時期

岡田家の金銀の出し入れを記載する『付込帳』には[21]、天保一一年四月二三日に「一、弐匁六分　便用録弐冊」との記載がある。この日に岡田伊左衛門は『大坂便用録』と『在方便用録』を購入したのである[22]。同日の他の項目には、御城内入用樋屋市次郎掛を手形にて一〇五匁六分五厘支払う、一両一歩弐朱の三井での買い物、弐朱の舩賃惣郡扣（岡田家による丹南郡分の立替）、一朱の茶代といった記載がなされている。

岡田家の天保九年から同一一年の書物購入に関する記載を表8にまとめてみた。これによると、年に数回は書物を一回数百文程度購入していることがわかる。場所はすべて大坂と平野の本屋で、平野のほうが多い。書名の手掛かりがつかめるのは極めてまれであり、『便用録』のような記述は異例である。購入場所・本屋名はなぜか記されていないが、同日の他の記載から、大坂もしくは平野で購入したと考えていいだろう。

では、岡田家はなぜこの時期に『便用録』を購入したのであろうか。四月二三日前後の領主（当時の岡村は高槻藩預所〈幕領〉）からの触れをまとめた『御触書留帳』を見よう[23]。

①相違御用有之候間、両三日中銘々勝手ニ可罷出候也

高槻役所

子四月十七日
　清兵衛、新五郎、弥四郎、善左衛門、理兵衛、太郎左衛門、伊左衛門（原文は横一列）

②御城内入用
　高百石ニ付
　　銀弐匁七分七厘
来ル廿五日限樋屋市治郎掛り、尤此度最寄替ニ付急度日限無間違達相掛可申候
　　　高槻役所
子四月廿日

まず①では、四月一七日に、岡村岡田伊左衛門を始め各郡の惣代庄屋を三日以内に召集していることがわかる。一九日には、摂河惣代から各郡の惣代庄屋に宛てて二二日に大坂石町樋屋伴助方に出勤を依頼する触れが出されている（史料では省略）。次に②で大坂の樋屋市治郎（用達）へ、二五日までに御城内入用を必ず払うようにとの触れが出されている（四月二三日に支払い、先述）。この際に「此度最寄替ニ付」と幕領のうちの他の支配への変更が文言上で確認できる。しかし、一七日の「相達御用」の内容が、最寄替（支配替）の伝達であった可能性も高い。いずれにしても、岡田家が『便用録』を購入したのは、最寄替を高槻役所から知らされて数日内のことだった。岡村は寛政一一年（一七九九）から四一年の長きにわたり、高槻藩預所であった[24]。久しぶりに生じた、他の支配への変更という事態に備えるために購入したのが、『大坂便用録』と『在方便用録』だったのである。

3　支配替時に得た情報

「天保一一子五月廿四日最寄替書物写　岡田氏」との署名がある『諸用心得方留』は、高槻藩預所から大津代官

表9　『諸用心得方留』の構成

No	内容	時期	区分
1	覚(代官所ヨリの申渡条々) 石原清左衛門→丹南郡七か村、若江郡弐か村、渋川郡十八ヶ村 右村々惣代 岡村庄や伊左衛門他6名(省略)	天保11年5月	心得
2	大津公事訴訟日(訴訟注意書)	戌2月	訴訟注意・郷宿の指定
3	大津従御役所御廻文之写(大坂郷宿は葭屋善三郎を使うべき旨)	申6月4日	
4	従御役所御下ヶ写(大坂御出役、用達、旅宿)	—	
5	京都御出役、同用達、同旅宿 差配人(書付)	—	
⑥	[支配替祝儀一覧] 殿様、元〆・加判(5人)、用人、引渡懸り(3人)、手代衆(13人)、京詰、大坂詰、書役(4人)、同見習(6人)、侍(6人)、門番、足軽、小使(3人)	—	祝儀一覧
7	手廻り5人へ、出入のもの13人、手代衆懸り小もの7人へ、別当台所役2人へ	—	
8	大津郷宿舛屋重助、同灰屋安兵衛、伏見宿醍醐屋八郎兵衛、大坂舟宿中嶋屋吉兵衛、大坂葭屋茂兵衛	—	
9	天保11子5月24日ヨリ最寄替ニ付郷宿大津舛屋重助分[郡ごと石高一覧] 平群郡、葛下郡、錦部郡、若江郡、渋川郡、志紀郡、伊香郡、浅井郡、川道大濱・八木濱・浄光口川田、野瀬郡、坂田郡	—	郡ごとの石高
10	乍恐御届奉申上候(田畑植附届) 河州渋川郡、若江郡、丹南郡村々→大津御役所	天保11年5月25日	願書
11	乍恐以書付奉願上候(往返雑用相嵩ニ付惣代にて聞届、往返繪苻拝借、小作年貢訴訟厳重済方)	天保11年5月25日	
12	上記への口達書、[高札之義]	—	
13	[郷宿書上]	—	郷宿書上
14	乍恐以書付奉願上候(御繪苻拝借)	天保11年5月26日	願書
15	[河州・和州郡ごと石高一覧](灰屋安兵衛分) 石川郡、丹南郡、丹北郡、古市郡、大縣郡、安宿部郡、添下郡、添下郡、(一部村省略)、蒲生郡、粟田郡	—	郡ごとの石高
⑯	大津御役録 [元〆以下小使まで](省略)	—	御役録・役割
⑰	御役所役割 帳面方・定免吟味、廻米方、荒地取調、銅山方・公事方、郡中方、御林・小物成・酒造、御役所取締、取立方、宗門小入用・菜種・貯夫食・貸附方	—	

出典：岡田家文書 E-9-11。

註：[　]および(　)内は筆者による加筆である。丸付番号は、内容に個別の人名が記載されていることを表す。

所支配に替わるにあたって作成された横帳である。この内容を分析することにより、岡田家が支配替の際に得た情報が明らかになろう。表9にその内容をまとめたので、検討していきたい。

全部で一七項目にまとめられるが、大別すると①代官所からの心得［1］（以下、表9の№欄に対応）、②訴訟注意・郷宿の指定［2・3・4・5］、③祝儀一覧、御役録・役割と郷宿書上［6・7・8・13・16・17］、④郡ごとの石高［9・15］、⑤村々からの願書と返答書［10・11・12・14］に大別できよう。①②⑤の内容には、支配替という時期に領主からの心得をさっそく示達する側面と、惣代庄屋による訴願が即座になされているなど興味深い内容が含まれているが、本稿の課題からは③と④が問題となろう。

まず③については、元〆以下小使まで、代官所内の役人の身分が詳細に記されている御役録［16］が注目される。そしてこの情報は、毎年の年頭・八朔に記録されることになる祝儀一覧［6・7］によっても代替可能である(25)。さらに重要なのは、「御役所役割」である［17］。帳面方から貸附方まで、御役録の面々が、どのような業務分担で代官所行政を担っているのか一目瞭然である。これらの内容は、支配替の当初から、岡田家が代官所機構に精通していたことを表している。

一方、④（郡ごとの石高）については、まずこの横帳の付状から見ていこう。

川南

一四千二百七拾九石弐斗九舛二合　　石川古

一八千七百九石八斗七舛五合　　同新

〆壱万弐千九百八拾八石九斗七舛三合

一二千六百□□□（破損）舛九合　　丹南古

一三千九百七拾石壱斗五舛四合　　新

〆六千六百六拾九石九斗壱升三合
（丹北古・新、古市郡古、錦部省略）
惣〆　二万六千六百拾七石二斗七舛六合
（以下略）

冒頭の「川南」とは、河内国の大津代官所支配村々のうち、新大和川の南側の郡を意味し、古・新はこれまで大津代官所支配であった村々と新たに支配に加わった村々の区別を意味する。以下略の部分には、川北の郡ごとの集計が加わっている。一方、『諸用心得方留』では、大津の郷宿（舛屋重助と灰屋安兵衛）ごとに担当郡が分けられて記載されているが［9・15］、内容は付状と同様である。付状はかなり筆跡が乱れているのに対して、横帳はすべて整然と記されている。いずれにしても、支配替に際して最も大切な石高は、大津代官所支配村々の郡ごとの集計値であって、村ごとの石高ではなかった。これは、組合村入用の計算で村数割もしくは石高割をおこなう場合に、国ごとの合計と郡ごとの合計が必要であったからである(26)。

4　『諸用心得方留』と『大坂便用録』『摂河泉播郷村高附帳』との比較検討

岡田家は支配替に先だつ四月二三日『大坂便用録』を購入したわけだが、前項での検討によると五月二四日の支配替時に、さらに詳細な代官所役人に関する情報を得ていたことがわかった。特に、「御役所役割」に関する情報は、元〆クラス（各部門のトップクラス）についての肩書だけでなく、その下の下級役人の部門配置についても記載がある点で『諸用心得方留』の方が優れている。

また、最終的には発行にはいたっていないと思われる『摂河泉播郷村高附帳』（先述）については、各村の石高を知りたいという惣代庄屋の需要には一定度応えられたと思われる。同一支配の村々の石高を郡ごとに合計すれば、ここで集計した数値と同じ結果が得られるからである。しかしこれも、支配替に伴ってさっそく惣代庄屋が共有すべき情報として得られており、書物に依らなければ得られない情報ではなかった。
したがって、『大坂便用録』の情報が有用だったのは、一か月ほどであった。

5 『在方便用録』の修正記載と惣代のあり方

岡田家に残されている『在方便用録』には、修正記載がある。これは四三か所にのぼり、村名の上の支配領主欄の「谷丁（谷町二丁目代官所）」といった箇所を「石原」や「石」と改めている。「石」とは、大津代官石原清左衛門のことであり、たとえば丹北郡だと、長原・同流作・川邊・木ノ本・津堂・同流作・若林・三宅・高見の村々が修正されている。石川郡では、喜志・新家・中野・新堂・毛人谷・東板持・寛弘寺・神山・廿南備・河野辺・芹生谷・山城・春日の村々である。なぜか岡村の属する丹南郡七か村には、この記載がないが、これは修正するまでもない村々だったのであろう。岡田家は、旧支配の記載がある『在方便用録』を修正して用いていたのである。この修正は、五月二四日の支配替ののち、そう遠くない時期になされたものと推測できよう。

前項では、支配替に際して、惣代庄屋が最も関心を持っていたのは郡ごとの合計石高であり、個別の村々について情報を得る必要はなかったと述べた。では、『在方便用録』の支配領主の修正はどのような意味を持つと考えられるだろうか。表10は、毎年作成される年頭と八朔の御礼入用勘定帳に記されている丹南郡と丹北郡の立会惣代をまとめたものである。丹南郡は河原城村直八郎、岡村伊左衛門と平尾村藤右衛門、丹北郡は三宅村新兵衛と田井城村庄兵衛にほぼ固定されているが、天保一三年年頭の野々上村勝治や、天保一二年年頭の長原村武兵衛、天保一三年八朔の川邊村源右衛門など、ときおり別の村から惣代が立てられることがあった。『在方便用録』を持っていれば、各郡の村名・村役人名が記されていることから、このような時に有用であったと考えられる。[27] しかし、触によって他郡の村名も記されることがあるので、この書物がなければ組合村運営に支障が出るといったレベルではなかっただろう。

おわりに

正本屋利兵衛の『大坂本屋仲間記録』での足跡は、天保一〇年版の『大坂袖鑑』の改訂料の支払以後、追えなくなる。天保一三年の株仲間解散以降、嘉永五年まで記録自体が存在しないが、表4によると安政三年（一八五六）三月には「正本屋利兵衛故人ニ付」との記事がみられる。また、『大坂便用録』『在方便用録』は天保一一年版以降の版は見つかっていない。以上から、天保一二年以降、これらの書物は出版されなかったと考えていいのではないだろうか。

最後に刊行停止の理由について考えてみたい。『大坂袖鑑』は、東西町奉行所の情報内容がライバル誌の金崎屋『御役録』に劣っていたことが主要因であろう。『大坂便用録』掲載の『大坂袖鑑』の見立目録を見ると「毎月改」とあるが、これも一枚摺りで貼り付けも残されている『御役録』に劣っていた可能性が高い。『御役録』を郷宿が配っていたことも大きい。神崎屋との類版の問題で、「武鑑」と大手を振って広告できなかったことも一因であった。

表10　年頭・八朔御礼の『御礼入用勘定帳』の立会惣代

時期	丹南郡	丹北郡
天保11年八朔	河原城村　直八郎 岡村　伊左衛門 平尾村　藤右衛門	三宅村　新兵衛 田井城村　庄兵衛
天保12年年頭	河原城村　直八郎 岡村　伊左衛門	三宅村　新兵衛 長原村　武兵衛
同　　　八朔	河原城村　直八郎 岡村　伊左衛門	三宅村　新兵衛 田井城村　庄兵衛
天保13年年頭	河原城村　直八郎 野々上村　勝治	三宅村　新兵衛 田井城村　庄兵衛
同　　　八朔	河原城村　直八郎 岡村　伊左衛門 平尾村　藤右衛門	三宅村　新兵衛 川邊村　源右衛門

出典：岡田家文書 E-3-19-3、E-3-20-4・5、E-3-22-1・2。

『大坂便用録』については、正本屋は代官所情報の充実に力を入れていたものの、これらは年頭・八朔ごとに庄屋の手元に残される入用勘定帳を見ると必ず記されているものであり、書物を通してしか得られない必須の情報ではなかったことが要因と考えられる。(28)情報の有用性が一か月程度では、販路の拡大はそれほど望めなかったであろう。

『在方便用録』についても、村名や村役人の名前はあれば便利な情報であるが、当時の組合村の運営方法から考えると必須の情報が掲載されたものではなかったことは、検討してきたとおりである。

以上、これら三つの冊子が長く命脈を保てなかった理由について考えてきたが、その結果はともかくとして、正本屋利兵衛という一本屋がこれらを発行した意義、すなわち『便用録』の出版によって新たな社会的需要に応えようとした、という点を重要視したい。そして、岡田家の購入の様子をみると、確かに正本屋の目論見どおり『便用録』が掲載している情報に対する需要は社会に存在したものの、それが商業出版を成り立たせるほどの段階にはいたっていなかったと同書を位置づけることができよう。正本屋は、村役人層にそのような需要があることを看て取って出版に踏み切ったのである。(29)これは、中小の本屋が書物における新たな領域を開拓していくことが、時には不成功に帰結しながらも、書物文化を豊かにしていくという一事例と評価することができるだろう。今回対象にしたような、社会において実用的に利用される書物については、利用者の需要・必要性の内容と書物が提供する情報を比較検討していく手法を、さらに鍛えていく必要があろう。

また、領主と農民の支配関係という観点からは、文書による支配がなされた近世社会においても、その間に介在する情報が書物によって提供される領域が着々と築かれ、厚みを帯びつつある時代状況を表しているということができるだろう。そしてそれが、類版という近世社会特有の出版制度によって、重要な情報を掲載することに制限を受けていた本屋の経営努力によって担われていた点も、また重要である。

（1）藪田貫「「兵」と「農」のあいだ――地域社会のなかの武士――」「「武士の町」大坂」（『近世大坂地域の史的研究』清文堂出版、二〇〇五年）。本稿第一節で論じた『大坂袖鑑』と『大坂便用録』の関係については、氏の論考に多くの点で負っている。

（2）筆者も参加した共同研究の成果として、渡辺尚志編『畿内の豪農経営と地域社会』（思文閣出版、二〇〇八年）がある。本稿の前提となる内容でもあり、岡村・岡田家についてはこちらを参照いただきたい。

（3）一橋大学附属図書館所蔵「岡田家文書」旧キ七―六七。以下、同文書からの引用は、史料番号（請求記号）のみ表記する。

（4）刊記は次のとおりである。「浪花　菅野蔵版／天保十亥歳改正／大坂天神橋通内本町／書林　正本屋利兵衛（／は改行）」。

（5）本章で用いた天保一〇年版は、大阪市立中央図書館所蔵の複写版による。大坂武鑑の所在目録は、藪田による文部省科学研究費補助金研究成果報告書『近世大阪における幕府機構の研究』（一九九九年）がある。第二節で用いる天保六年版、同七年版、同九年版は、宮内庁書陵部所蔵本による。

（6）天保一〇年版『在方便用録』の見立目録「天保改正大坂袖武鑑小本一冊」による。

（7）大阪市立中央図書館所蔵の複写版による。天保一〇年版は、同図書館所蔵の原本による。

（8）旗本代官塩野清左衛門および支配国については、前掲註（1）藪田書に詳しい。

（9）一橋大学附属図書館所蔵本（天保一〇年版・前掲註3）と花園大学図書館所蔵本（天保一一年版・未見）がある。また、二九丁目に「摂州之部　一冊、和泉之部　一冊、播州之部　一冊、追々出板仕候」とある。

（10）『摂河泉播郷村高附帳』は現存が確認されておらず、出版にいたらなかった可能性が高い。しかし、正本屋がこのような意図を持って見立目録に掲載していることを重視したい。

（11）大阪府立中之島図書館、全一五巻、一九七五～一九九〇年。

（12）文化一一年版の『大坂袖鑑』は、大阪市立中央図書館所蔵の複写版による。なお、『大坂袖鑑』には天保五年版がある可能性もあり、正本屋が出版願をおこなわずに、この時期にすでに発行していた可能性も残されている。

（13）前掲註（5）報告書の表1では、享和二年版の『大坂袖鑑』が河内屋太助発行とある。

(14) 前掲『大坂本屋仲間記録』第一二巻、三〇八頁。
(15) 「武鑑」が江戸において売れ筋の商品であり、「熈代勝覧」において絵師が描いた本屋の店先の広告札に武鑑が描かれていることについては、松田泰代「ベルリン東洋美術館所蔵『熈代勝覧』にみられる出版活動とその分析」(『書物・出版と社会変容』七号、二〇〇九年)がある。正本屋は看板を出して、『大坂袖武鑑』をアピールしたかったのである。ただし、大坂においては幕末期に冊子体の武鑑は発行が確認されておらず、武鑑の需要自体は江戸ほどではなかったと考えられる。
(16) 表5および『大坂本屋仲間記録』第四巻の天保八年八月五日と同一〇年八月五日の記載内容による。
(17) 東西町奉行所の与力・同心の役職名には一切手が加えられていないことを考えると、行司とは何らかの合意があっての「復活」と考えておきたい。
(18) 中核的豪農については、本書第一章および第三章を参照。
(19) 野本禎司「大坂鈴木町代官支配の構造と物代参会――岡田家の政治的活動――」(前掲註2渡辺編書)。
(20) 畿内における幕領組合村研究には、前田美佐子「摂河泉幕領における郡中惣代について」(『ヒストリア』一〇七号、一九八五年)がある。また、国訴における代表委任の問題については、藪田貫『国訴と百姓一揆の研究』(校倉書房、一九九二年)がある。
(21) 一二―五。天保一〇年八月作成。
(22) 岡田家の蔵書は、大阪大学附属図書館岡田文庫と天理大学附属天理図書館に架蔵されている。前者には、大阪大学文学部『懐徳堂文庫図書目録』(一九七六年)がある。後者の目録の有無については、現在のところ未確認である。一橋大学附属図書館の岡田家文書と岡田文庫に『大坂便用録』は残されていない。以上から、「便用録二冊」という記述が、『在方便用録』を二冊購入したとの可能性も残るが、同一の書物を二冊購入する可能性はもともと低いことと、その場合はすべての書名を記す可能性が高いと思われるので、本稿では『大坂便用録』と『在方便用録』をセットで購入したと考えて、考察を進める。
(23) A―一―二四。天保一〇年一一月作成。
(24) 前掲註(19)野本論文、表3(三四九頁)。

(25) 年頭・八朔の代官所役人への祝儀については、前掲註(19)野本論文、表1(三三七頁)。

(26) 横帳には村数割に備えて郡ごとの村数が記されている。

(27) 天保一〇年版『在方便用録』と表10の天保一一年八朔の村役人名を比べると、すべて一致している。正確な情報をどこから得ていたのか、代官所役人の情報をどこから得ていたのか(すでに藪田が指摘している)とあわせて、興味深い課題である。

(28) ただし、居村の支配領主についてはそうであっても、他村の領主や旗本領の代官を一覧しているこの冊子は、訴訟の場面(その多くは金銀出入訴訟)でも有用であったと思われる。筆者の分析によれば、嘉永期の岡村の者の訴訟は七二件、それとは別に岡田家の訴訟は五七件あった。支配違いの相手への訴訟手続きは、まず支配領主に添翰を受け、相手領主に対して訴訟を起こし、内済が不調であれば大坂町奉行所での裁判となる。相手方の支配についての情報をどこで確認していたのかは、より綿密な分析を必要とする。今後の課題としたい。金銀出入訴訟の内容については、拙稿「近世後期の畿内における豪農金融の展開と地域」(第一章、六二頁)を参照されたい。

(29) この点についての、具体的な解明は今後の課題としたい。

第Ⅱ部

信州における近世後期の金融活動

第五章　文化・文政期の松代藩と代官所役人の関係

はじめに

幕府と藩が在地においてどのような関係にあったのか、という論点は主に訴訟の問題として深められてきており、これまでの研究史では山野河海の支配権の問題として主に検討されてきた。そこでは「百姓公事」原則のもと、評定所での対決において百姓に自らの意図を込めて支援する大名権力とその規定性や、高外地の新田開発についての領有権を主張する幕府側の対応が論じられている。また、対象の時期も、幕藩制の特質を追求するという課題設定のため、近世前・中期が中心になっている(1)。

松代藩法でも、他領間の出入についての原則が定められている。その内容は「他所人の願で領主の添翰があるものは取り上げるが、その場合は領内の相手を呼び出して対談するよう申し伝え、内済が整わない場合は訴状を差し戻す(2)」という一般的なものであった。しかし、大名と百姓の関係の特質を裁判の面から明らかにしようとした渡辺尚志の「大名家文書の中の「村方文書(3)」」では、江戸越訴のために添翰を求めてきた幕領民の訴訟を留めて、松代藩側に報知する代官所の対応が描かれている。

本章では、近世後期における幕藩関係を、在地からの訴願や要求への対処をどのようにおこなうのか、といった観点から分析していきたい。このような観点からの追求は、近年進展を見せている代官所役人（手附・手代等）

補題	一件内容	文書番号
平内江戸表吟味願いたるにつき一件書物差添、代官臼井吉之丞方へ申遣わしたる旨	明和６～８年　小沼村等入会山秣場新開出入一件	く943
幕領入会山役札の件につき真田領11か村に尋問あり、中之条役所への出頭を命ぜられたき旨	御料所永井村麻績町村入会山札一件書類	く1070
同前の件、村々へ申渡したる旨	同前	く1069
入会山札一件、11か村難渋の書付提出したるにより承届置きたる旨	同前	く1071
同前一件有難き旨返礼	同前	く1068
—	文化８～文政６年　上徳間村新掘引立一件(第二節事例)	さ33
幕領今里村更級左門より松代領民の作徳米金滞りにつき江戸出訴の件。近領のことゆえ解決方打診	文化14年　幕領・松代領作徳米出入一件(第三節事例)	さ409
左門滞り分、27人は返済するも40人は未済。左門の江戸出訴を許可の旨	同前	さ414
中之条への返書二通分の案詞。難渋百姓ゆえ返済遅滞の段勘弁ありたきこと、太右衛門ら３名は皆済	同前	さ412
此度滞り分すべて皆済の旨	同前	さ413
左門よりも皆済を届出の事、安堵の旨	同前	さ413
幕領小布施村要吉より仙仁村名主小兵衛らを相手取り、持山横領出入につき江戸出訴を願いおる旨	文化10～文政２年　仙人村入会山一件(註３　渡辺論文事例)	く982-1
同前一件承知。丹蔵ら不在につき事情判明次第報告する旨	同前	く982-2
上徳間村用水揚げ口の件、望月の依頼状の趣承知。両村の為取替帳の写を進達いたす旨	文化８～文政６年　上徳間村新掘引立一件(第二節事例)	さ38
下戸倉村本陣十郎右衛門、重右衛門家内居住を歎願の旨	文政６～９年　下小嶋田村重右衛門父子所替赦免願い一件	さ882
中之条陣屋より到来の添簡、質地滞金済方一件書類を送付。その他の事案	杭瀬下村儀太夫質地出入一件	く788
団右衛門歎願の件にて添簡の趣承知。此度示談整い吟味流しの旨	天保５年　団右衛門役代一件	く805
松代藩初右衛門女房たつ、坂木宿旅籠利右衛門を相手取り娘なか取戻し願いの公事。内済和談吟味下げの旨	—	さ1128

表1　松代藩と代官所役人やりとり一覧

件	枝番	年月日	表題	差出人	受取人	代官名
1	1	（明和8年）2月	中野陣屋役人連署状	大西嘉平太・長谷川数右衛門	郡奉行禰津要左衛門・成沢勘左衛門	竹垣正蔵
2	1	（天明2年）4月11日	中之条代官所役人連署状	飯村藤太夫・沢田勘助	禰津要左衛門・小川多次	平岡彦兵衛
	2	（天明2年）4月15日	真田家郡奉行連署状控	禰津・小川	飯村・沢田	
	3	（天明2年）4月21日	飯村藤太夫書状	飯村	禰津・小川	
	4	（天明2年）4月23日	郡奉行連署状控	禰津・小川	飯村	
3	1	文化8年 3月	上徳間村三役人願書写内	松代表・領主	御役所(土岐蓬助・岩渕為次郎)	稲垣藤四郎
4	1	（文化14年）正月晦日	中之条代官所手代連署状	中嶋小太郎・松野平太郎	岡野弥右衛門・菅沼九左衛門・鹿野外守	男谷彦四郎
	2	（文化14年）3月17日	中之条代官所手代連署状	中嶋・松野	岡野・菅沼・鹿野	
	3	（文化14年）3月18日	松代藩郡方返書案詞	郡方	中嶋・松野	
	4	（文化14年）5月	松代藩郡方連署状案詞	郡方三人	中嶋・松野	
	5	（文化14年）5月19日	中之条代官所手代連署状写	中嶋・松野	岡野ら三名宛	
5	1	（文政2年）7月29日	中之条代官所役人連署状	中嶋小太郎・金田源蔵	職奉行竹内藤馬・師岡七郎右衛門・岡野弥右衛門	男谷彦四郎
	2	（文政2年）8月	真田家郡奉行連署状控	金井左源太・菅沼九左衛門・鹿野外守・菅沼弥右衛門	中嶋・金田	
6	1	（文政6年）4月10日	中之条代官所手代書状	奥野左《[ママ]》源太	望月権之進	荒井平兵衛
7	1	（文政9年）4月25日	中之条代官所役人連署添翰	青津等右衛門・奥野右源太	岡野弥右衛門・石倉源五右衛門	荒井平兵衛
8	1	（文政9年）8月晦日	職奉行石倉源五左衛門書状内	—	職奉行石倉源左衛門	荒井平兵衛
9	1	天保5年 6月6日	真田家郡奉行連名書状案	興津・岡嶋・金児	中之条代官所森規三郎	蓑笠之助
10	1	（嘉永5年カ）12月17日	中之条代官所役人連署状	松野茂一郎・水野良平	町奉行草間一路・前島友之進	鈴木大太郎

出典：『信濃国松代真田家文書目録』4・6巻より作成。
註：差出人・受取人欄の網掛が松代藩役人。代官名欄は、鈴木寿『近世知行制の研究』40頁および『長野県史』（表2参照）より補う。

の研究からも刺激を受けている。戸森麻衣子は「代官所役人集団」が代官所の実務を取り仕切る実態と、手附・手代の世襲化、身分集団化を論じた(4)。したがって、まずは代官所役人と藩がどのような関係を築いていたのか、機構内でどの階層がやりとりをするのが標準的な在り方なのか、といった点から明らかにしていかなければならない。信濃国松代藩真田家文書の争論史料(5)は、支配機構内部、代官所役人、領民とのやりとりを多く含む点で、このような課題に迫る格好の史料である。

なお、松代藩(長野市松代町)は南に中之条代官所(埴科郡坂城町)、北に中野代官所(中野市)と境界を接している。本章では、文化・文政期に発生した二つの事例を対象として、中之条代官所との関係をもとに論じていくことにする。

一　松代藩と代官所役人のやりとりの検討

近世後期に、松代藩と代官所役人とは、どのようなやりとりをしていたのだろうか。事例を分析する前に、簡単に検討してみたい。表1は、代官所と松代藩とのやりとりを『信濃国松代真田家文書目録』からまとめたものである。一〇件の出入の事例から、一八件のやりとりが確認できる。

先述した「代官所役人」研究の成果では、寛政期以後の代官所役人は御家人身分である手附、流動的ながらも集団としての力量を貯えつつある手代、およびその子弟の書役と、それ以下の者(足軽・中間)には、明確な区別があることが明らかになっている。幸い『長野県史』近世史料編では、代官のみならず手附・手代の変遷を在方においてまとめた史料が得られ、差出人・受取人の役職がかなり判明する。表1に登場する代官所役人名と対照させてみると(表2)、基本的には、中之条代官所の下役人トップである元〆が差出人・受取人になるのがほとんどである。また、公事方が相手となることも多い。この点から、中之条代官所の場合は、元〆が松代藩とのやり

表2　代官所役人役職一覧

件	〔表1〕代官所役人	『長野県史』肩書		代官名	典拠(巻・史料番号)	
1	大西嘉平太・長谷川数右衛門	[不明]	[不明]	竹垣正蔵	—	—
2	飯村藤太夫・沢田勘助	吟味役 飯村藤大夫	手代 沢田勘助（但し１人）	平岡彦兵衛	1-(1)・454	8-(1)・347
3	土岐蓬助・岩渕為次郎	御普請付手附元〆 土岐蓬助	御普請之手附 岩淵為次郎	稲垣藤四郎	1-(1)・454	—
4	中嶋小太郎・松野平太郎	元〆 中嶋小太郎	［ナシ］松野平太郎	男谷彦四郎	7-(1)・603	—
5	中嶋小太郎・金田源蔵	元〆 中嶋小太郎	[不明]	男谷彦四郎	7-(1)・603	—
6・7	奥野右源太・青津等右衛門	元〆 奥野宇〔ママ〕源太	公事方 青津藤左衛門	荒井平兵衛	7-(1)・603	—
9	中之条代官所森規三郎	元〆 森規三郎		蓑笠之助	7-(1)・603	—
10	松野茂一郎・水野良平	元〆 松野茂一郎	公事方 水野良平	鈴木大太郎	7-(1)・603	—

出典：『長野県史』近世史料編1-(1)・454「自元和元年至文化九年 高梨村歴代領主・代官留」、7-(1)・603「年次不詳 坂木・中之条御支配代々留書」、8-(1)・347「年次不詳 高井郡中野地頭・代官歴代支配留」。

とりをおこなうことが基本といえるだろう。

では、松代藩の方はどうであろうか。表1で特に肩書きを付さないものは、すべて郡奉行である。ほとんどが郡奉行の連名によってなされていることがわかるだろう。しかし、職奉行が二件、町奉行も一件を確認できる。それ以下の役職は確認できない。代官所と松代藩のやりとりは、代官所元〆と郡奉行のやりとりを基本とし、職奉行・町奉行もやりとりをおこなうことがある、というのが「正式」な関係と定義づけられるだろう。

二　上徳間村用水普請における「正式」と「内々」

1　前提となる状況

上徳間村は松代藩領で、千曲川のすぐ側にある。松代藩は、いわゆる「戌の満水」（寛保二戌年・一七四二）により大きな打撃を受けた。上徳間村も同様で、もとは田方勝の村であったが、これにより千曲川の水路が変化し、すべて畑になってしまった。宝暦六年（一七五六）からは、隣村の下戸倉村（幕領）との境より用水を引き入れて対応してきたのである。

ここで、図1により状況を確認したい。この図は文化八年（一八一一）三月に上徳間村名主半左衛門および村役人一同が、下戸倉村柏王権左衛門の立入により、下戸倉村役人宛に交わした規定証文より作成したものである。

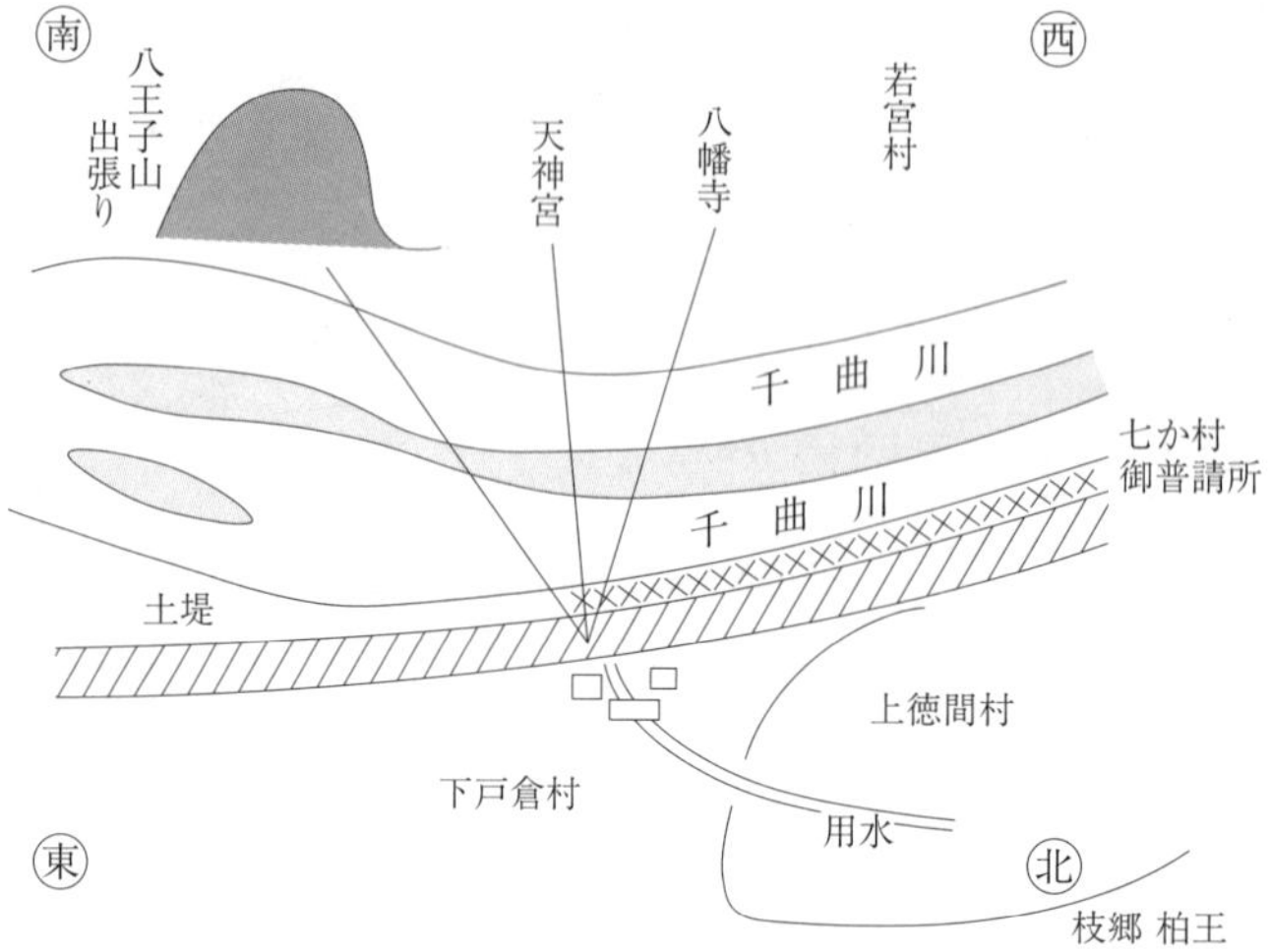

図1　上徳間村用水関係略図（『松代藩真田家文書』 さ32より作成）

本文には「則絵図面ニ当時水引入之義者朱引ニ致置候得共、後年ニ至猶又川瀬替水入兼候ハ、八王子山出張向与り樋口見通積を以水引取申候儀ニ御座候、右山崎迠之内何連ゟ引取候共勝手次第ニ取計候様及示談候上者、其御村方聊故障有之間鋪候」[6]とあり、絵図面の細かい貼札を検討すると、対岸の八幡寺から八王子山出張りまでの間で用水を引き入れることを、双方納得したものである。

少し先走ってしまったが、宝暦年間の後、文化年間に再び用水を引き入れることができなくなってしまい、文化六年には「皆潰」になってしまった。それまでは、下戸倉村との境より用水を引き入れることで対応してきたが、今回は下戸倉村地内に水門を立て、堤内（御普請所）に堰筋を通すことが必要になったのである。先ほど確認した図1とその規定証文は、このときに結ばれたものであった。では、次にその実現過程を検討していくことにしよう。

2　文化八年用水路普請の実現過程

〔史料1〕[7]

則境外ニ水門相立堤内ニ当村分地限堰筋引通度願ニ付候得共、右村々従来年重御普請所故何共難及相悩ミ被
在候所、其頃　稲垣藤四郎様　御支配所御元〆土岐逢（ママ）助様中之条御陣屋御引請ニ御座候ニ付御慈悲願ニ権左
衛門ヲ以奉御縋り前書之通去午年用水路立潰候ニ付水引入度旨往古ゟ之始末柄奉願候所及数度、漸御勘弁被
成下岩淵為次郎様ニ御内談有之、右壱条岩淵為次郎様御引請ニ而松代表ゟ右一計之義御頼可有之哉被仰聞候
ニ付権左衛門江為申聞候所私共ゟ領主江申逢候所、去ル文化八巳（ママ）年三月杭瀬下村御普請所御見分御席寂蒔村
名主長右衛門宅ニおゐて七ヶ村々三役人被召呼、上徳間村用水路去ル巳年ゟ皆潰水門場所皆（ママ）致度由田方用水
領主ゟ御役所江書状至来歎敷義可聞届勿論規定向有之候ハ、早速及示談可申由被仰渡候所、七ヶ村事故彼是
茂有之ニ付柏尾（ママ）名主宗右衛門立入規定取極七ヶ村与証文為取替申候。夫与り御帰陣之砌下戸倉被為入御本陣
ニ同村役人残らす被召呼右之通被　仰渡候、水行立潰候義他領ニ候共容易不成事百姓相平聞届可申、尤規定
向有之候ハ、早速取極方及示談ニ可申余情之故障不可有之被仰渡候得共土堤外下戸倉地ニ有之故、権左衛門
幷御本陣十郎右衛門立入水引之場所絵図面ニ委仕規定証文共右村与為取替申候

史料1は後年の史料であるが、文化八年の状況を詳細に記してくれている。境外（上徳間村外）に水門を立てることをどのように実現していくのか、という課題に村役人は、権左衛門を介して中之条代官所元〆土岐蓬助に数度願書を提出している。[8] 権左衛門は先ほど検討した規定証文に立入として名を連ねている下戸倉村の枝郷柏王の有力者であり、文政六年（一八二三）時点では「柏王名主」との肩書が付いている。この権左衛門は上徳間村地内に七・五石余を所持し、「大作百姓」と自称してもいる。

この数度の願書提出は功を奏し、手附岩淵為次郎に内談するところまで進んだ。岩淵は、「松代表ゟ」の頼みの

有無を権左衛門に問いただした。そこで上徳間村では領主である松代藩に上申した。そのような経緯を経て文化八年三月、岩淵は御普請所見分の際に、関係する七か村々役人に事情を告げ、議定証文を取り交わさせた。同様に、下戸倉村にも立ち寄り、同じく仰渡をおこなった。この際に「領主ゟ御役所江書状至来」と説明しており、上徳間村の上申を受けて松代藩側（おそらく郡奉行所であろう）より中之条代官所宛の書状が発せられたのである。[9]

この過程で、上徳間村は自らの領主の意向を伺うことなく代官所役人への交渉ルート（幕領権左衛門→元〆土岐蓬助→手附岩淵為次郎）を築いた後、領主松代藩へ上申していることを確認しておきたい。そして、幕領村々を説得する岩淵の論理は「水行立潰候義他領ニ候共容易不成事百姓相平聞届可申」というものであった点も指摘しておこう。また、この一件のおきる前後の文化六・七・八年の『郡奉行日記』には「歳暮為御祝儀」として「中之条御手附土岐蓬助」宛に目録金二〇〇疋を出すことが職奉行・郡奉行連名にて上申され、裁可されている。[10]遺されている『郡奉行日記』で享和から文政期までを確認すると、他にこのような記事は見いだせず、とりわけ両者の関係が良好であった時期といえるだろう。

3　文政三年印形取消一件

このように用水路普請の実現に対して多大な功績があった権左衛門と別家宗右衛門に対して、文政三年八月に上徳間村一件を松代藩職奉行所にて吟味の最中に「権左衛門右体深切之取計仕置候を、若もの雖不改蔵太郎重蔵藤治郎栄十郎等始外大勢致狼藉候、始末方薄情之取計ニ付用水議定書幷絵図面権左衛門別家宗右衛門両人之印形消印仕度」[11]とする事件が発生した。残念ながら職奉行所にて吟味していた内容と、なぜ上徳間村の若者が権左衛門と宗右衛門に狼藉を働いたのは明らかではない。村内が決して一枚岩ではないことと、両者への反感が感じられる。

ここで松代藩の対応を検討してみよう。松代藩は東寺尾村公事師三郎治[12]に扱いをさせた。このときの取決内容は、次のとおりである。

〔史料2〕[13]

一宗右衛門江之為趣意字中河原江手堰相立可申候、尤宗右衛門計ニ抱り候儀ニ者無之、右堰筋相立候得者上徳間村一村之為ニも相成申候

一権左衛門江為趣意当巳年ゟ以来同人持高七石五斗六升七合尤本新田直御上納ニ相成候様奉願、尤役人給者相除キ外夫銭足役諸入用之儀者村定之通り高江懸り割合遣シ申候間、村役元江相納可申約定、且此上ニ田畑買入候共外入作通りニ相勤可申取極

すなわち、宗右衛門には上徳間村内での「手堰」を、上徳間村のためにもなるとの理由を付けて認めるもので、権左衛門には上徳間村地内の持高に対して直上納を認めるものであった。松代藩における直上納は村を通さずに年貢を直接領主に対して納めるもので、他領支配の地主に対しての名誉と権威付与的意味合いを持っていた[14]。ここでは、この一件への松代藩の関与と、上徳間村（少なくとも村役人層）と同様に、松代藩側も権左衛門を重要視していたということを指摘できるだろう。

4　文政六年見分願の実現過程

これまで見てきたとおり、文化八年に実現した用水路であったが、文化一四年から文政二年の間に再び水行が差し支えてしまう状況になってしまった。この間、堰を立てて水を引き入れていたが、この状況を打開するため、文政六年二月、田方用水に差し支えがないように、再度中之条代官所に宛てて願書が出された[15]。前回と同じく、松代藩の意向を伺うことなく、権左衛門を介しての願書提出である。差出人は上徳間村村役人で荒井平兵衛中之

条役所宛ではあるが、権左衛門の奥書があり、上徳間村三役人が中之条代官所に願書を差し出すのは「御領主様越御願之筋ニ茂相成候義奉恐入候間」との理由から、権左衛門から願い上げた旨を記している。

この願書は、代官所を通じて松代藩に送られた（願書の表に「御覧後御下可被成下候」「三月　望月権之進」の貼札があり、願書も印形がないことからおそらく写しを送ったものと思われる）。以下、史料を二点あげてこの過程を具体的に見ていきたい。

〔史料3〕[16]

（端裏書）「望月権之進」

上徳間村用水揚口度々出水付変化相分兼候間、柏王村権左衛門江申談別紙之通中之條江申出候処御手代申聞候者、海沼与兵衛ゟ内状等ニ而茂持参候ハ、序を以見分可差出与申聞候之段、村方之者与兵衛江申立内状相願候旨与兵衛申聞候間、繁々文通茂仕候儀ニ付内状之儀者可然哉ニ奉存候、右之趣御聞置可被成下候、以上

三月六日

これは、郡奉行望月権之進が上徳間村の動静について記したものである。先ほど検討した文政六年二月付の願書の「御覧」とこの史料の「御聞置」という文言から、家老に状況を報知したものであろう。願書を請けた中之条代官所の手代（後の検討から元〆奥野右源太であろう）から、海沼与兵衛から内状があれば要求を聞いて見分しても構わないという返答が記してあり、この返答を請けた上徳間村が海沼に申し立てた旨を、海沼が郡奉行望月に申し聞かせた、との内容である。

奥野はどうして海沼を指定したのだろうか。海沼与兵衛は当時勘定役を務めており切米納二〇俵の、松代藩でも下級役人に相当する。[17]文政四年一二月時点で「国役御用掛」として「被下切」二件として金三両を受けとっており、そのうち一件は「遠方迄出迎に付被下切」とある（この普請では上徳間村も籾一俵を下げ渡されている）。[18]また、

この一件のほぼ半年後の文政六年一一月には国役普請に関わる村々の利害調整をおこなっている[19]。海沼の職責には、国役普請の関係で村々を廻ることが含まれていた。一方、奥野右源太は文政四年七月から同一一年正月まで、代官荒井平兵衛の元〆であったことが確認でき、文政八年二月には「手付御普請役格」との肩書きになっている[20]。国役普請の際に、代官所役人は堤などの見分を松代藩役人とおこなうことが前後の『郡奉行日記』からは確認できるので、両者の関係を直接具体的に表す史料は確認できていないが、この関係で知己を得たものと考えていいだろう（奥野は天保四年〈一八三三〉時点で代官平岡熊太郎の江戸詰手附・元〆になる。中之条代官荒井平兵衛は、文政一一年正月後は陣屋を持たない関東代官で江戸にいることから、奥野はここで代官平岡と知己を得たのだろう。奥野は典型的な手附・手代集団の一員である[21]）。

このような上徳間村の動きに対し、郡奉行は「中之条ゟ見分を請無差支様取計度段申聞候付、奥野右源太江御掛合被仰遣被下置」との対応をおこなった[22]。すなわち、代官所元〆奥野の要求どおり、海沼に対して上徳間村の要求が実現できるように掛け合うよう指示した[23]。その一方で、郡奉行望月自身が直接奥野に働きかけていたことがわかる。

〔史料4〕[24]

飛簡拝見仕候、兎角不順之気候ニ御座候処弥御安泰被成御勤役奉賀候、然者御領分上徳間村用水之儀当支配所下戸倉村分地ゟ引取候処、右揚口出水ニヶ様差支候ニ付見分御内願之儀右村方ゟ相願候由、右ニ付被仰下御細書之趣逐一承知仕候、幸ひ外御用序も有之於(ママ)儀右場所江罷越及見分用水無差支様和談為致候間念(ママ)為御心得右村為取替書之写致遣達候、右ニ付委細御承知可被下候、為貴報如斯御座候、以上

四月十日　奥野右源太

望月権之進様

尚々御催書之趣、入御念御儀承知仕候、以上

ここでの「被仰下御細書」とは、海沼与兵衛の働きかけとは別に、郡奉行望月が奥野に送ったものであろう。中之条代官所の「海沼与兵衛ゟ内状」があれば、との要求に応えつつ、「正式」なルートの働きかけも併せておこない、体面を保った形で実現を図ったのである。

5 小括

それぞれの立場ごとの対応を小括し、論点をまとめておきたい。

中之条代官所は松代藩領民の助成になることは「他領の者であっても容易ならざることで、聞き届けるべき」との姿勢を持っていた。これが公儀としての幕府権力の特質であるかは留保が必要であるが、領主としても他領の者に対して手を差し伸べていることに注目したい。ただ、用水路の普請箇所が幕領内であっても、松代藩郡奉行からの「正式」な要請があることは当然の手続きとして認識されてもいた。

一方、松代藩の対応は、自藩領民が上申せずに事態の解決のために幕領他村とやりとりをおこない、他村を通じて相手代官所へ対処を図っても、特に咎め立てすることはなかった。むしろ、幕領他村との対談を取りまとめ、中之条代官所の意向を把握することのできる権左衛門に直上納を認めるなど、このような在地の状況を理解し、支援していた。

下戸倉村は自村のためになるわけでもない用水路の普請には消極的であったと考えられ、七ヶ村御普請所への差し障りは決してないとの一札を取ってもいる。しかし、代官所が松代藩領民の助成の意向を表して主導権を発揮し、取決を結ぶことを迫られると反対はしなかった。また、幕領権左衛門の対談・取りまとめも重要な意義を持っていた。

この一件で主導権を握っていたのは中之条代官所であるが、文政六年の普請の際、元〆奥野が海沼の内状があれば、といっている点は重要であろう。文化八年時の手附岩淵も、決して義務的に対応しているわけではなく、両者の「裁量」の大きさが近世的な特質として指摘できるだろう。しかし、手続きとして松代藩郡奉行からの正式な要請を必要ともしているのであり、「内々」（「内状」）と「正式」の二重構造であることが指摘できる。また、権左衛門の重要性は、幕府領民であることにより中之条代官所に直接訴願を上げることができ（「正式」な資格性）、また、代官所の内情を把握することもできたことに起因する。松代藩と上徳間村が権左衛門をことのほか重要視したのは、「正式」の資格性と「内々」の両者を備え持っているからであった。

三　今里村更級左門質地作徳滞出入における「内々」

1　概況

幕領今里村の更級左門は、村内の土地所持高（文化六年〈一八〇九〉時点）は村内一位の二二石余で、豪農の中では抜群に大きい部類とはいえないが、ここで検討するように、近世段階としては大変広い範囲に金融活動を展開していたことが特徴としてあげられる。本節では、左門の松代藩領民への質地作徳滞出入を検討していくことにより、第二節での検討を補っていきたい[25]。

2　文化年間三件の出訴概要と貸付相手の姿

文化八年一二月、松代藩御役所宛に訴状が提出されており、相手は松代藩内対象村三三か村、七七件であった。規模は籾一八五五俵以上、金換算で七二〇両余りにのぼる[26]。その三年後、文化一一年一〇月にも同様な訴状が同じく松代藩御役所宛に出されており、相手は二七か村、九三件であった。規模は籾一八九五表以上、金換算で六五一両余りにのぼった。その後、左門は江戸の幕府勘定奉行所（評定所）に出訴する旨を中之条代官所に申し出ているが、松代藩の百姓召出、回収により出訴を取りやめている（松代藩法については、「はじめに」を参照）。

このような状況をうけて、松代藩は領内へ次のような触れを出した。

〔史料5〕(27)

「（表紙）
文化十二亥年　北長池村
御請書之覚　三組
十二月　日」

御領分村々御他領江質地等差出し、御用之毎度御厄介罷成候上、既ニ先達而も今里村左門より質地年貢滞候趣以中之条江願出江戸表江可致出訴段申来候ニ付、夫々返済方被　仰付可成丈相片付候村方も有之、尤其余ニ茂年々返済無滞村方者不願出候得共、先年度々被　仰出請書差出乍置、大切之御田地他領江質地等ニ差出候ニも、支配御代官江伺等も不申立、重々不埒至極之事ニ候、依之論義之上急度可被　仰付之処、難渋御百姓重々以　御情此度不及御沙汰ニ、以来御他領ゟ御添翰を以願出候儀於有之、村方ニ不拘一村弁金之上証文取戻し、差出不申候得者厳科可被　仰付候、且又今里村左門ゟ以来金銭抱（拘）質地差出候義ハ勿論、借入等仕間敷候、乍去訳合有之候ハ、相伺指図請可申候、相背候族於有之ハ、是又厳科可被　仰付候条可得其旨候、以上

右之通被　仰渡奉畏候、小前末々急度相守候様申渡仕候、依之御請連印仕一札差上申候、以上

文化十二亥年　北長池村
十二月　名主　幸右衛門
（他組頭・長百姓・頭立物代・小前惣代連印略）

　　　　御代官所

右御触之趣得其意奉畏候、請書人別印形仕候、以上

　この史料の後には、村人八四名全員の印形が押されている。まず、この触が一般的な他領への質地等差出しを問題としていながら、左門の名を銘記していることが注目される。そして、他領へ質地を出すには代官へ伺いを立てるべきであり、それもしないで出すのは不埒であるとして、以後は村全体で弁金・証文の取り返しをおこなうよう申し付けている。では、左門からの借入を完全に禁止するのかといえば、そこまでの徹底は出来ず、やむを得ない場合は指図を受けるように、という内容である。藩も「厄介」とはしながらも、禁止はできないと認識している点を重視したい。

　果たして、文化一四年にも同様な事態が起きた。請書（史料5）のような対応がなされた結果であったのかどうかは不明だが、再度左門より出訴がおこなわれる[28]。まず作徳滞りの相手を確かめておきたい。この三件（文化八・一一・一四年）を年次順に検討すると、一件あたりの滞り籾数は平均（年毎）で、九・五俵、七・九俵、八・二俵。米石にすると二・四石、二・〇石、二・〇石である。筆者が対象村の階層構成で把握しているのは僅かに一か村（文化一四年北上野村　地預り　七左衛門、質分　喜平太）であるが、持高は一五・五石余と二・五石余であり、村内では上層と中下層に位置する（表3）。なお広範な事例収集が必要ではあるが、左門の貸付対象は、貧農層を対象にしたものではなかったことは指摘できるだろう。

　作徳米滞出入は地預りを対象としている。貸付の形態は「元金半金ハ年々ニ割合年季明迄ニ無滞致内入、残分返金并ニ利分者地所小作ニ入付右作徳を以請取候筈ニ取極、質地証文小作証文成崩証文等三通取置」と

表3　北上野村階層構成表

所持高(石)	人数
30～40	1
20～30	1
15～20	3
10～15	6
6～10	8
4～　6	8
2.5～　4	9
1.0～2.5	9
0.5～1.0	5
～0.5	8

出典：長野県立博物館所蔵「水内郡北上野村文書」文化11年北上野村年貢庭帳より作成。

いうものであった。(29)この内容は、①質置人の地所を質入れし、別の小作人（地預り）を入れ付け、②本金の半分は質置人、残り半分を小作人の作徳金により支払い、③小作人は別に利息分の作徳金を支払う、というものであった。質置人にとって毎年支払いをおこなうことは負担であるが、本金の半分を小作人が支払うことと、年々の支払いを着実におこないさえすれば流地を防ぐことができる点がメリットとしてあげられる。

3　文化一四年の作徳米滞出入と中之条代官所および松代藩の対応

〔史料6〕(30)

一筆致啓上候、然者彦四郎御代官所信州更科郡今里村更級左門ゟ其御領分同州同郡根越村善太郎外六拾八人其外向ニ作徳米金滞出入一紙訴状を以　江戸表江出訴いたし度段願書差出候ニ付、一通り相糺候処申立候通り無相違相聞候間、御奉行所江差出可申筋ニ御座候得共御近領之儀ニ付、右訴状之内其御領分相手名前別紙書抜差出候間右ニ而御承知一応御理解御座候ハ、早速相片付可申哉、此段御内々得御意候、否御報可被仰聞候、右之段可得御意如斯御座候、恐惶謹言

正月晦日　　松野平太郎　二里（花押）

中嶋小太郎　為久（花押）

岡野弥右衛門様

菅沼九左衛門様

鹿野外守　様

正月晦日、中之条代官所手代（中嶋は元〆）から松代藩郡方（岡野、菅沼、鹿野）宛に、左門から作徳米滞訴状を受け取って詮議したところ、内容から江戸への出訴を認めようと思うが「近領」のことなので「内々」にお知ら

せする、ついては対応を報せて欲しいとの書状があった。包紙の貼札には「中之条御手代ゟ之来状奉入御覧候、御覧後早速御下可被成下候　二月朔日　菅沼九左衛門」とあり、早速菅沼から家老宛に回覧されたことが分かる。内容は籾にして五〇〇俵以上、金額にして一七七両余であった（表4）。

松代藩は村役人および地預り人を召出し、「早速相片付候」旨の請書を提出させた(31)。しかし、村々からは二月二九日、三月五日の二度にわたって日延願が出され、三月一一日までに左門に対して内済・返済を終えたのは約四割だけであった。

このような状況をうけて、中之条代官所は「催促」の書状を遣わしてきた。このまま放っておいては「右之者共作徳滞も等閑いたし候得者外小作方闇」にもなりかねない、二〇日までに江戸表への出訴を認めて欲しいと左門がいってきたので、松代藩側の意向を聞かせて欲しいとの内容である(32)。

これに対して菅沼は「郡方居判」ですべて片付き次第報せるつもりであったとの文案を作成、中之条代官所への「御返報案詞」として家老宛に提出した。その追啓部分を検討してみよう。

〔史料7〕(33)

追啓　去々年中茂当領分難渋百姓共差滞候趣左門出訴之儀願出候処、御差留置御懸合被仰聞候付、夫々返済申付相片付候時節及御報候之儀ニ付、此度茂右之心得ニ而相片付候趣申聞次第可及御報心得ニ罷在候儀御座候、以上

すなわち、去々年（文化一一年の件を指す）にも同様の願出があり、訴状を差し留め代官所から松代藩に掛け合っている間に、百姓にはこちらから返済を申し付けて、片付け終わってからお返事したことがあった。今回もすべて片付け終わってからご連絡するつもりであった、というのが内容である。「難渋百姓」であることが理由にはあげられている。結局、同年五月一七日に残らず片付け終わったので報せる旨案文が作成されており、その

37	亥	水内郡	上松村瀧組	半左衛門	松蔵	13				
38	亥	水内郡	上松村瀧組	半兵衛	伊三郎	5				
39	亥	水内郡	北上野村	喜平太	七左衛門	7.5				済
40	亥	水内郡	下宇木村	重蔵	長左衛門	15				済
41	亥	水内郡	北長池村	利惣次	庄左衛門	3				済
42	亥	水内郡	後町村	久右衛門	伝兵衛				金3両	済
43	亥	水内郡	後町村	喜兵衛	清八	3.5				済
小計						225.5	19	4.05		
44	子	更級郡	根越村	弥兵衛	善五郎	15	4			
45	子	更級郡	根越村	嘉右衛門	嘉金次	5	0			
46	子	更級郡	根越村	兵右衛門	嘉右衛門	4	2			
47	子	更級郡	根越村	彦左衛門	市五郎	1	1			
48	子	更級郡	和平村	金左衛門	市郎右衛門	2.5	0			済
49	子	更級郡	川口村	林右衛門	喜惣次	11.5	0			済
50	子	水内郡	下越道村	久米右衛門	小右衛門	9	2			済
51	子	水内郡	下越道村	地蔵院	小右衛門	20	0			済
52	子	水内郡	下越道村	藤右衛門	常右衛門	5	0			済
53	子	水内郡	長井村	友右衛門	仲七	0	0		金2分 銀12匁5分	
54	子	水内郡	伊折村	吉右衛門	市右衛門			4.05		
55	子	水内郡	吉久保村	吉右衛門	太左衛門	10				済
56	子	水内郡	小鍋村	倉蔵	太右衛門	10				
57	子	水内郡	鬼無里村	弥次右衛門	武左衛門	8	1			
58	子	水内郡	鬼無里村	仁兵衛	忠左衛門	6	3			
59	子	水内郡	鬼無里村	作平次	幸之助	9	3			
60	子	水内郡	久保寺村	小右衛門	幸右衛門	12.5				
61	子	水内郡	久保寺村	仁平	権左衛門	5				
62	子	水内郡	久保寺村	長三郎	市郎右衛門	10				
63	子	水内郡	久保寺村	庄七	徳右衛門	12.5				
64	子	水内郡	久保寺村	左左衛門	藤兵衛	17.5				
65	子	水内郡	上松村瀧組	嘉左衛門	伊三郎	5	3			
66	子	水内郡	上松村瀧組	半左衛門	松蔵	13				
67	子	水内郡	上松村瀧組	半兵衛	伊三郎	5				
68	子	水内郡	北上野村	喜平太	七左衛門	7.5				済
69	子	水内郡	下宇木村	重蔵	長左衛門	15				済
70	子	水内郡	北長池村	利惣次	庄左衛門	5				済
71	子	水内郡	後町村	久右衛門	伝兵衛				金3両	済
72	子	水内郡	後町村	喜兵衛	清八	3.5				済
小計						227.5	19	4.05		

出典：『信濃国松代真田家文書』さ410より作成。戌・亥・子は、文化12、13、14年。

表4　文化14年左門出訴滞り分一覧

No	年	郡	村	質分	地預り	俵	斗	石	金	三月迄返済済み
1	戌	更級郡	和平村	金左衛門	市郎右衛門	2.5	0			済
2	戌	水内郡	下越道村	久米右衛門	小右衛門	4	0.8			済
3	戌	水内郡	下越道村	地蔵院	小右衛門	8	4			済
4	戌	水内郡	下越道村	藤右衛門	常右衛門	1	4.8			済
5	戌	水内郡	長井村	友右衛門	仲七	0	0		金1分	
6	戌	水内郡	伊折村	吉右衛門	市右衛門			4.16		
7	戌	水内郡	吉久保村	吉右衛門	太左衛門	6				済
8	戌	水内郡	鬼無里村	弥次右衛門	武左衛門	8	1			
9	戌	水内郡	鬼無里村	仁兵衛	忠左衛門	6				
10	戌	水内郡	鬼無里村	作平次	幸之助	3	2			
11	戌	水内郡	久保寺村	小右衛門	幸右衛門	0	0.9			
12	戌	水内郡	上松村瀧組	嘉左衛門	伊三郎	5	3			
13	戌	水内郡	上松村瀧組	半兵衛	伊三郎	5				
14	戌	水内郡	北上野村	喜平太	七左衛門	2	3.4			済
小計						50.5	19.9	4.16		
15	亥	更級郡	根越村	弥兵衛	善五郎	15	4			
16	亥	更級郡	根越村	嘉右衛門	嘉金次	5	0			
17	亥	更級郡	根越村	兵右衛門	嘉右衛門	4	2			
18	亥	更級郡	根越村	彦左衛門	市五郎	1	1			
19	亥	更級郡	和平村	金左衛門	市郎右衛門	2.5	0			済
20	亥	更級郡	川口村	林右衛門	喜惣次	11.5	0			済
21	亥	水内郡	下越道村	久米右衛門	小右衛門	9	2			済
22	亥	水内郡	下越道村	地蔵院	小右衛門	20	0			済
23	亥	水内郡	下越道村	藤右衛門	常右衛門	5	0			済
24	亥	水内郡	長井村	友右衛門	仲七	0	0		金2分 銀12匁5分	
25	亥	水内郡	伊折村	吉右衛門	市右衛門			4.05		
26	亥	水内郡	吉久保村	吉右衛門	太左衛門	10				済
27	亥	水内郡	小鍋村	倉蔵	太右衛門	10				
28	亥	水内郡	鬼無里村	弥次右衛門	武左衛門	8	1			
29	亥	水内郡	鬼無里村	仁兵衛	忠左衛門	6	3			
30	亥	水内郡	鬼無里村	作平次	幸之助	9	3			
31	亥	水内郡	久保寺村	小右衛門	幸右衛門	12.5				
32	亥	水内郡	久保寺村	仁平	権左衛門	5				
33	亥	水内郡	久保寺村	長三郎	市郎右衛門	10				
34	亥	水内郡	久保寺村	庄七	徳右衛門	12.5				
35	亥	水内郡	久保寺村	左左衛門	藤兵衛	17.5				
36	亥	水内郡	上松村瀧組	嘉左衛門	伊三郎	5	3			

後、中之条代官所からの返書が到着してこの一件は終了している[34]。

4 小括

本節での論点をまとめておきたい。中之条代官所手代（元〆）の対応は、訴状提出者（左門）は江戸表に直接出訴する意向であったにもかかわらず、「近領」の事ゆえ「内々」に書状を遣わし松代藩側の対応を促すものであった。この点は第二節での検討内容と重なる部分が大きい。一方、松代藩郡方では、書状を受け取ると早速家老へ上申している。この事項がすべて家老の決済事項であったことがうかがえるとともに、回覧は到着後いずれも翌日になされており、極めて迅速な対応と評価できるだろう。このような敏感さと対象的なのが、中之条代官所の「催促」を受けるまで状況を知らせなかったことであるが、この点はむしろこれまでの先例によって時間を経れば解決に導けるという理解を中之条代官所と共有していると考えていたからではないだろうか。真田家文書には「今里村更級左門訴訟留[35]」と表紙の付いた竪帳が残されており、文化八・一一・一四年の訴状が綴られている。先例を積み重ねることによって、松代藩側が、この事例については解決のための理解を代官所と共有している、と思うほどに両者の関係は深まっていたのである。

おわりに

以上、二つの事例の検討で浮かび上がってきた論点と、今後の課題を確認しておきたい。

①藩法では、自らの領主の添翰を請けて相手方領主に訴状を提出するのが基本的手続きであるが、この時期にはむしろ訴状を提出したあとの問題解決までの見通しをもって、村側が行動していく力量を備えている段階であることが指摘できるだろう。すなわち、支配が異なることを足かせとはせず、その構造を充分知悉して、

自らの要求を実現する能力を身につけていることを意味しているのである。

②幕藩機構内部で相互の要請がなされるには、「正式」な要請が必須であるのと同時に、特定の人的繋がりを背景としての要請（「内々」）もあることがわかった。しかし、後者が意味をなすにしても、「正式」な要請を欠くことは機構内部の手続き上は認められないことだった。

③②とも重なる面があるが、このような「内々」の取扱いは「裁量」の大きさに結果するといえるだろう。在地の助成になることをおこなうか否かは、かなりの部分が領主側担当役人の「裁量」に依存しているのが、近世的な特質であるといえるのである。用水実現に動いた土岐・岩淵と奥野の姿勢、左門の訴状を留め置いた松野・中嶋の姿勢は、訴状を受けとる側の「裁量」が大きな比重を占めていることを表している。だからこそ、要路者への影響力を持つ下戸倉村柏王権左衛門への依拠には大きなものがあった。一方、「正式」と「内々」のいずれを欠いても、要求は実現しないのであり、藩と代官所の交渉においても、村側から領主への訴願においても、両者がこの二重性を持っていたことを指摘したい。

④今回検討した二つの事例では、松代藩領の用水普請の実現に努力する中之条代官所の論理と、幕領の左門の作徳米金回収を命じる松代藩郡奉行の行動が明らかになった。このことは、藩と代官所が、お互いの領民の農業経営の維持、金融の維持に密接に協力する関係が明らかになった、といっていいだろう。先行研究ではほとんど検討されてこなかった、近世後期の比較的日常的な藩と代官所との関係には、このような側面もあったのである。今後は、このような分析を積み重ねていくことにより従来の幕藩関係像に対して新たな面を提起できるのではないか、その際には海沼のような下級役人への着目が重要になるのではないか、と考えている。

今後の課題として、Aこのような関係がどのような在地の構造・状況に根ざしているのかをより深く検討していくこと、Bこのような関係は外様大名でありながら譜代大名化していった松代藩の特質によるものか否かを他藩の場合と比較する視点、C文化・文政年間以外の時期の検討、をあげて「おわりに」としたい。

(1)　杉本史子「近世中期における大名領知権の一側面――山野河海開発・領有をめぐって――」(『日本史研究』二六二号、一九八四年。のち『領域支配の展開と近世』山川出版社、一九九九年)、大森映子「訴訟からみた幕藩関係」(『新しい近世史』1、新人物往来社、一九九六年)。

(2)　藩法研究会編『藩法集』5「信濃・松代藩　御仕置御規定・四　他所出入」(創文社、一九六四年)。

(3)　渡辺尚志「大名家文書の中の「村方文書」」(『日本近世史料学研究』北海道大学図書刊行会、一九九九年。のち、渡辺尚志編『藩地域の構造と変容』岩田書院、二〇〇五年、および同著『近世の村落と地域社会』塙書房、二〇〇七年に再録)。以降、『藩地域の構造と変容』は、『藩地域』と略記する。

(4)　戸森麻衣子「近世後期の幕領代官所役人――その「集団」形成をめぐって――」(『史学雑誌』一一〇編三号、二〇〇一年)。

(5)　本章で扱う信濃国松代真田家文書(国文学研究資料館所蔵)は『信濃国松代真田家文書目録』(その一)~(その一二)が刊行されている。以降、同文書の典拠史料は、同目録における文書番号によって示すこととする。

(6)　さ二二一。

(7)　さ二二三。文政六年二月作成。

(8)　表2では、土岐蓬助の肩書きは「御普請付手附元〆」となっている。「御普請付」の意義が判明しないが、松代藩「文化八年正月　未御用日記　御勘定所元〆」(い一二六二)では他の時期の代官所元〆と同様の職分として秣永の請取に「稲垣藤四郎手付　土岐蓬助印」と記しており、特にこの肩書きにこだわって分析する必要はないと判断した。岩淵為次郎は「御普請之手附」となっているが、のちの文化一一年三月七日中野代官大草太郎馬《ママ》配下の代官所役人として特に肩書きもなく「岩側《ママ》為次郎」(『長野県史』近世史料編　第八巻〈1〉三四七)とある。出役型の手附が、本役の格式を保持したまま手附出役を専らに勤めると獲得するようになる「御普請役格」(前掲註4戸森論文)との異同の問題も含めて今後の課題としたい。

(9)　鋳物師屋、寂薪、桜堂、小島、打沢、新田、杭瀬下の幕領七か村。

(10)　い一一八四、一一八五、一一八六。なお、文化七年の記事では「歳暮為御祝儀是迄振合を以……(傍点筆者)」とあるが、今のところそれ以前は確認できない。

(11)　さ二九。

(12)　東寺尾村三郎治については、山田耕太「松代藩領の盲人——弘化三年東寺尾村飴屋兵助女子一件——」(『藩地域』第七章)参照。

(13)　さ二九。

(14)　直上納については、小酒井大吾「松代藩領下の役代と地主・村落」(『藩地域』第六章)参照。なお、文政一〇年正月には、権左衛門は扇子二本を「年頭祝儀前々之通持参」している(「文政一〇年御郡方日記」〈い一一九四〉)。

(15)　さ三三。

(16)　さ三四。

(17)　国立史料館編『真田家家中明細書』(東京大学出版会、一九八六年)。

(18)　い一八六九。

(19)　く一四九四〜一四九六。

(20)　『長野県史』近世史料編　第七巻(1)六〇三。飯島千秋「富裕農民による公金貸付資金の差加え——更級郡今里村更級家の場合——」(『市誌研究ながの』三、一九九六年)史料3。

(21)　村上直・荒川秀俊編『江戸幕府代官史料——県令集覧——』(吉川弘文館、一九七五年)、西沢淳男『幕領陣屋と代官支配』(岩田書院、一九九八年)一七二頁。

(22)　さ三五。

(23)　初出では、「指示」ではなく「要請」としていたが、その後筆者自身が松代藩地域研究を進める中で、郡奉行と勘定役の関係は厳密な上意下達関係であることが分かったので、このように訂正した。

(24)　さ三八。

(25) 今里村更級左門については、前掲註(20)飯島論文がある。
(26) あ一〇六八。文化一一年の内容も同文書による。
(27) 『長野県史』近世史料編　第七巻(1)一九五（長野市北長池　北長池共有文書）。
(28) あ四一〇。この触の効果については、第六章第三節第1項松代藩領への貸付の展開（二六五頁）、参照。
(29) 「更級健一郎家文書」六（長野市誌編纂室架蔵マイクロフィルム）。
(30) さ四〇九。
(31) さ四四五、さ四二九等。
(32) さ四一一・一～三。
(33) さ四一二。
(34) さ四一三・一～二。
(35) あ一〇六八。

〔附記〕　本章は、第四三回近世史サマーセミナー（二〇〇四年七月）での報告と、信濃史学会「フレッシュセミナー04」（同年八月）での報告をもとに作成した。また、「更級健一郎家文書」の閲覧では、所蔵者の更級健一郎氏、長野市誌編纂室（当時、現在は長野市公文書館）および長野市立博物館降幡浩樹氏（当時）にさまざまなご配慮をいただいた。記してお礼申し上げます。

〔補註〕　本論文を発表後（二〇〇五年七月初出）、多和田雅保氏より「更級家の貸付先は、里方よりも山中が多く、今後はこの点を踏まえた分析が必要ではないか」とのご指摘をいただいた（「書評——渡辺尚志編『藩地域の構造と変容』——」（『史学雑誌』一一五編一〇号、二〇〇六年）。更級家の貸付については、その後本書第六章に掲載の論文を発表したが、松代藩領内には更級家は貸付をほとんどおこなっておらず、多和田氏のご指摘については、今後の松代藩地域研究のなかで考えていきたい。書評の労をとって下さった多和田氏に、この場を借りて感謝申し上げたい。

第六章　近世後期の信濃国・越後国における豪農の広域金融活動

――更級郡今里村更級家を事例に――

はじめに

第一章では、近世後期の畿内における豪農の広域金融活動を分析した。そこでは、無担保で低率な利子による信用を土台とする数郡規模、場合によっては他国にまでまたがる広域な金融活動が展開されていた。このような金融活動は、極めて高い水準にある生産力と、棉作を中心とした農業経営の剰余の蓄積が土台にあると考えられる。それでは、同時期の生産力がそれほど高くないとされる「中間地帯」(1)では、同様な金融活動はおこなわれているのであろうか。おこなわれているとすれば、その実態はどのようなもので、畿内におけるそれとどのような共通点・相違点がみられるであろうか。本章では、この課題を明らかにするため、信濃国更級郡今里村の更級家文書(2)の分析をおこなっていきたい。

前章第三節では真田家文書を用いて、中之条代官所と松代藩郡奉行との間で取り結ばれる諸関係に着目し、地域の成り立ちのために腐心する領主層と地域との関係について論じた。更級家の金融活動が松代藩領に及んでいる事態に対する松代藩側の対応について分析を加えたが、本章ではこの分析を踏まえながら他の領主の所領への展開も分析し、中之条代官所と松代藩郡奉行との関係を他の領主層の対応をもふまえて再検討したい(3)。

なお、ここで用いる広域金融という用語は、展開する範囲が数郡規模、場合によっては他国にまで及ぶような金融活動であることを第一義とし、質地を取って地主・小作関係につながるような居村内もしくは周辺諸村を範囲とする金融活動ではなく、仮に土地を担保としていたとしてもその収得を目的とするよりもむしろ利子の取得を目的とした、比較的高額の金融活動を意味する。したがって、村の質屋での質草を取っておこなうような少額の金融活動とも異なるものである。

一　今里村と更級家の状況

今里村は、川中島平《かわなかじまだいら》とよばれる千曲川と犀川に挟まれた水田地帯にあり、上田藩領（一〇五六・八九石）と幕府領中之条代官所支配（八九・七六石）の相給村である。上田藩領は今里村周辺で上田領八〇〇〇石を構成している。この分郷は宝永三年（一七〇六）におこなわれているが[4]、なぜ幕府領が残されたかについての詳しい理由は不明である。更級家は幕府領にあり、宝暦期以降は名主を務めている[5]。

今里村幕府領の文化四年（一八〇七）時点の階層構成は、表1の通りである。高二二・六石で最上位に位置するのが更級家である。更級家は後に分家を二つ出すが、全体として増減はそれほど大きくなく幕末にいたっている[6]。一方の上田藩領については、詳細は不明である。今里村は、五つの組（内後・新屋・阿弥陀堂・於下・古森沢）に分かれており、更級家は古森沢組に属している。今里村の幕府領と上田藩領の屋敷、田畑の入り組み状況の詳細は不明であるが、古森沢組には上田藩領の家も存在しており、組ごとに画然と支配が分かれている状況ではないようである。今里村における組の機能については多くが不明であるが、年貢・入用徴収の単位として機能していた。そして、東を上氷飽村、西を小松原村、南を今井村、北を四ッ屋村に囲まれていた。

表1　文化4年今里村（幕府領）階層構成

石高	軒数
未満 以上 30 ～ 10	1
10 ～ 5	2
5 ～ 3	3
3 ～ 2	3
2 ～ 1	1
1 ～ 0.1	4
無高	3
合計	17

出典：3-9-2。

更級家は、村内の上田藩領に弘化四年（一八四七）時点で高四八・三四二石を所持している。(7)また、隣の上氷鉋村にも文政三年（一八二〇）三月時点で高一八・五三石を所持している。更級家文書には地主経営の史料は残されておらず詳しい内容は不明であるが、広域金融活動を活発化させる文化期には、少なくとも高八〇石以上は所持していたと考えておきたい。

更級家の寛政期の金融活動を表2でみると、すでに比較的広域にわたる金融活動を展開している。寛政七年（一七九五）の元金返済件数(8)は五六件、一〇五・八五両におよび、三郡二四か村にわたっている。その特徴は、①平均額が一・八九両と第二節で検討する享和元年（一八〇一）以降の金額に比べると小規模であること、②水内郡の松代藩領を中心にかなり広域に展開していること、の二点があげられる。また、五両以上の貸付が四件で、最高は六両である。享和元年以降に展開する金融活動とは金額的には差異が認められるものの、ほぼ同質の金融活

表2　寛政7年の元金返済件数と平均額

支配	郡	村名	件数	平均額(両)
①	更級	今里	1	0.65
②	更級	小松原	2	0.38
		松岡	5	0.84
		東福寺	3	1.80
	埴科	松代荒丁	1	2.00
	水内	岩草	1	5.00
		久保寺	1	1.80
		宮の尾	3	1.87
		橋詰	1	6.00
		古間	1	1.50
		五十平	1	3.00
		小鍋	4	1.44
		水内	2	4.50
		瀬脇	1	4.00
		青木	3	2.33
		村山	4	1.09
		中御所	1	1.00
		栃原	3	1.37
		梅木	2	1.80
		風間	2	3.50
		北高田	1	2.00
		小計	42	1.98
③	水内	妻科	8	2.06
④	水内	後丁	4	1.36
⑤	水内	三ツ沢	1	0.25
総計			56	1.89

出典：13-4-6より作成。
註：支配欄の①は幕府領中之条代官所支配、②は松代藩領分、③は松代藩預所、④は善光寺領、⑤は幕府領中野代官所支配を表す。

動を展開している点が注目される。また、書入（直小作）によるのか、別小作によっているのかなど、金融の形態については不明であるが、のちに検討するような更級家に特徴的な済崩《なしくずし》証文を取り結んでいるわけではないことは明らかである。

二　広域金融活動の概観と更級家の意識

1　概観

広域金融活動の期間は、享和元年（一八〇一）から弘化二年（一八四五）までの四五年間におよんでいる(9)。表3は更級家文書に残されている広域金融活動の貸付先として登場する郡名と村数、および支配を一覧にしたものである。まず、その貸付範囲の広さに驚かされる。信濃では、北部の水内・高井・更級郡、東部の佐久・小県郡、中部の筑摩・安曇郡の七郡、越後国では頸城《くびき》郡と、合計二国八郡に及んでいる。信濃では中部の埴科郡と南部の木

表3　更級家の貸付先

郡名	支配	村数	比率（%）
頸城	高田藩	58	
	高田藩預所	24	
	川浦代官所支配	1	
	社領、相給	5	25.8
水内	中野代官所支配	12	
	松代藩	36	
	松代藩預所	3	
	飯山藩	5	
	社領、相給	3	17.3
高井	中野代官所支配	35	
	松代藩	1	
	松代藩預所	1	
	椎谷藩	1	
	須坂藩	1	11.4
更級	松代藩	12	
	上田藩	1	3.8
佐久	岩村田藩	4	
	小諸藩	1	1.5
小県	上田藩	13	
	小諸藩	5	
	久松知行所	2	
	相給	2	6.5
筑摩	松本藩	28	
	松本藩預所	35	
	高島藩	8	
	諏訪知行所	5	22.3
安曇	松本藩	39	11.4
計		341	100.0

註：更級家が貸付をおこなった者が居住する村を、郡と支配領主ごとに分類して作成。

曾・伊那郡を除くすべての郡に広がっている。そして、頸城・水内・高井・筑摩・安曇郡で全体の八八・二%を占める。居村のある更級郡と、東部の佐久・小県両郡の比率はそれほど高くない。すなわち全体として、更級郡より北側の頸城・水内・高井三郡と南側の筑摩・安曇の二郡に大別できる。

では、支配ごとに見ていこう。貸付先の支配は、一〇の藩、二つの旗本領と二つの幕府代官所支配に分けられる[10]。その中でも、高田藩の八二か村（二四%、同預所を含む、以下同じ）、中野代官所支配の四七か村（一三・八%）、松代藩の五三か村（一五・五%）、松本藩の一〇二か村（二九・九%）の四つの支配で二八四か村（八三・三%）になる。そしてこれらの村々は、ほとんどが先ほどの五郡に位置している。この四つの支配下の村々への貸付の多さが、郡ごとの分布の特徴につながっている。したがってこれからは、支配ごとに分析をおこなうことが有効である。

また、今里村を支配する中之条代官所支配の村々が一つもないことが重要な特徴としてあげられる。中之条代官所支配の村々が多い埴科郡への貸付が一つもないのは、このためであろう。この点については、のちに考えてみたい。

次に表4を検討していきたい。表4は、更級家文書の証文、訴状、滞り額をまとめた帳簿などから、貸付をおこなっている時期の分布を村ごとに一覧にしたものである。ここでは、先述の主要な四つの支配下のものと合計をまとめている。これによると、貸付の多くが文化年間に始まり、天保期まで引き続いて史料上の痕跡が認められることがわかる。しかしながら、松代藩の大部分の村々は、文政期以降ほとんど姿を消している。また、弘化年間まで残っているのは、高田藩領の村々だけである。このような状況は、支配の区分、領主の対応が更級家の貸付・返済過程の動向に影響を与えていることを予測させる。この点は、本章全体の課題となろう。

（件数）

3	弘化2	15	14	13	12	11	10	9	8	7	6	5	4	3	天保2	13	12	11	10	9	8
	16	29	19	19	21	19	19	42	43	39	39	39	39	39	39	40	41	37	37	37	37
		15	10	10	10	10	10	18	18	18	18	18	18	18	18	18	18	15	15	15	15
								11	12	11	11	11	11	11	11	15	10	10	10	38	7
				1				1													
																				2	
			44	44	44	44	61	61	61	61	61	61	61	49	1	2	4	1			
							1	12	25	12	12	12	12	12	12	13	17	7	7	7	7
	17	49	76	77	78	76	98	165	197	169	170	169	169	156	108	114	117	92	91	121	89

2　更級家の貸付に対する心得

更級家文書の中に「質地幷作徳」と表題のついた竪帳がある。更級家の広域金融活動への意識をうかがうことができるので、この内容を検討していきたい（表5）。質地幷作徳とは更級家がおこなった独特な貸付形態を意味する。この点は証文内容の検討とあわせ、後に考えてみたい。なお、ここでは柱題のみを表にして、内容部分は本文で補うことにする。

まず、作成時期について。24番で幕府評定所にふれているが、更級家が幕府評定所に出訴したのは文政三年（一八二〇）、五年、一二年、天保九年（一八三八）である。また、40番に「年季明ニ質代金相揃候ハ難儀ニ候間、年々出来次第ニ返シ候得ハ格別之苦労もなく質地請戻安勝手ニ相成由頼ニ任聞届遣し」とある。これは、第三節で検討するように文政一二年の江戸出訴で相手方との間で証文内容が問題になった際に、更級家側がこのような証文を取り交わした理由として述べていた文言そのままである。この主張は、評定所において否定されるから、文政一二年以前でなければこの内容は不自然である。そして、一度は幕府評定所で対決をしたことがあるような記述がみられる（24、番号を表

表4　更級家貸付先の主要支配ごとの分布表

支配	享和2	3	4	文化2	3	4	5	6	7	8	9	10	11	12	13	14	15	文政2	3	4	5	6	7
高田藩													5	20	31	35	43	43	47	48	41	35	37
高田藩預所														3	11	16	20	21	18	19	18	15	15
中野代官所											5	1	4	7	8	5	5	7	6	7	7	7	7
松代藩	1								3	31	1		26			15	1						
松代藩預所						2				2			3	1									
松本藩										1			1	3	3	2	2	3	10	4	2		
松本藩預所							1		1		1	1	8	14	16	18	19	19	19	20	19	7	7
総計	1		1			2	1		5	34	17	9	57	63	90	116	120	125	131	129	114	86	88

出典：更級家文書の証文、訴状、滞り額をまとめた帳簿などから作成した。
註１：各年ごとに、貸付の痕跡(返済期日を過ぎて訴訟となっている場合を含む)が確認できる場合に、その村名を単位に集計した。
２：総計欄は、すべての貸付の合計である。

す。以下同じ）ことから、作成時期は文政三〜一二年の間と考えられる。また、作成者は当時の当主の左門か、江戸出訴におこなった弟忠蔵のどちらかと考えておきたい。

龍頭蛇尾（1）とは、はじめ勢いがよくのち尻すぼみになること、というのが辞典的意味である。一番はじめにあるので、更級家の貸付における原則的な意味が込められていると考えるのが普通であるが、これだけでは内容が不明である。

以下みていくと、一人当たり、村当たりの限度額が定められている点が注目される（2「壱人弐拾両、壱村五拾両限」）。小作人が病気や死去の場合には名主に小作人を定めさせること（13「小作人年定り病気死去ニ候ハ、名主江断小作人為相定可申、小作人相定不申候ハ、地所請為返可申候、左も無御座候ハ、名主を相手取可願候」）や、小作人や相手方の名前をよく確認し、村に呼び出し状を出すこと（25「名違死去欠落等ニ候ハ、、御吟味無御座候間各尊判相付候事」）から、この貸付が個人を相手とするだけではなく、村の存在を前提としてのものだっ

表5　竪帳「質地幷作徳」の内容

番号	柱題
1	龍頭虵［蛇］尾
2	高金不貸事
3	~~壱村高金不貸~~
4	利安ニ不貸　年賦済ニ貸
5	高利不貸
6	相手方難義不相成様
7	手前勝手不致幷利欲不致
8	慈悲之心得
9	書付出し不出事
10	~~利欲不致事 前へ出ス~~
11	地所相渡度申候
12	不作□引方
13	小作不致
14	年賦破勘定
15	小利足ハ滞不請取~~書付不出事~~
16	地所見届
17	~~□□~~人の家を借我家之由申立印鑑差出候者欠落いたし○(○出訴ニ罷成)候得ハ其字ニ謂掛り候由事候
18	飛脚
19	相手方帰宿ニ不居
20	日延書
21	願出シ初和ニ後諭［カ］
22	私領役場江出不礼不言事
23	御奉行所様ニ而初ニ訴訟方~~押掛~~御理解後ニ相手方御吟味
24	御評定所對決ニ而大方勝負相分故ニ甚大切也
25	小作人相手方名前能々相改
26	言葉多きハ悪又言不足も悪初ハ言葉少く後ニ急度可申
27	願書ハ短ク後口上ニ而可申
28	證據出シ候ニハ時節可勘
29	初ハ軽キ事ヲ言後ニ重キ事可言口上和らかに内心ハ諭［カ］
30	水帳ニ引合~~置候~~地所請取置候
31	地所踏分
32	地所繪圖右同
33	荒地之由申立候ハ、書付取置
34	謀高謀印メ欠落
35	御尊判相付候間滞相済候節
36	地所渡度由申
37	殿様借之由申候ハ、
38	年述之事
39	惣代之事
40	年賦割済之約束ニ候得ハ借金ニハ
41	違作勘弁事

出典：7-1-4。
註：抹線一条は抹線や囲みなどで消している部分。□は判読不能の部分。［　］および(　)は筆者が補った部分。

たことがわかる。

また、相手方の難儀にならないようにすること（6）や、慈悲の心得（8）とあるように、相手方へ一定の配慮をうかがわせるものもあるが、一人に情けを掛けるとその他の者にも同様にしなければならないことや（8「但し又情かましき義一人致候ハ、、不残同様可相成候」）、江戸願になって評定所に見分を申し立てると相手方が難渋する（11）、惣代を相手にするよりも一人別に掛け合うほうが都合がよい（39）としていることを見れば、この貸付は相手方の経営や村の立直りを気長に待ってみずからも利子を収得する自他共に利益を得ることを目的とするような性質ではなく、みずからの利子収得を第一に考えているものであることを思わせる。年賦割済（後の済崩返済とは異なる）を決して認めない、としている点も同様である（38「年賦割済決而不相成候、年述同断、月述ハ聞済」）。

そして、訴訟を前提としていることを思わせる内容が非常に多い（6・11・13・19～28・35・39・41）のも特徴である。中之条代官所支配の村々への貸付がないのは、この点によるのであろう。特に注目すべきは、各領主よりも江戸の幕府評定所での裁判を重視している点である（11・22・24）。このような裁判重視の姿勢が、小作人や相手方の名前の確認や地所を検地帳に引き合わせて確認するなどの、証文重視の姿勢につながっていると思われる（25・30～33）。

以上のような更級家の心得は、文化期を通じて貸付活動を展開する過程で醸成されてきたものであろう。文政期には更級家がこのような意識を持っていたことを念頭に置きながら、以下では実際の貸付活動の展開について検討していきたい。

三　松代藩領への貸付の展開と文化一四年五月の状況

1　松代藩領への貸付の展開

一九世紀に展開する松代藩領の者への貸付の初見は、享和元年に水内郡栗田村の戸隠役所（戸隠神領）宛の訴状である(11)。次に享和二年から水内郡青木村の弥右衛門と吉右衛門が同村の地所を別小作していた証文がある(12)。その他に松本藩領、上田藩領への貸付も散見されるが、松代藩領への貸付に関しては文化八年に大規模な訴訟が起こっており、より広範囲なものであったと考えられる。

表6は、更級家が中之条代官所に松代藩領の村々の者を相手取って起こした訴訟の村数、件数、滞り内容をまとめたものである。この訴訟についてはすでに前章第三節で分析しているので、ここでは行論に必要な点だけ述

表6　松代藩領相手の訴訟規模

年月	村数	貸付件数	籾	（両）
文化８年12月	33	77	1,885俵以上	720両余
文化11年10月	27	93	1,895俵以上	651両余
文化14年１月	15	72	500俵以上	177両余

出典：『信濃国松代真田家文書』あ1068、さ410。

べておこう。文化八年一二月と同一一年一〇月に左門から松代藩御役所宛に訴状が提出されている。表6に見るように、件数、内容ともに莫大な数にのぼる。この出訴は、左門が江戸の幕府勘定奉行所（評定所）に出訴する旨を中之条代官所に申し出ているが、松代藩による百姓召出、貸付金の回収により出訴を取りやめた。

このような事態を受けて、松代藩は文化一二年一二月に領内へ触を出した。内容は、①他領に質地を出す際には代官へ伺いを立てるべきであり、以後他領の領主から訴訟があった場合には村全体で弁金させる、②左門からの借入は以後原則禁止する、やむを得ない場合は指図をうけること、の二点である。しかし、文化一四年にも左門から同様な訴訟が起こされ、松代藩、中之条代官所とも前二回と同様な対応をして左門へ返済がおこなわれて内済となった。一見して、文化一二年の触の効果が疑問視されるが、対象となった一五か村のうち一〇か村は文化八・一一年のどちらかで対象となっている村である。また、金額も前二回の二五％と二七％に過ぎず、大幅な縮小傾向にあることが重要であろう。

以降、松代藩領への貸付をうかがわせる史料は、文化一五年水内郡瀬脇村の万右衛門・文右衛門との証文、天保九年水内郡専納村の嘉右衛門他一四名との中之条代官所宛内済届、天保一三年高井郡湯田中村六右衛門との証文が残るのみである[13]。天保九年の内済届は、松代藩役所に中之条代官所の添翰を受けて願い出たところ、藩側が借りた者を召し出して当金の返済と証文の書替をおこなった、と内済内容を届け出たものである。一四名なので複数の村におよんでいる可能性もあるが、同時期の他領主への訴訟とくらべると規模も随分と小さなものである。

以上から、文化一二年の松代藩の触を契機として、松代藩領内では更級家の貸付が大きく制限されたというこ

表7　文化14年5月江戸出訴内容

番号	滞り期間	支配	郡	村	相手	滞り内容	備考
1	文化12・13年	松本藩	筑摩	麻績	名主　傳左衛門	籾31俵4斗3升5合	5斗3升入
2	文化12・13年	松本藩	筑摩	西條	久左衛門悴 作次郎	籾82俵4升	5斗3升入
3	文化12・13年	中野代官所	高井	馬曲	伴右衛門	籾16石	
4	文化12・13年	中野代官所	水内	大古間	勘右衛門	籾28俵	5斗5升入
5	文化11～13年	中野代官所	水内	大古間	久太郎	籾31俵2斗7升2合	5斗5升入
6	文化11～13年	上田藩	小県	奈良本	七右衛門	米48俵1斗2升	4斗入
7	文化11～13年	上田藩	小県	奈良本	富吉	米24俵	4斗入
8	文化11～13年	上田藩	小県	八木沢	庄屋 龍吉	籾135俵	5斗3升入

出典：4-3-27。
註：米計72俵１斗２升、籾計319俵７斗５升

とができる。そして、表4をみると、文化一二年前後から他の支配領主の村々へ貸付が広がっている様子がわかる。更級家は当初は主に松代藩領の村々へ貸付をおこなっていたが、その制限により他領の村々へ進出せざるを得なくなった、といえるだろう。

2　文化一四年五月の幕府評定所への出訴の検討

「更級左門煩ニ付召仕半之丞」を訴訟人とする「御奉行所」宛の訴状が、文化一四年五月の日付で残されている[14]。内容は、①四郡八名の者が作徳籾米を滞らせ、それは合計米七二俵余、籾三一九俵余にのぼる、②この者たちは、今里村と貸付相手の村との距離が隔たって手作りが出来ないことを見越して馴れ合い、滞りを続けている、の二点である。相手方は松本藩、中野代官所、上田藩の支配にある村の者である（表7）。名主、庄屋が含まれており、松代藩の相手と比べると一件あたりの規模がかなり大きい点が特徴である。

さて、文化一四年五月という日付は、前項で検討した松代藩領の者を相手にした訴訟で内済が整ったのとほぼ同時期である。この訴訟は文化一四年正月から始まり、三月に返済が不調なことを理由に左門が江戸出訴をほのめかし、中之条代官所が松代藩に催促をおこなう。そして、五月一七日に内済が整っている。したがって、左門は松代藩、松本藩、中野代官所、

上田藩の各役所にそれぞれ訴訟を起こし、内済の整わなかった二藩一代官所の者のみを相手取って江戸への出訴を企てたのである。ここで確認しておきたいのは、江戸への出訴は、支配領主にまず訴えを起こしたあとに内済が不調であった場合にのみなされるので、これらの領主（代官所を含む）は、江戸への出訴を容認していることが明らかであり、これは松代藩の対応とはまったく異なっている。[15]関連する史料が残されていないことから、江戸の幕府評定所の対応などは一切不明であるが、江戸への出訴がおこなわれたことはほぼ間違いないだろう。

表4をみると、文化一二年から文政初期にかけては、大変多くの貸付がなされていることがわかる。これは、更級家の貸付方法が松代藩をはじめいくつかの領主との裁判過程で正当なものと認められると安心していたからであろう。このような状況が暗転するのが、文政四年の評定所における裁判である。

四　証文形態の問題点と文政四〜一三年の幕府評定所への出訴

1　証文形態の検討

更級家は、享和年間からの広域金融活動においては特徴的な証文を用いて貸付をおこなっている。まずは、これを分析したい。史料を三点あげる。

〔史料1〕[16]

ⓐ　　質地証文之事

字内山田拾弐枚

一上田五反歩　　御水帳庄助

字内堀田八枚

一中田三反五畝三歩　　御水帳庄助

右ハ上納金ニ差支無據未十一月迠七ヶ年季渡質代金拾九両慥ニ請取申候、御年貢役夫銀其元ニ而可被納候、年季明不請返候ハヽ流地可仕候、若変地仕候ハヽ加判人引請替地可渡候、為後日如件

文化十三子年十二月

越後国頸城郡取越村
質置人　庄　　助㊞
親類　源左衛門㊞
組合　七左衛門㊞

更級左門殿

右之通無相違御水帳引合地所改候、以上

（村方三役奥印、省略）

〔史料2〕⑰

ⓑ　小作證文之事

御高六石五斗

一小作米　六石四斗　庄助質
内米弐石六斗御年貢諸役夫銀引
残米三石八斗　作徳

右地戌暮迠十ヶ年御預り申、右米年々十一月八日限可済候、万一滞候ハヽ加判人弁済可致候、地面御入用之節ハ可返候、為後日如件

文化十三子年十二月

越後国頸城郡取越村
地預り　与左衛門㊞

請人　三　五　郎㊞
請人　傳左衛門㊞
更級左門殿
右之通無相違小作不差支様可致候、以上
（村方三役と頭立奥印、省略）

〔史料3〕(18)

ⓒ　覚

一庄助質地弐千五百六拾坪御高六石五斗年季中御年貢役夫銀請取書預り置可申候、以上

越後国頸城郡取越村
（文化一三）丙子年十二月
地預り　与左衛門㊞
城腰新田（ムシ）■兼帯
庄屋　徳左衛門㊞
更級左門殿

ⓓ　未十一月迄七ヶ年済崩偏ニ御頼申事

一金四両銀三拾四匁宛年々十一月八日済候ハヽ質地御返可被下候、何様違作異変有之共可済候、滞候ハヽ年賦破捨思召可被成候、以上

榊原遠江守様御領分
越後国頸城郡取越村
丙子十二月
質置人　庄　助㊞

地預り　与左衛門㊞

更級左門殿

作徳滞候ハヽ、飛脚賄賃銭可差出候、以上

史料3は二つの証文からなるので、便宜的にⓐからⓓまで記号をつけた。ⓐは取越村の庄助が一九両を左門から借りて七年季の質に入れた証文である。ⓑは同村の与左衛門に庄助の質地を別小作させて、一〇年間にわたり小作米六・四石（年貢諸役二・六石、作徳三・八石）を左門が受け取るという内容である。[19]ⓒは年貢諸役を払う義務を負っている左門の代わりに、小作米のうちからそれを実際に支払う地預り（小作人）与左衛門が、村役人の発行した請取書を預っておくという内容である。

四つのなかでもっとも重要なのはⓓである。これは、金四両と銀三四匁を質置人（質主）と地預り（小作人）両人で七年間払えば質地を戻す、という済崩《なしくずし》返済を取り決めた内容である。このように、ⓐとⓑの証文内容とは別に済崩証文を結ぶ貸付は管見の限りでは例がなく、特徴的なものである。[20]この事例では、七年間で最終的な支払い額は約三二両、一年ごとの利率は約一〇％となる。利率自体は決して高いものではないが、毎年元金に利子部分を上乗せして七年間払い続けることは、困窮して借り入れた者にとっては大きな負担であろう。次に、このような貸付をおこなう更級家の意図を具体例によって検討していこう。

2　「済崩証文」による貸付での更級家の意図

前項では更級家が文化一三年に使用していた証文類を検討したが、この証文を用いた実際の貸付はどのようなものであったのだろうか。まずは、次の証文を検討していこう。

〔史料4〕[21]

一札之事

一田高壱石八斗七舛　　持高　粂左衛門

一田高壱石弐斗五舛　　持高　平右衛門

右者今度両人地所質ニ差出し候、地預り之者實躰成者ニ而他借等無之候ニ付、粂左衛門ニ金子拾四両壱分、平右衛門ニ九両弐分御世話被下候様御頼申上候、以上

粂左衛門地預り人　喜左衛門

平右衛門地預り人　傳右衛門

文化十三年子十二月日　　高井郡計見新田村

（中野代官所）名主　庄七㊞

更級左門殿

この内容は、計見新田村の粂左衛門と平右衛門が地所を質入する際に、地預り（小作人）をする喜左衛門と傳右衛門が実体な者で他借もないことを名主庄七が保証したものである。すでに検討した表5（第二節第2項）においても、更級家は小作人がいなくなった場合は名主にその入付《いれつ》けを要求する心得を残している（13）。また、文化一一年一二月に頸城郡馬場村組頭清太郎が質を頼んできた際には、今里村の百姓義兵衛を「地所見届其外都而之掛合」として差し遣わして、馬場村の重右衛門と定右衛門を小作人に定めている。[22] このように、更級家は小作人が順調に返済できるかどうかに強い関心を示している。

また、済崩証文（証文ⓓ）では返済する者が質置人と地預り双方となっている（先述）が、実際の返済事例では、ⓓの証文に「銀弐百壱匁宛辰暮迠無滞可済候、内銀百三拾五匁　作徳」といった記述が加えられている証文例[23]や、質置人と地預りの割合が一：二となっている返済の通帳が残されている。[24] ここでは、地預りの方が質置人よりも

返済額が多くなっている。この二つの事例とⓐや史料4の証文内容（質置人に更級家からの貸付金がすべて渡っている）との整合性は、後に考えることにする。

次に、もう一つ別の史料を検討していこう。

〔史料5〕[25]

一此度信州更級郡今里村更級左門代喜兵衛ゟ私共江相掛り作徳米滞候趣ニ而済方被仰付度段願出候ニ付、私共被召出御糺中御座候所格別之御勘弁ヲ以各々方江行懇■（切カ）立入被仰付候段御申聞被成承知仕候、此段私共地預りニハ御座候得共済崩引當質ニ而本人共致支配候■故地預り人名目而已、私共相償可申手段無之依之本人江掛合候處一同罷出相歎候ハ右借用金之儀壱口元金弐拾両致借用候得共、其年乃至十一月廿七日ニ證文相極金子請取候而も十一月十二月二ヶ月分利足金弐分宛引之、残り金拾九両弐分請取之、其翌年ゟ壱ヶ年ニ金四両宛十一月八日済之積りニ而八ヶ年済崩之約議ニ御座候、然所今般作徳滞之旨訴出候得共右者全ク済崩滞之節過怠引當質地ニ而村々振合ニも無之、壱両ニ付米弐斗宛之積代金ニ致、元金拾九両弐分之方江弐拾両分之質地相渡置候、依之金四両宛済崩年々相済候得共八ヶ年目ニ右引當質地證文可相返約束故餘計之引當相渡置候、然所打續凶作致候故手段尽果無是非延引仕候ニ付物代を以年延ニ致呉候様相詫候得共、一圓受入不申今般御上様江奉掛御苦労（ママ）ニ候段恐入奉存候得共打續凶作之■ニ而迚も済崩返済之方便無御座、尤當郡之儀者何連之村方ニ而も通例金壱両ニ付七八升之相場ニ而御座候得共、金壱両ニ壱斗付之積りニ而引當質地受取呉候様御對談被下度奉願上候、万一聞入不申候ハヽ、無據何方迠も罷出相詫申度所存ニ御座候間幾重ニも聞済呉候様乍御苦労御對談被下度奉頼上候以上

右ハ相手方ゟ中済人江差出度由之処、手寄を以写取候

これは「更級左門代喜兵衛」から作徳滞出入で訴えられた相手方が、領主によって立ち入りを命ぜられた中済

人に提出した書面を、更級家の側で写を手に入れたものである。喜兵衛は文政三年に高田藩役所へ訴え出た際に更級家の代を務めているので、同時期の史料としておきたい。内容は、①作徳滞出入で訴えられたが、証文上は地預りになっているものの、実際は「質ニ而本人共」（質置人）が支配しており地預りは名目だけでその土地に関わりをもってはいない、②金二〇両（実際は一九両二分）を借用して年四両の八年済崩返済の約束であるが、返済が滞ったからといって「過怠引当」としての質地を入れるような慣行は当地域にはなく（後述）、③質代金一両につき米二斗は村の相場（七、八升）の倍以上なので、一斗で換算して質地を差し出すので内済としてほしい、の三点である。

②の点は、前項で検討した済崩証文（証文ⓓ）で、済崩返済が「滞候ハヽ、年賦破捨思召可被成候」との文言とあわせて考えなくてはならない。つまり、更級家は凶作が続いて済崩返済の延引を求める相手方の意向を聞き入れず、済崩証文を破棄し、小作証文に則って訴訟を起こしたのである。しかし、小作滞で訴えられても返済できる金額は相手方にはなく、質地の差し出しの面積がここでは問題となっている。

③で言われている質代金の相場について、先述の証文ⓐとⓑで検証すると、質地証文ⓐの元金一九両に対して、小作証文ⓑの作徳が三・八石となっていることから、この相場で更級家は質地を差し出させていることが裏付けられる。つまりこれは、地域の相場よりも倍以上広い面積の質地、ということになる。「過怠引当」とは、返済が滞った場合の引当として質地を入れている、との含意であろう。

相手方の主張は、そもそもこのような広い質地を差し出したのは、済崩証文に則って返済すれば八年後に質地を返してくれる約束だからであって、返済が滞ったからといって相場の倍以上広い質地を取られるのは納得がいかないので、地域の相場とまではいかないにしても、証文の半分の面積を譲り渡すからそれで勘弁してほしい、というものである。

この事例は、証文上は地預りが耕作することになっている土地が、質置人の支配のままになっている。また、更級家が済崩証文の文言どおりに、その証文を廃棄して、小作証文に則って返済を主張し、訴訟を起こしている点が注目される。

以上をまとめると、更級家は証文に質置人・地預り（小作人）・請人・庄屋を取り揃え、地域の質地金額の相場や返済の延引などの慣行よりも証文の内容どおりに事を進めようとし、返済が滞った場合は訴訟で解決することを最重視していたのである。このような更級家の貸付のあり方、その後の行動は、明治一七年の松方デフレの時期に武相困民党と対峙した債主のあり方と酷似しており[26]、更級家の貸付は、近代的な証文主義を先取りしたものであった、と評価しうるだろう。

なお、史料4や実際の返済事例（地預りが三分の二を返済している）と、史料5の内容（地預りは耕作していない）は矛盾している。質置人と地預りの関係については、確たる史料を見いだしていないが、現時点では更級家との関係が生じる前から、質置人と地預りの間に地主―小作関係が存在しているのが基本的形態と考えておきたい。したがって、地預りにとっては小作料の支払先が変更になり、質置人にとってはこれまで手元に入っていた小作料が直接更級家に渡ることになるとともに、自身も幾ばくかの返済を更級家におこなうことになるのである。

3　文政四～一三年の幕府評定所への出訴

文政四年六月、更級家は江戸の幕府評定所に作徳滞出入の訴えを起こした。相手は一九五名にのぼり、松本藩預所、高田藩領分などの二国三郡五六か村に及んだ。訴状の内容は、流地になって「銘々之地所も不相離年季明候節金子調達等之心配も無之様、且又流地等ニも相成候而者村方ゟ相手村々迚者いつれも弐拾里余も相離候場所故手作出来不申不弁理ニ而双方迷惑」なので、三通の証文を「実意勝手」をもって取り交わしたのに、年季中はいうに及ばず、それが明けても返金がない、というものであった[27]。

翌文政五年二月、勘定奉行松浦伊勢守は、次のような内容の裁許をおこなった。まず、年季が明けたものは、「質地出入」として済方を仰せ付け、内済となった（人数や内容は不明）。一方、「相残候作徳出入之儀者御吟味之上質地代金成崩証文壱通宛取置候上者、質地作徳滞候与之申分難相立」として、すでに国許で内済になったものはそのまま聞き届け、その他は「貸金証文ニ書替得与掛合」をして、「実々相対ニ而不相済候節」は再度訴え出るように、というものであった。この作徳出入は相手一九五人のうち、四一人は済方になっており、残りの一五四人が貸金証文に改めるべき対象となった[28]。のちの文政一一年に再出訴をした際、勘定奉行は「貸金を手堅可致ため相對と者乍申有躰ニ無之證文受取置候始末、旁不埒」と評価している[29]。このような証文形態は、更級家を有利にする目的であり、実体のないものであるから年季中の作徳が滞っているとの出訴理由は成り立たないというのが勘定奉行所の判断であった。

この裁許により、貸付金の返済はことごとく滞ることになった。在地における貸付相手の反応は「去ル午年中松浦伊勢守様御吟味ニ而左門不埒貸付いたし候ニ付、此上返置ニ不及段御評定所ニ而被仰渡候上者、証文書替候ハ決而不相成候段申之」と、評定所の裁許内容を曲解したものであった。そのため更級家は「此儘捨置候而者外貸金迚不残潰ニ相成左門身上忽難行立難儀至極」という状況に陥ってしまった[30]。更級家の貸付は裁許でとりあげてもらえなければ、返済がまったくなされないものであり、在地においては無効証文と化してしまっているのである。このような状況は文政一二年九月の再々出訴でようやく打開され、翌文政一三年に「不残全貸金証文ニ書替熟談内済」となった[31]。この時の更級家の主張は、証文に問題があったにしろ、「素々金子貸遣候ニ無相違」というものであった。しかし、相手の小作人一四五人のうち、七八人は死失、欠落、難渋者であるため除かれており、在地において充分に証文書替の努力を払うべきとされたこの期間の空費は大きなものとなった。

すでに見てきたように、更級家は文化一二年から文政初期に多大の貸付を展開していた。これは、三通の証文（ⓐ〜ⓓ）がそのままの内容で「有効」という前提での金融活動であったが、文政四年出訴の過程で幕府評定所によって疑義が呈されたことがきっかけとなって、在地で曲解され無効証文と化し、あらたに証文を結び直すために一〇年近くを費やすことになった。もともと、裁判で返済を促すことを意図した貸付にとって決定的ダメージとなり、返済はまったくなされず、「外貸金」にも影響が及んだ。更級家にとって文政期は空費されてしまったのである。この出訴対象の他にも松本藩領分と高田藩領分に膨大な貸付をおこなっており、この返済・回収が大きな問題となった。

五　天保・弘化期の回収過程

1　松本藩領分の回収過程とその結果

第三節第2項で検討した文化一四年の幕府評定所への出訴以降、文政三年に松本藩領分二三か村の小作人を相手に作徳滞出入がおこなわれている。このときには中之条代官所から松本藩役所（郡奉行所）に「掛合」があったことが訴状や済口証文からうかがえる[32]。中之条代官所と松代藩との関係と同様であったと考えられ、結果は「不残皆済」となった。このためであろうか、他にも滞っているものはあったはずだが、文政四年の幕府評定所への出訴の相手に松本藩領分の者は含まれておらず、以後、文政期に動きはなかった。評定所の裁許を在地において曲解された状態が続いていたため（先述）、身動きができなかったのだろう。

天保二年（一八三一）一〇月、更級家は松本藩役所に「質地成崩証文済方願出」をおこなった。質地成崩証文とあるので、文化期後半におこなった貸付がそのまま滞ったものについて、出訴したものと考えられる[33]。この訴訟は、天保四年五月に相手二〇六人のうち二〇〇人との間で内済となった[34]。訴訟金高は二六二五・九六両にのぼり、うち二五一・一八両（九・六％）は「極難并断絶之者江勘弁」として回収を放棄することになった。残りのうち一一八〇・四五両（四五・〇％）は天保二年一一月と同三年三月に当金として返済を受け、一一一一・八両（四二・四％）は以後五年以内の年賦返済となった。この年賦返済分は、年五分（五％）の利息が付くが、年限以内に返済すればそれは用捨となる。このように更級家は、文政一二年の幕府評定所裁許を受けて「有効」となった「質地済崩証文」をもとに出訴した結果、全体の四五％を当金で受け取るという一応の好結果を得たのである。

以後、天保四年から天保一〇年までの返済額は一〇九・三三両、その多くは内済の翌年のもので、返済は順調に進まなかった。このため更級家は、天保一〇年松本藩役所に再出訴、ここで当金四一四・一七両を得る。裁判に訴えなければ、返済は容易に進まない状況が見てとれる。そして天保一四年に再々出訴をおこない、返済を促している最中の同年一二月、相対済令が出された[35]。この時点で天保二年に訴え出たもので皆済されているのは全体の三〇％であった。松本藩のものは、領分・預所ともこれ以降史料が残されておらず、このまま返済はなされなかった[36]。相対になると、やはり返済は一向に進まなかったのである。

ここで、貸付元金と返済額とを比較しておきたい。訴訟金高（二六二五・九六両）は済崩証文による利子が含まれた金額なので、この二つの関係がわかる高田藩領分の比率（後述）を用いて推計する（割り戻す）と、貸付元金は一五一六両になる。検討してきたとおり、天保二〜一〇年までの返済額は一七〇三・九二両となり、貸付元金を一八七・九二両上回る。更級家が多額の貸付をおこなった最後の年（文化一五年・一八一八）に貸付をしたとすると、天保一〇年（一八三九）までの二一年間で年八・九五両の利息を得ることになり、これを貸付元金（一五一六両）で除すと、〇・五九％という数値が実現利率として得られる。このように、松本藩領分への貸付は、貸付元金を割り込むことはなく、かろうじて利子を得ているものの金融業として成功したとはとてもいえない結果に終わった。

2　天保九年の幕府評定所への出訴

天保九年五月、更級家は高田藩領分への貸付を中心とする①初めて出訴する質地貸付分と、②文政四年に出訴し、文政一三年に年賦証文に書き替えた分（第四節第3項参照）の返済を求めて、幕府評定所に出訴した[37]。吟味は勘定奉行深谷遠江守と用人豊田栄次郎がおこない[38]、天保一〇年一一月にまで及んでいる。訴訟は①と②が並行してなされているが、ここでは件数が多く史料もよく残されている①を中心として検討していきたい[39]。

天保九年五月二八日の吟味では丹治（左門弟）が、文政一三年の裁許内容を根拠に、出訴にいたっていない残りの貸付分についてもこれと同じように証文を書き替えてくれるよう在地で貸付相手に依頼したが「返済ハ素ゟ証文書替之儀難出来」といって埒が明かなかった状況を訴えると、深谷は「借タ事なら夫々当金差入証文書替ろ」と貸付相手に迫った。この勘定奉行の対応は、文政一三年の裁許内容を踏襲している。一方で相手方は「難渋之趣」を「重々様々」申し立てた。深谷の吟味は「難渋之者ハ勘弁請返済方ラクニ出来ル様ニでもスルより外致し方がナイ」と相手方に諭し、「証文書替強而致サヌト其方共所持之地所奉行所ニ取上ニ相成其上村役人ハ夫々御咎の付ク事ダ」と強硬な姿勢を見せながら、主に相手方に当金を入れて証文を書き替えることを迫っていくものであった。その後、六月二一日には「越後国不残掛合罷越し一同申候者、元金年賦ゟ外致方無之趣き申之猶又勘弁之上可掛合由ニ候」と、証文を書き替えることを前提として、その枠内で内済を図り、それが順調に進まない場合に吟味がなされるという展開になった。六月二四日、二九日に吟味がおこなわれ、九月一七日には「不残」破談届が出された。そのため再度、同月二七日に吟味がなされたが、一〇月二一日にやはり破談届が出されている。そこで五日後の二六日、更級家は吟味の進め方について願書を提出した。

願書の内容は、信州相手は本人もしくは村惣代を呼び出して「夫々当金差入残金証文書替」て順調に内済が進んでいるのに、越後国相手（高田藩領分・預所）では「多人数惣代ニ罷出候故、一同長引候様仕成」となっている、

入金	元金内容		入金		利子		結果					
天保9戌出訴当金	天保10亥元金	返済条件	年季中	～弘化2まで	追加利子額	利子入金	終期	期間	入金計	利子額	実現利率	最終状況
0	4.70	3年賦	2.56	0.00	0.00	0.00	弘化2	30	13.50	3.496	0.012	未
0	12.33	2年賦	6.00	6.33	3.71	3.71	弘化2	31	39.45	19.446	0.031	済
0	14.99	4年賦	4.00	0.00	5.82	0.00	弘化2	30	24.68	4.679	0.008	未
0	16.40	5年賦	3.60	0.76	7.30	0.00	弘化2	31	23.69	3.689	0.006	未
0	11.93	5年賦	2.90	0.77	5.13	0.00	弘化2	30	9.61	-0.394	-0.001	未
—	—	—	—	—	—	—	—	—	1330.24	202.739	0.0063	—

ついては、総代ではなく信州のように本人を呼び出すことにしてほしい、というものであった。ここで豊田は、相手方が多門（左門）のことを「不埒之貸付致タ」「証文文面悪敷趣き」と非難するのを、それについては先年の裁許で解決済みであるから、これからは相手方を厳しく吟味する旨を申し渡した。その一方で、丹治（左門弟）の願書に対しては「乍然困窮者共一同不残召出スも年柄と言不便思勘弁致し置」と、相手方にも一定の配慮を見せた。このように、本人を呼び出すかどうかは、内済に大きな影響を与える事柄として更級家は考えており、これは第二節第2項（質地并作徳、39）でみた内容が実際の訴訟の中で生きていることを表している。

さて、一一月にも断続的に吟味がおこなわれ、一二月には一三か村一七人との間で内済となった(40)。ごく僅少な当金を支払っているものが五人いるが、残りは証文を書き替えただけの内済となった。翌一〇年の内済分も、「御吟味扣」で確認できるものはすべて同様のものばかりで、証文の書き替えは順調に進んだものの、当金の支払いは進んでいない。ここで、比較したいのは、欠落届を偽って出したとして天保一〇年八月に幕府評定所に呼び出された三ツ又村清左衛門と猪野山村由左衛門（いずれも高田藩領分）は、当金一四両と二両を更級家に払っている事例である。また、越後国の比較対象とされた信州相手のうち、松本藩や岩村田藩のものは当金二両程度のものがほとんどであった。このように、江戸に本人もしくは村惣代を

表8　高田藩領返済過程一覧

番号	村名	相手	元金内容							入金		残金
			貸付時期	金額	年季	割済金合計	済期間	割済残金額	利率	年季中	～天保9まで	
1	田切	藤八	文化12	10.00	7	15.63	—	—	0.080	8.93	2	4.70
2	今府	四郎左衛門	文化11	20.00	8	35.73	—	—	0.112	13.40	10	12.33
3	今府	和兵衛	文化12	20.00	8	35.73	—	—	0.112	17.87	2.8125	14.99
4	福田新田	源助	文化11	20.00	8	35.73	2	26.80	0.112	8.93	10.4	16.40
5	福田新田	七郎右衛門	文化12	10.00	8	17.87	0	17.87	0.112	0.00	5.933	11.93
		（省略）										
合計・平均		—	—	1097.50	7.50	1904.20	—	—	0.105	—	—	—

出典：9-1-15、9-6-2、9-6-6により作成。

呼び出すことには一定の効果があったのである。

また、深谷や豊田は、欠落届を偽った者を吟味する際、仮に奉行所を偽った罪を裁許すれば、相手は牢に入ることになり、この暑さで早晩死亡してしまうだろう、そうなったら貸金も戻ってこなくなると、更級家側にも内済を促している。このように幕府評定所の裁許に対する姿勢は、貸付金の返済を優先するというよりも、とにもかくにも内済を成立させることを方針としていた、とまとめることができるだろう。

結局、全体の相手二三五人中、二八人は欠落として証文書替もおこなわれず、二〇五人と内済が成立してこの訴訟は終了した。先述のように、信州相手と越後国相手で差異はあるものの、全体としては少々の当金を受け取って証文を書き替えることがほとんどであり、以後は国許での返済の掛合・訴訟に委ねられることになった。そして、高田藩領分・預所以外は、天保一四年の相対済令により返済がなされないままとなったのである。

3　高田藩領分の返済結果

高田藩領分・預所相手の貸付は、天保一四年の相対済令にもかかわらず、弘化二年まで藩の役所において更級家の訴えをとりあげている(41)。この対応の違いがどのような要因によるのかは不明であるが、更級家の貸付の結果を知るためにはもっともよい対象となりうる。

天保九、一〇年の幕府評定所での内済の対談書(42)では、金額にもよるが五年以内に返済をすることと、年季中の利子として一割が付されることが定められている。しかし、返済はほとんど進まず、天保一一年には高田藩役所に出訴ののち内済が成立し、弘化二年にも同様のことがおこなわれた(43)。

この高田藩領分の返済結果を見るために、貸付の開始から弘化二年出訴までの内容をまとめたものが表8である。ここでは、全七四件の事例のうち、五件と合計・平均のみを掲げた。全体の半分は、返済がなされないか、その後が不明なものである。返済がなされたものと、なされていないものの二極に分化しており、全体の実現利率は〇・六三%である。これは、松本藩領分のものとほぼ同様の結果となっている。高田藩領分への貸付も、いくばくかの利子収入を更級家にもたらしてはいるものの、金融業としては不成功に終わった、といえるだろう。

六　地域における質地金融の展開との比較

50～100両		100両以上		合計	
件	金額	件	金額	件	金額
				108	255.688
				120	395.694
				145	669.000
4	256.625			151	1539.375
5	322.375	2	248.500	183	1970.625
9	579.000	2	248.500	707	4830.381

1　安曇郡保高町村小川家の金融活動の展開

安曇郡保高町村は、城下町松本から五里の糸魚川街道沿いの宿場町である。更級郡今里村からはかなり離れているものも、その周辺に更級家は多くの貸付をおこなっていることから(後述)、広域な更級家の貸付がどのような地域状況のもとでなされたのかを知るうえで検討に値する。保高町村小川家は松本藩領分に属し、同村の名主を務め、村内所持高は三〇・七一石(文化一〇年時点)である。同家の金融活動については、熊井保の詳細な仕事があるので、氏の分析に導かれながら、更級家の貸付と比較検討していきたい(44)。

表9　保高町村小川家の貸付件数・金額

	1両未満		1～5両		5～10両		10～20両		20～30両		30～50両	
	件	金額	件	金額	件	金額	件	金額	件	金額	件	金額
文化2	40	17.563	59	112.500	3	22.000	4	48.000	1	25.625	1	30.000
文化10	43	18.006	53	109.375	16	111.563	5	69.875	2	45.000	1	41.875
文政8	36	16.938	69	154.813	20	130.438	12	138.313	3	69.000	5	159.500
天保6	10	4.500	56	138.000	25	166.188	39	486.375	7	152.813	10	334.875
弘化元	21	7.750	61	157.000	28	172.250	47	598.750	17	387.313	2	76.688
計	150	64.756	298	671.688	92	602.438	107	1341.313	30	679.750	19	642.938

出典：註(44)熊井論文所収の表をもとに作成。

表9は文化二年～弘化元年までの小川家の貸付件数と金額（各年の店卸なので年末における残額）の推移を一覧にしたものである。文化二年の一〇八件から弘化元年の一八三件まで件数は一・七倍に増加している。顕著なのは金額の増加であり、同期間に七・七倍となっている。そして、これは一件あたりの金額の増大によるものであった。文化二年にはもっとも金額の多い区分は一～五両、二番目に多いのは一〇～二〇両であるのに対し、文化一〇年には五～一〇両、文政八年は三〇～五〇両がもっとも多い区分となる。天保六年、弘化元年には、もっとも金額の多い区分が一〇～二〇両となり、二番目に多い区分が三〇～五〇両（天保六年）、二〇～三〇両（弘化元年）と、金額の増大傾向が顕著である。小川家の貸付形態は質地を担保にとっての質地金融であって、文化期までは利子の支払いはきっちりとなされており、利率は年一三％が主であった。しかし、文政期から貸付金額の増大に伴い、利子の支払いが滞り始め、利率も年一〇％程度に低下していく。また、返済が滞った場合は、質地を受け取ることにより処置がなされている（ただし、小川家は土地集積を望んではいないとされている）。

2　小川家の地域金融圏と更級家の金融活動

では、小川家の地域への貸付と更級家の貸付を比較してみよう。比較する対象範囲は、筆者がこれまで畿内における分析で用いた区分（近隣地域

表10　小川家・更級家貸付先対照表

分類	村名	安曇郡保高村小川家	更級郡今里村更級家
居村	保高町	○	×
隣村ⓐ	等々力町	○	×
	等々力	○	×
	細萱	×	○
	成相新田	×	×
	柏原	○	○
	保高	○	○
隣村ⓑ	橋爪	○	○
	弧島	○	×
	押野	×	×
	白銀	○	×
	矢原	○	○
	重柳	×	○
	踏入	○	○
	吉野	○	○
	成相本	×	×
	牧草深	○	○
	耳塚	○	○
隣村ⓒ	青木花見	○	○
	十日市場	×	×
	中郷	×	×
	塩川原	×	×
	寺所	×	×
	鳥羽	○	×
	中萱	×	○
	嵩下	○	○
	南原	×	×
	新屋	×	×
	立足	○	×
遠隔	仁木	○	×

…隣村ⓐ・ⓑ・ⓒ）である[45]。文化一〇年と文政八年の小川家の貸付先と、天保三年に松本藩役所へ更級家が出訴をした相手村とをまとめたのが表10になる。小川家の貸付先は隣村ⓒまでにほとんどが収まっている。そして、隣村ⓐの六か村のうち小川家は四か村に貸付をおこなっている。隣村ⓑには一一か村のうち八か村、隣村ⓒは一一か村のうち四か村であり、近隣地域（合計二九か村）のうち一七か村に貸付をしている。隣村ⓑまでの地域をここでは地域金融圏と呼んでおきたい[46]。これに対して更級家は、この地域金融圏の一三か村に貸付をおこなっており、その金融活動が小川家の地域金融圏に「食い込んで」いることを示している。そして、両方とも貸付のある村が一〇か村、小川家のみが七か村、更級家のみが三か村、両方ともない村が九か村となる。更級家のみ貸付がある村が三か村あることは注目に値する。

この状況をより詳しく見ていきたい。文化一〇年に小川家の貸付がある村々への更級家の貸付を、天保三年の貸付残額（訴訟金額）と比較しよう（表11）。更級家の貸付は五両以上の金額がほとんどであるから、小川家の五両

表11　文化10年における小川家と更級家の規模別貸付件数・金額比較表

○小川家

村名	1両未満		1～5両		5～10両		10～20両		20～30両		30～50両		合計	
	件	金額	件	金額	件	金額	件	金額	件	金額	件	金額	件	金額
保高	12	4.188	21	42.313	8	55.375	1	10.000	2	45.000			44	156.875
牧	2	0.813			2	14.875	3	49.125			1	41.875	8	106.688
柏原	5	1.625	5	15.563	1	9.875							11	27.063
矢原	1	0.063											1	0.063
耳塚	1	0.375											1	0.375
嵩下	2	0.750	4	6.875			1	10.750					7	18.375
小計	23	7.813	30	64.750	11	80.125	5	69.875	2	45.000	1	41.875	72	309.438
総計	43	18.006	53	109.375	16	111.563	5	69.875	2	45.000	1	41.875	120	395.750

出典：註(44)熊井論文所収の表をもとに作成。
註：小計欄は、表中の村での合計を表す。総計欄は、小川家の貸付全体の合計を表す。

○更級家

村名	1両未満		1～5両		5～10両		10～20両		20～30両		30～50両		合計	
	件	金額	件	金額	件	金額	件	金額	件	金額	件	金額	件	金額
保高					2	14.049							2	14.049
牧					1	7.776	2	36.902					3	44.678
柏原			4	22.501	13	109.972							17	132.473
矢原			1	6.607	4	33.581							5	40.188
耳塚			2	11.863	2	22.659							4	34.522
嵩下			3	9.264									3	9.264
計	0	0.000	10	50.235	22	188.037	2	36.902	0	0.000	0	0.000	34	275.174

出典：3-6-2より作成。

表12　文政８年における小川家と更級家の規模別貸付件数・金額比較表

○小川家

村名	1両未満		1～5両		5～10両		10～20両		20～30両		30～50両		合計	
	件	金額	件	金額	件	金額	件	金額	件	金額	件	金額	件	金額
保高	8	4.000	20	36.188	7	46.000	2	21.875	1	25.000			38	133.063
牧	4	2.000	7	16.500	3	18.250	2	22.188	1	24.000	1	30.000	18	112.938
柏原	5	1.625	2	4.438	1	6.000							8	12.063
矢原													0	0.000
吉野◇			1	2.938	1	5.063							2	8.000
踏入◇							1	10.000					1	10.000
耳塚	1	0.375	3	6.125	1	9.000					1	38.000	6	53.500
嵩下	1	0.938	6	11.500									7	12.438
青木花見◇											1	31.500	1	31.500
富田新田◇			1	1.000									1	1.000
小計	19	8.938	40	78.688	13	84.313	5	54.063	2	49.000	3	99.500	82	374.500
総計	36	16.938	69	154.813	20	130.438	12	138.313	3	69.000	5	159.500	145	669.000

出典：註(44)熊井論文所収の表をもとに作成。

註１：小計欄は、表中の村での合計を表す。総計欄は、小川家の貸付全体の合計を表す。

　２：◇の村は、文化10年の表11には含まれていなかった村であることを表す。

○更級家

村名	1両未満		1～5両		5～10両		10～20両		20～30両		30～50両		合計	
	件	金額	件	金額	件	金額	件	金額	件	金額	件	金額	件	金額
保高					2	14.049							2	14.049
牧					1	7.776	2	36.902					3	44.678
柏原			4	22.501	13	109.972							17	132.473
矢原			1	6.607	4	33.581							5	40.188
吉野◇							3	52.880					3	52.880
踏入◇					1	11.761							1	11.761
耳塚			2	11.863	2	22.659							4	34.522
嵩下			3	9.264									3	9.264
青木花見◇			1	4.666	1	9.332							2	13.998
富田新田◇			2	12.442									2	12.442
計	0	0.000	13	67.343	24	209.130	5	89.782	0	0.000	0	0.000	42	366.255

出典：3-6-2より作成。

註：◇の村は、文化10年の表11には含まれていなかった村であることを表す。

以上と更級家の貸付全部を比較することになる。そうすると、小川家の一九件、金額二三六・八七五両に対し、更級家は三四件、二七五・一七両であり、件数・金額とも更級家が上回っている。特に、柏原（隣村ⓐ）、矢原、耳塚（隣村ⓑ）の三か村の五両以上の貸付はほとんど更級家がおこなっている。表では省いたが細萱（隣村ⓐ）、重柳（隣村ⓑ）も同様であり、小川家の地域金融圏のうち五か村に更級家は食い込んでいることになる。

同様の比較を、小川家の貸付がより高額化した文政八年でしてみよう（表12）。ここでも、小川家の合計二三件、二八六・八八両に対し、更級家は四二件、三六六・二六両と件数、金額とも上回っている。そして、柏原（隣村ⓐ）、矢原、吉野、踏入（隣村ⓑ）と細萱、重柳の六か村で更級家が小川家を上回っている。文政八年の比較でも、文化一〇年と同様の結果を得た。

このように、更級家の金融が信濃・越後頸城郡で広域に展開しえたのは、地域において比較的高額（五〜二〇両程度）の金融を必要としている者が多くいるにもかかわらず、その地域の豪農がその必要性に十分応えきれていない状況があったからである。そして、この高額金融の必要性が地域において満たされていくのは文政後期〜天保期にかけてであり、文化後期に展開する更級家は、一五年ほど前にその必要を満たす役割を果したのである。(47)

おわりに

以上の検討から、更級家の金融活動の特徴については、次のようにまとめることができるだろう。文化後期に信濃・越後頸城郡では、質地金融による形態で五両以下の少額の金融が主流であったが、それ以上の金額の貸付を受けたい者が広汎に存在していた。その貸付を必要とする者は、村の中上層の者が中心だったと思われる。同じ村や近隣の豪農・村役人層から貸付を受けることができず困っていたところで更級家からの貸付を受けることにより、当座を凌ぐことが出来た。

近隣地域における貸付が土地を担保とし、返済が滞った場合にはその土地が取り上げられてしまうことを契機として利子の支払いと元金の返済を促していたのに対して、ときには「弐拾里以上」離れた場所に広域金融を展開する更級家の貸付では、そのような契機は機能するべくもなかった。よって、証文内容どおりの契約の履行・返済と訴訟を重視する、明治前期の近代的な私的所有権が確立する前後に困民党などによる負債農民騒擾で問題化する「過酷な債主」に類似した金融形態とならざるを得なかった。

支配領主の中之条代官所が直接藩役所に掛合をおこなっていた文化期の松代藩領や松本藩領への貸付においては、貸付相手の領主に訴訟して裁許や領主主導の内済による返済額の受け取りはうまくいっていたが、それが望めない場合は、領主権力が内済を促してもせいぜい半額が当金として入ってくるのがもっともよい部類で、数年後に再出訴を必要とし、全体としての実現利率は決して満足のいくものではなかった[48]。

以上のような信州における地域状況とそこでの更級家の金融活動を、「はじめに」で触れた畿内における地域状況と岡田家のそれと比較すると、次の三点が重要であろう。まず、畿内においては文化後期においても、文政期以降の発展状況とまではいかないにしても、豪農間で土地を媒介としない比較的高額の金融「市場」がすでに成立しており、貸付相手の経営や村の立直りを待ちながら、みずからも利子を長期にわたって収得する慣行があった。また、借り手よりもむしろ貸し手が多い状況であった。これに対して信州においては「市場」が成立する以前の、貸し手が不足する中で更級家の金融は展開しており、同様の慣行は望みえなかった。そこで金融活動を展開しようとすれば、証文と領主権力（訴訟）に依拠するしかなかった。これは、貸し手の貨幣資産が、地域において充分生かされないという点で、借り手にとっても不幸な状況であったといえよう。

また、領主権力の在り方においても違いがある。信州は畿内ほどではないにしても支配が入り組んでおり広域に金融活動を展開しようとすれば、異なる領主権力と関係を持たざるを得ない。相手領主に訴訟をおこし内済が不調でも、畿内においては大坂町奉行所が支配違いの金公事裁判権を一手に掌握しており、その裁許においてはときに身代限がおこなわれた。これを背景に、即効性はないにしても返済を促す機能を発揮していた。これに対して信州では、内済が不調なときには江戸まで足を運ばねばならず、幕府評定所は内済を促しはするものの、強制的措置はなされず、畿内に比べるとさらに微温的で、時間がいたずらに経過する訴訟展開となった。そのため、実現利率にも大きな差が出てくるのである。裁判制度が貸し手と借り手の信用を補助するという機能を発揮できなかったことも、慣行が未成熟となった要因であろう。

そして、河内国においては米納年貢が重要視され、豪農の手元には貨幣資産が多く残された。したがって、それが地域金融に回りやすい構造が存在した[49]。それに対して、少なくとも松代藩領においては、年貢米を江戸市場に出すことはなく、むしろ金納年貢が重視された。豪農の手元の米は酒造業等に回され、在地では金策が重要な課題となる。地域に出回る貨幣は不足勝ちになり、更級家のような地域に根ざさない広域金融が生まれる背景になった。まだ仮説の域を出ないが、見通しを含めてこのように考えておきたい。

最後に、地域金融圏について。第六節で検討した安曇郡保高町村小川家の弘化期の金融活動は、件数・金額ともかなりの規模に達している。熊井の別の研究によれば、幕末期にかけても不良貸付に苦しみながらも発展を遂げている。より詳しく検討・比較をおこない、畿内における地域金融圏的なものが出来ているのかどうか、だとすればその異同を明らかにすることを今後の課題としたい[50]。

（1）　地帯区分については、中村哲『明治維新の基礎構造』第三章（未来社、一九六八年）によった。

（2）　本章で用いる更級家文書は更級健一郎氏の所蔵によるものである。本文書には、筆者作成の目録があるので、本章での引用にはその史料番号のみを略記する。

（3）　更級家文書を用いた研究として、飯島千秋「富裕農民による公金貸付資金の差加え――更級郡今里村更級家の場合――」（『市誌研究ながの』三、一九九六年）がある。ここで氏は、更級家の広域金融活動について若干触れており、天保期の更級家の金融活動が文化・文政期に展開するものとは別で、新規に貸付をおこなったものとの理解を示しているが、後論で明らかにするようにこれらは同一のものである。

（4）　四―二―一一。

（5）　宝暦期以降、村沢（更級）吟（銀）右衛門や久右衛門といった名前が名主として宗門人別帳の表紙に見られる。

（6）　元治元年（一八六四）の所持高は更級久右衛門が一七・二七五五石、善右衛門が七・一八石、丹治が三・五五石である。なお、更級家は久右衛門が弘化四年まで存生した（九―五―三八）。そして、次男の忠蔵が本家をついで久右衛門を名乗る。長男の左門（のち多門と改名）は分家して名主職を務め、元治元年の善右衛門はその息子になる。丹治は三男である。なお、忠蔵が本家を継いだ時期については判然としない。

（7）　四―六―七―一。

（8）　「書出帳」（一三―四―六）は、金額の記載のあとに卯〇月〇日取、といった記載形式で、元金の返済を別の帳簿から書き出したものと考えられる。また、書き出した期間は、寛政八年正月に申年（天明八＝一七八八）から辰年（寛政八）までをまとめたものと考えられる。

（9）　寛政七年時点でもすでに比較的広域にわたる金融活動を展開しているが、享和元年以降の貸付とは金額に大きな差異があることと、独特の証文を用いていない点で異なるので、このように区分している。

（10）　預所は、裁判などでは各藩の支配下にあるので、ここでの分類は各藩領の村と同様に扱うこととする。

（11）　七―一―五。

（12）　五―七〇―一―二。

（13）　五―七一、九―一―一〇、一五―四―一―一・二。

（14）　四―三―二七。更級家の訴訟は遠方の役所相手の場合は、兄弟、村の分家、もしくは召仕が訴訟人となっており、この場合も同様である。

（15）　第五章では松代藩と中之条代官所の関係を、「藩と代官所が、お互いの領民の農業経営の維持、金融の維持に密接に協力する関係」（二五三頁）と評価した。本章の分析では、松本藩の文政三年時の対応（後述）は同様のもので、中野代官所、上田藩、高田藩は更級家の江戸出訴を容認している。このような対応の差異がどのような理由から生じるのかは、今後の課題としたい。

(16)　五―四〇―一―一。
(17)　五―四〇―一―二。
(18)　五―四〇―二。
(19)　このⓐⓑについては、信濃国では遠隔地に対する貸付の場合には同様の事例が確認できる。松代藩御用商人八田家が文政八年佐久郡中小田切村の者に三〇〇両の貸付をおこなった際には、別に小作人を設定した小作証文を出させている（『長野県史』史料編第二巻一〈一九七八年〉、一六四・一六五番）。
(20)　このような形態を、更級家がどのように「生み出した」のかは重要な点であるが、手掛かりは摑めていない。ただ、更級家文書の中に更級蔵書と記して「公事方　豊目賀喜《とめがき》」の写本がある（五―二六）。事例は享保、元文期のもので、質地金融などの出訴裁許例が中心である。その中に「七年賦済崩日限」として返済が滞った相手と取り交わした証文例が最も近い例になる。残念ながら写本時期は不明である。
(21)　一三―一―五。
(22)　四―八―一―一。
(23)　九―五―二一。
(24)　三―一―一―一―一・二。
(25)　五―七五―二。
(26)　鶴巻孝雄『近代化と伝統的民衆世界』（東京大学出版会、一九九二年）など。
(27)　九―二―七。
(28)　この四一人に、質地出入で内済となったものが含まれている可能性もある。
(29)　一―三―一七―二。この時の裁許内容は、欠落や死失の者も相手に含まれていることと、まだ在地において掛合を充分にしていないとの理由で退けられた。勘定奉行は石川忠房であった。

(30) 九―二―七。

(31) 一―三―一七―五。この時の勘定奉行は曾我豊後守であった。

(32) 文政三年一二月、中之条代官所への梶海渡村との破談届には「筑摩郡蟻ヶ崎村外弐拾壱ヶ村作徳滞候ニ付松本藩役場へ御掛合被成下候処」とある(五―六六―三)。

(33) ここで訴訟の対象になっているものは、文政三年に出訴にいたったものとは別のものがほとんどである。一部、同年の出訴で「不残皆済」となったものが含まれている可能性があるが、詳細は不明である。

(34) 五―二七。立入人は三溝村庄屋百瀬九兵衛、新井村庄屋条右衛門と「御城下町」与兵衛であった。

(35) 高柳真三、石井良助編『御触書天保集成』(岩波書店、一九五八年)四九七〇番。

(36) 嘉永六年一〇月に当時の当主久右衛門(元忠蔵)が亡父久右衛門の献金内容を述べた書付に「弘化元辰年中　御本丸御炎焼之節ハ貸金相対済被　仰出有之候処、借主共銘々不実申募り一向ニ不致済方、右ニ付私身上忽半減相成候」(一五―二―一三)とある(弘化元辰は間違いであろう)。第3項で検討する高田藩領分と同預所にしか天保一五年以降の金融関連史料は残されておらず、これ以外のものはすべて返済がなされなかったのであろう。また、同史料中で「只今ニ而ハ貸金等ハ相止メ」と述べている。

(37) 九―一―八―三(天保九戌五月　御吟味扣)。以降、本項での記述は特にことわらない限り同史料による。

(38) 村上直・馬場憲一編『江戸幕府勘定所史料――会計便覧――』(吉川弘文館、一九八六年)の天保一〇年発行のものによると、深谷遠江守は公事方担当で五〇〇石、豊田栄次郎は御勘定で評定所組頭助となっている。

(39) この吟味の過程で、豊田栄次郎は更級家の貸付方法について「又其方之貸方も立羽之貸付でもなし、売薬之様ニ引札致し、かゝる者有バとの様の者へでも貸付たから此様差滞タ、一躰ハ不埒之貸付ダ」「多門ハ金貸スニ桑葉を買を見る様ニヤタラニ引札同前ニ大切之金子を借てサイ有レバ能ク穿鑿もセずニ貸付る」と批判している。更級家の貸付方法が、相手との人格的関係を前提とせず、引札を配って広告し、相手がどのような者でも証文を結んで契約していたことを表しており、興味深い。この点は終章で再度検討したい。

(40) 「御吟味扣」では、同年一一月の記事がなく、ここでは内済証文(四―一―六)によった。相手は、四ッ屋村・佐喜次郎、猪ノ山・茂右衛門、谷内林・次郎右衛門、藤塚・徳十郎、猪ノ山・幸八、長森・五次右衛門［二分二朱］、同・清兵衛［三分］、志・由兵衛［三分］、福田新田・七郎右衛門［二分］、中・藤七、藤塚・喜平次○、新井・七郎右衛門［二分二朱］、有間川・七左衛門、丹原・亀吉、同・源七、今泉・要吉、脇野田・弥惣右衛門である。惣代（○印）は藤塚・喜平次以外に四ッ屋・伊右衛門、脇野田・弥兵衛、有間川・孫四郎の計四人である。［　］内は当金の額である。

(41) 相対済令自体は、江戸の留守居日記、国許の藩日記に記されている（上越市立高田図書館所蔵『榊原家文書』日記。なお、同史料は国文学研究資料館のマイクロフィルム版によった）。

(42) 四―一―三など。

(43) 九―二―一八、三―一―五。

(44) 以下、保高町村および小川家に関する記述はすべて、熊井保「近世後期における農村金融――信濃安曇郡保高町村小川家の場合――」（津田秀夫編『解体期の農村社会と支配』校倉書房、一九七八年）によった。

(45) 近隣地域…居村、隣村ⓐ（居村と村境を接する村）、隣村ⓑ（隣村ⓐと村境を接する村）、隣村ⓒ（隣村ⓑと村境を接する村）。遠隔地域…同国内で近隣地域以外の村。第一章四八頁による。なお、畿内における地域金融圏、近隣地域を分析した指標を用いた結果、保高町村からの隣村ⓑまでの範囲はおおむね半径四キロとなり、隣村ⓒまではおおむね半径六キロである。畿内の距離設定（第一章註27、九三頁）とは一・五倍程度の違いが生じる。どのような分析指標が、より適切であるのかは、今後、畿内以外の地域金融圏の内実を深めていく中での検討課題としたい。

(46) 地域金融圏については、第一章五六頁による。本章では、小川家の金融活動が貸付相手である豪農の経営や村の成り立ちに必要不可欠な要素であった、とする条件面の検証は不十分であるが、比較検討の範囲として用いた。

(47) 前掲註(44)熊井論文によると、天保七年時点では一〇両以上の高額貸付者として、「等々力町村大黒屋源十（三〇両）・同村和泉屋次郎吉（七五両）・同村近江屋井口氏（二二両・三二両三分・三〇両・二五両）・等々力村酒屋等々力太郎左衛門（八〇両・三〇両）・同村庄屋茂重郎（二〇両）・橋爪村庄屋弥右衛門（一一両）・白金村庄屋忠蔵（一九両二分）・保高町村幸之丞（五〇両二分二朱）などであり、商人・村役人が中心である」とされている。更級家の貸付相手は、質置人・地預りが連名で借りていることと、更級家の訴状を見る限り、相手方は村役人の肩書きが付いている者がそれほど多くはないことから、村内の中層程度の者にも貸し付けていたと考えている。この五～二〇両程度を借りている層については、今後も追究していきたい。

（48）　更級家の事例は、評定所の裁許とその内容を在地の側において曲解したことにより文政期を空費していることから特異ではあるものの、そのような状態が解消された天保期以降の返済過程をみても決して順調とはいえないことから、一定の普遍性を有していると考えている。

（49）　この点については、第一章註（2）渡辺編書において、ともに岡田家文書を分析した小松賢司および編者の渡辺尚志により、同地域の金融を取り巻く構造の特徴を指摘していただいたものである。私もこの考えに基本的に同意することにしたい。

（50）　熊井保「幕末期における農村金融――信濃安曇郡保高町村の場合――」（『信濃』三二巻二号、一九八〇年）。

〔附記〕　本稿作成にあたっては、文書所蔵者の更級健一郎氏と、同氏をご紹介いただいた降幡浩樹氏（長野市立博物館、当時）、長野市立博物館、長野市史編纂室（当時、現在は長野市公文書館）に大変お世話になった。また、目録作成にあたっては、渡辺尚志先生と一橋大学歴史共同研究室にご高配をたまわり、小酒井大悟氏、島田佳香氏、山田耕太氏にお手伝いいただいた。記して御礼申し上げます。

終　章　本書の総括と今後の課題

一　各章の内容の整理

第一部第一章から第四章では、河内国丹南郡岡村の豪農岡田家と同郡伊賀村西山家の経営分析を、金融活動を中心におこなった。

第一章で扱った岡田家は、幕末には所持高一〇〇石を超える中核的豪農であり、その金融活動は数郡に及ぶ。そのなかでも隣々村（隣村ⓑ）までの範囲を地域金融圏と設定し、貸付相手である一般豪農と恒常的な金融関係を結んでいたと定義し、この金融関係の本質が貸付相手の経営の維持、村の成り立ちに必要不可欠であったと、その返済期間の分析から想定した。また領主貸を岡田家の経営の重要な要素として、都市両替商との関係を恒常的な関係ではあったがその経営に占める位置は限定的であった、とした。そして、岡田家のような地域金融圏で中核的な位置を占める豪農を中核的豪農、その貸付を受ける豪農を一般豪農と概念設定し、幕末期の畿内はこのような中核的豪農が群立している状況であった、と論じた。

第二章は、第一章を受けて岡田家の近代における金融活動の分析を明治三四年までおこなった。岡田家の金融活動は明治一五年には停滞期に入っていくこと、その停滞は明治政府の私的所有権確立政策を基因とするものであり、証文内容どおりの返済と返済期間の短縮化により、全体の金融規模は縮小していくことを実証した。また明治二七年に岡田家が開業する岡田銀行（個人銀行）は、そのような低迷状況の打開と位置づけられること、同銀行の経営も近代以降の変容の延長上に位置づけられることを論じた。

第三章では、岡田家の地域金融圏内（隣々村・隣村ⓑ）にある伊賀村西山家の天保後期以降の経営と地域状況を分析した。同家の金融活動の分析からは、岡田家と同様の利子取得を目的とする金融活動を半ばはおこないながらも、幕末に向かうにつれ同家の小作人への貸付と村内小前層への貸付が増加することを明らかにした。西山家は岡田家からも貸付を受けていた。第一章の分析で課題として残されていた、岡田家の貸付を受けた一般豪農がそれをどのように生かしたのか、といった点を明らかにした。この分析から、岡田家の金融活動は、一般豪農を通じて村内小前層の成り立ちにも役立っていたことが裏付けられた。また、地主経営の分析では、西山家の小作経営は未進額の減少を企図して小作人一人あたりの宛口高増大を図ったが、最幕末にはそれがいき詰まりをみせていたことを明らかにした。

第四章では、幕末期の岡田家と岡村の状況を、棉作から米作への転換、豪農層の小前層への対応を中心に分析した。幕末期の河内国では、棉作から米作への転換が進み、村の多くの者は米作をおこなっていた。そして、米・棉作の作付け慣行の変容と、用水議定の制定、用水量の増大への取り組み、町場化の現状への対応など、これまで明らかになっていなかった豪農・村役人層の対応を明らかにした。米作への転換により、幕末期の河内国の農村では米不足に陥る可能性が低く、このことが富田林村などで起きる世直し状況が広がらなかった重要な要因であると指摘した。第三章での分析とあわせ、世直し状況論を相対化するための一つの方法論として提起したい。

補論では、岡田家文書のなかに残されていた「武鑑」「在方本」というべき書物が、領主層への訴願などをおこなう豪農・村役人層の需要と合致していたことを明らかにした。そして、彼らが取り結ぶ社会関係との対応関係を検討した。領主と農民の支配関係は、文書による支配がなされていたというのが近世史研究の常識ではあるが、その中においても書物によって情報を媒介する領域が着々と築かれ、それが中小の本屋の経営努力によって担われていたことを指摘した。

＊

第二部第五章と第六章では、支配が錯綜する信濃国の地域的特質と領民生活の成り立ちとの関係について、そして信濃国更級郡今里村の豪農更級家の金融活動を、安曇郡保高町村小川家の事例も加えて、分析した。

第五章では幕藩関係について、在地からの訴願や要求への対処をどのようにおこなうのか、といった観点から分析をした。その際に支配機構内の階層と対応をつまびらかにすることと、在地とのやりとりに留意し、二つのルート（「正式」と「内々」）による重層的なやりとりが不可欠であったことを明らかにした。このことは、藩と代官所が、お互いの領民の農業経営の維持、金融の維持に密接に協力していたことを意味している。第六章で領主権力の裁許を最重要視していた更級家のような豪農が出てくるのは決して特異なことではなく、領主権力の対応まで折り込んで地域の課題を解決する能力を村の側で身につけていたことが背景にあったからである、といえるだろう。

第六章では、更級家の「個性的」な広域金融活動の実態を明らかにした。信濃国内七郡と越後国頸城郡にまで展開したその活動は、文化期に地域において高額な金融貸付が不足する状況において展開していたものであった。そして、更級家の貸付は証文主義の徹底と藩や幕府による裁許を特に重視していることを明らかにした。このような金融活動は、領主権力による裁許を契機としなければその返済はほとんど進まず、金融業としては失敗に終わったといえよう。また、先行研究によりながら、安曇郡の豪農金融が、畿内より規模は劣るものの天保期から畿内と類似の発展経過をたどりつつあったことを指摘した。

二　研究史上の意義と今後の課題

まずは、地域社会論に関して、本書の研究史上の意義を述べたい。第一部の岡村岡田家と伊賀村西山家の経営分析の結果からは、中核的豪農と一般豪農の関係、特に中核的豪農の間接的な地域における役割が明らかになった。この点は、岩田浩太郎の大規模豪農による地域編成を強調した研究成果と対照的である。すでに岩田の研究に対しては中小豪農の立場に立った分析が必要である、との批判がなされているが、本論文の成果はこの大規模豪農（中核的豪農）の経営を分析したうえで、中小豪農（一般豪農）への影響の内容（小作地経営の補完・村内小前層への貸付）をも明らかにした、といえよう。また、領主・都市との関係の経営への影響をも含んで分析した点で、中核的豪農の金融活動全体を明らかにした成果と言いうる。

このような大規模豪農の経営分析の手法として、まずは編成よりも圏としてその影響範囲を確定し、その影響を受ける中小豪農の経営分析をもおこなう方法の必要を序章において述べた。この方法論の有効性についても、金融活動という限られた経営部門においてではあるが実証できたと考えている。このことを、より明確にするために、図1を作成した。点線部分が、岩田が主な分析対象とした範囲を表し、実線部分が、筆者が対象とした範囲である（なお、岡田家においては、村内小前層との関係が金融活動においては稀薄である、ということを明らかにした点では、居村の小前層との関係も明らかにしたと言いうる、図1では網掛けの部分）。地域社会論における分析範囲は、豪農を対象とするばかりではなく、居村の小前層との関係を明らかに

図1　本書で明らかにした範囲

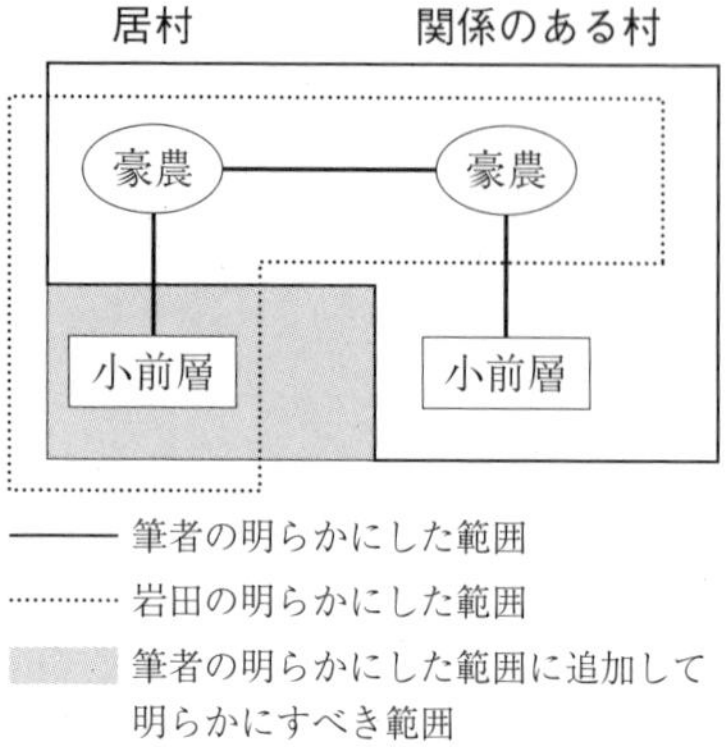

する必要があるのはいわずもがなであるが、中核的豪農の場合でも、その影響が地域の他の一般豪農に及んでいるのならば、他の一般豪農が取り結んだ小前層との関係も包み込んで分析しなければ、地域社会論の方法としては不十分である、といえよう。

今後は、地域金融圏に類するような中核的豪農を基軸にした経済圏を主要な経営部門ごとに設定し、それを重層的に積み重ねて地域経済圏として概念設定し、もって政治的枠組・政治的役割との関係を分析していく方法論を提唱したい。政治的役割の分析をすでにおこなっている点で、岩田・常松隆嗣の先行研究は筆者の成果より優れている。地域社会における政治的役割の分析については、渡辺尚志から「地域政治史」の方法が提唱されている(1)。地域経済圏の分析と地域政治史の分析をあわせおこなうこと、つまり、地域の生産・成り立ちの状況を中核的豪農と一般豪農双方の経営状況から明らかにして、社会変容をもたらす最も深い地平の分析を十分したうえで政治的活動への規定性・関連性を明らかにしていく姿勢である。

また、このような中核的豪農が存在しない地域、つまり一般豪農が併存している地域もあるだろう。その場合は、その存在しないこと自体が地域の特質として重要な論点になってくる。そして、このような分析を積み重ねていくことにより、地域社会論の総合化も視野に入ってくるものと考えている。

第六章では、信濃国安曇郡の先行研究事例をとりあげた。これによると、信濃国でも畿内からかなり遅れはするものの、天保期には地域金融圏的なものが生成しつつある。このような地域金融圏の成長は、文政二年からの幕府の改鋳（悪鋳）政策が在地社会に影響を及ぼしていった結果である可能性がある。従来、この改鋳の影響は、数量経済史による在地社会の前工業化社会への発展と万延元年の物価上昇をもたらしたと論じられてきた(2)。しかしながら、本論文のような分析を広汎に積み重ねていけば、幕府の改鋳政策の地域での階層ごとへの影響度合いを論じることが可能になってくるだろう。つまり、国家レベルの経済政策が列島内の各地域社会にどのように影響を与えたのか、を論じうるということである。現在、地域社会論の次なる展開として、藩地域論・藩世界論・藩社会論[3]が活況を呈している。さらにその上位の国家による規定性の分析という点でも、地域金融圏の分析は可能性を持っている。

＊

次に、豪農論、特に金融論について考えていきたい。大塚英二の高利貸しと融通の区分[4]で岡田家（第一章）の金融活動を位置づけるとすると、利子取得を主目的とする点では高利貸しに分類されるが、その利子取得が相手豪農の経営の維持と村内小前層への貸付に使用されていることからは、むしろ融通に近いものといえる。この点は、同じく岡田家の金融活動を論じた佐々木潤之介も「地域の生産活動を保証する」としながらも「高利貸し」と呼称していることから、その位置づけに戸惑いをもっていたことを感じさせる。[5]大塚は福山昭の畿内豪農同士の預け金の事例について高利貸しと位置づけていることから、岡田家の事例も同様と考えていたとしていいだろう。[6]

しかし一方で、このような二区分では、近世の金融活動全体をうまく性格づけることはできない。この点で問題なのは、大塚が高利貸しを非人格的関係、融通を人格的関係と区分していることである。第一章の分析では、中核的豪農・岡田家が近隣の豪農に貸付をする際には、知り合いの豪農の紹介という形をとっていた。一方で、第六章の更級家の他郡への貸付方法は、吟味した評定所役人により「引札のように他村を回っている」と批判されている。奈良の寺社名目金の貸付について、岡田家も同様の批判をしている。[7]筆者はむしろ、岡田家の「信用」による貸付や、岩田が明らかにしたように焦げ付きを訴訟によっても取り戻せない貸付の事例などこそ、高利貸しと融通の間にある「近世的貸付」として区分する必要を提起したい。そして、近世社会において非人格的関係にある貸付は、基本的には居村以外に展開する、間に人格的関係を媒介としない、一見に近い形で金融関係が開始される場合に限られる、極めて狭い範囲でしか存在しなかった。これが、近代的な私的所有権確立後の金

図２　社会の存立の４つの形式

共同態：「ゲマインシャフト」　人格的な関係 personal
社会態：「ゲゼルシャフト」　脱人格的な関係 impersonal

意思的：自由な意思による関係　voluntary
意思以前的：意思以前的な関係　pre-voluntary

出典：見田宗介『社会学入門』（岩波書店、2006年）18頁。

融関係につながるものである。そして、近世的貸付と融通の部分が、近代社会への転換に際して変質・縮小していくのである。

この点をより理論的に考えるために、社会学の見田宗介の「社会の存立の４つの形式」を参考にしたい[8]。見田は、社会の存立形式を考える軸として、人格的関係か否か、自由な意思による関係か、それ以前的な関係によるかを設ける。その結果得られる社会の四つの形式は、共同体・集列体・連合体・交響体である（図２）。共同体は、伝統的な家族共同体、氏族共同体、村落共同体のように、個々人がその自由な選択意思による以前に、「宿命的」な存在として、全人格的に結ばれ合っている、という形で存立する社会。集列体は、市場における個々人の「私的」な利害の追求にもとづく行為の競合が、どの当事者の意思からも独立した、客観的な「市場法則」（価格変動、景気変動等々）を貫徹せしめてしまうという場合のように、個々人の自由な選択意思がたがいにせめぎ合い干渉し合うことの帰結として、どの当事者にとっても疎遠な、（「物象化」された）「社会法則」を、客観的＝対象的 objective に、存立せしめてしまう、という仕方で存立する社会である。連合体は、「会社」とか「協会」とか「団体」等々のように、個々人がたがいに自由な意思によって、特定の、限定された利害や関心の共通性、相補性等々によって結ばれた社会である。交響体については、本書では必要ないので、省略する。

見田の理論で特徴的なのは、近代社会以前でも、共同体を取り巻く集列体の役割を重視していることである。

私は、村落共同体以外の、それを取り巻く社会関係を理論的に考えるうえで、見田の理論を参考にしたい。本書で明らかにしたような、「近世的貸付」は、人格的関係に裏打ちされながらも、なお近世社会独自のものとして、見田のいうところでは共同体と集列体の中間にあるものとして考えたい。そして、更級家や寺社名目金の貸付（高利貸し）は、双方の自由意思による貸付として連合体に位置づくものである。

ただし、高利貸しと区分される更級家の金融活動が、地域における高額金融が不足がちな状況で展開されていたことをまずは押さえておく必要がある。そして、この金融活動は在地の慣行に根ざさずに、証文主義の徹底と幕府・藩の裁許に依存したものであったため、成功したとは評価できないものであった。そしてこの二つの特徴は、近代の私的所有権確立後の金融内容の特徴を先取りするものであった。生産力的には畿内に劣る信濃国では、広域金融を展開していく慣行が未成熟であった。そのような困難な状況が逆に近代を先取りするような金融活動を創出していたこと、この点は先進・後進といった枠組みにとらわれずに地域の特質を分析していく観点からも重要である。

＊

さて、第一部の分析からは、世直し状況論への対論を構築していくうえで、地域の状況に立脚した立論が不可欠であり、その結果、世直し状況への別の評価も可能ではないかと思える。河内国においては、豪農の手元に溜まった膨大な貨幣資産は、産業資本と結びつかないという歴史的段階に規定され、多くは近隣の豪農へ貸し出され、それが小前層へ貸し付けられた。場合によっては、大名権力と結びつき「紙幣」流通量の増加までも担った。一方、実物経済の環境変化に対しては、米作の価格優位性という市場構造の変化に対応すべく、村役人として積極的に対応し、村内全体の「経営基盤」強化にも努めた。この点を敷衍すると、お金を借りることはすなわち貧しさとは必ずしもつながらない。また、小作人化することも、必ずしも生活の危機につながるわけではない。小前層も価格優位性に対応して、自らの経営課題に対処していたのであり、階層分化（半プロの形成）→幕末期の危機→世直し状況、といった側面は河内国においても看取できるが、むしろここでの分析結果からは、そのような事態の深化を阻止する要因にこそ、幕末期の歴史的な社会状況をより一層明らかにする手がかりがあるのではないか、と考えられるのである。

＊

以上、地域社会論、豪農論（金融論）、世直し状況論との関係において、本書の成果を対置してきた。これらの点をまとめると、近世社会の「厚み」をどのように考えるのか、ということになろう。筆者は別に、渡辺の豪農類型論の提起とその展開が、近世社会を考える上で価値観の転換を図るものではないか、と論じたことがある(9)。すなわち、豪農類型論の尺度が近世社会を図る価値基準たり得るのではないか、ということであった。筆者の豪農と小前層との関係を、地域社会論でも最重要視するという点は渡辺の考え方に学んだものであるが、そのことをより自覚的に今後研究を進めていくためには、図1で示した実線部分に網掛けの部分を併せ、居村・関係のある村全体の分析と、図2の集列体の領域こそ、近世社会の独自の研究対象として追究していくべきものである。その点で「公共性派」の理論的依拠である、ハーバマスの公共性論は、見田のいう連合体を淵源とする理論である(10)。組合村は基本的には、近隣村々が地縁的に連合したものであるから、共同体と集列体の間に位置するものである。したがって、組合村の分析も、近代につながる公共性という観点から分析するのではなく、村や村の小前層を村の外から支える仕組みと位置づけるのが正しい。

＊

名望家論については、近代になってからの豪農の政治活動への取組という点で、岡田家の近代での政治活動への消極性（第二章）は、特徴的である。序章で検討したように、経営規模と政治活動が比例するというのが筒井正夫・岩田の所説であった。これに対して常松は近世時点での政治への姿勢が近代の名望家の態度に影響する、と主張している。

著者が別に検討した、東京府西多摩郡成木村の川口昌蔵の事例に則してみると、近代になっての政治活動は、府官僚との信頼関係、府会議員との間の調整、組・大字を単位とする村落共同体や土木請負業との利害調整など、膨大な労力とリスクを伴うものであった。とすると、経営規模の大きな者が政治活動に積極的であるか否かは、「意欲」や「個性」といった点も考慮しなければならない(11)。

この点を解明するためには、やはり地域政治での活動を「地域運営論」として論じられるように、同一地域で複数の名望家・中小地主の経営面と政治活動を掘り起こして分析していく必要があるだろう。その際には、近世の組合村以来の地域運営の蓄積との関係も含めて考察していくことが重要である。

そして、近代移行期論については、岡田家の近世・近代を通じた分析（第一章と第二章）によれば、中核的豪農の金融面での影響力が近代になると格段に弱体化していったことが明らかになった。岡田家の近世段階の金融の発展は、近世の特質に根ざしていたからこそそのものであり、近代社会になりその特質が失われるにつれ、衰退していったのである。いうまでもないことだが、近世から近代への移行は、必ずしも単線的発展ではないのである。

これまでの負債農民騒擾の分析では、無年季的質地請戻し慣行の問題が関東・東山地域を中心にして論じられてきた。畿内においては、豪農間の金融規模の縮小が、地域の小前層にどのような影響を与えているのか、という点が次に重要になってくる。本論文では果たせなかったが、伊賀村西山家の近代における金融活動の分析により、その点が明らかになってくると考えており、次の課題としたい。見田の「社会の存立の4つの形式」に則って考えるならば、岡田家の金融の衰退は、共同体や集列体が連合体に移行していく過程と位置づけることができよう。

＊

以上をまとめれば、中核的豪農・一般豪農双方の経営分析を近世・近代を通じておこなうことを土台とし、その経営動向・地域経済の状況と地域政治の課題を、経済領域と政治的支配領域のズレにも留意しながら明らかにしていく、一九世紀地域社会論の構想、といえるだろう。地域経済圏の分析から地域政治史との接点を見いだす構想、ともいえよう。世直し状況論への対論構築のところで論じたように、地域ごとの経済状況の特徴、構造的要因も含み込みながら、このような分析を積み重ねていかねばならない。本書で明らかにできたのは、その方法論の有効性を確認しながら前進するための一部に過ぎないが、この構想に則って今後の課題を果たし、全体構造の構築につなげたい。その際に重要なのは、共同体から連合体への移行という考え方ではなく、近世社会特有の集列体の領域の解明を意図することである。

（1）渡辺尚志編『近世地域社会論』（岩田書院、一九九九年）。
（2）新保博『近世の物価と経済発展』（東京経済新報社、一九七八年）。山崎隆三『近世物価史研究』（塙書房、一九八三年）。
（3）渡辺尚志編『藩地域の構造と変容』（岩田書院、二〇〇五年）、岡山藩研究会編『藩世界の意識と関係』（岩田書院、二〇〇〇年）、岸野俊彦編『尾張藩社会の総合研究』（清文堂出版、二〇〇一年）ほか。
（4）大塚英二『日本近世農村金融史の研究』（校倉書房、一九九六年）第五章。なお本書序章も参照されたい。
（5）佐々木潤之介「幕末期河内の豪農」（『幕末社会の展開』岩波書店、一九九三年）。
（6）福山昭『近世農村金融の構造』（雄山閣出版、一九七五年）。
（7）岡田家文書A―三―八―一。全文は以下のとおりである。

乍恐口上　　　　　　　河州丹南郡丹北郡古市郡村々

一今般融通方として宮家其外諸寺院御修復手當金銀且祠堂金銀之名目を以御貸下ケ相成候義者、先年者及承候得共在方ニ而者右様之義金銀恩借仕候義之無数仕、近年所々御貸附役所出来候ニ付而者手次世話方人之中ニハ不実之致方御座候而分限不相應之金銀を借請、尤借入之砌者利足下歩之様ニ御座候得共入用等多分相掛り終ニハ過分之滞銀ニ相成返済之砌難渋之次第申歎キ候得共堅く御取用無之、先祖　持来り候田畑建屋敷取渡候及始末歎敷奉存候、勿論是迠末々百姓共江申諭し置候得共、近頃ニおゐてハ[redacted]手段を以[redacted]申談し印形相違之以廉も不取調ニ而貸し借返済之砌ハ厳敷御取立ニ相成皆済迠ハ右御役所江御引附ニ相成誠ニ以及難渋、夫故潰百姓出来歎ヶ敷奉存候、何卒御上様之御憐愍ヲ以向後末々百姓必至難渋之者者村役人共　如何様共助合仕其上下方ニ而助方難及候節者　御支配御役所被奉申上奉蒙御指図百姓取続為致方奉存候間、何卒右之趣可相成義ニ御座候得ハ、其筋々江も此段被為仰立被成下右躰之始末不相成様之御賢恵（慮）之程乍恐御願奉申上候、右御聞済被為　成下候ハヽ、村々一同難有奉存候、以上

右村々惣代　誉田村定助、田井城村龍蔵、岡村伊左衛門
平尾村藤右衛門、野中村猪十郎

嘉永弐酉年六月廿三日

鈴木町御役所

ここでは、手次世話方人の不実と、裁判の際の南都役所への長期の留め置きが批判としてあげられている。証文手数料の不実・証文通りの取立への批判も嘉永三年に比定される願書（A―三―八―三）で述べられている（証文は貸付額一貫匁なのに、貸付時に証文作成料として二〇〇匁を差し引き、実際に受けた貸付額は八〇〇匁であること）。これらは、すでに大和国で谷山正道が明らかにした寺社名目金への規制運動で指摘されている内容と同じである（「大和における名目銀貸付規制運動の展開」『近世民衆運動の展開』高科書店、一九九四年）。また、更級家の貸付とほとんど同様の特徴が見出せよう。

なお、三浦俊明『近世寺社名目金の史的研究』（吉川弘文館、一九八三年）によると、遊行寺の名目金貸付の取扱役を務めていた青木彦右衛門等は明治一〇年に株式組織に基づく近代的高利貸金融機関の株主へと転身を図った、とのことである。困民党などと対峙する金貸会社など過酷な債主と取扱に入るような村々の名望家・豪農層とは、近代的価値観の受容という点では共通しているものの、負債者の立場に理解を示すかどうか、という点で近世における態度はかなり異なっている。この金貸会社の源流を近世において探り当てることは重要な課題と考えており、三浦の明らかにしている事例はその一つであろう。

（8）見田宗介「交響圏とルール圏」（『岩波講座現代社会学　26　社会構想の社会学』（岩波書店、一九九六年）一五九〜一六三頁。同『社会学入門』（岩波書店、二〇〇六年）も参照。

（9）拙稿「豪農類型論から近世社会を考える」（渡辺尚志『村からみた近世』校倉書房、二〇一〇年）。

（10）序章で「公共性派」と整理している久留島浩・藪田貫・平川新らのなかで、その理論的依拠を述べているのは、管見の限り藪田だけである。藪田は、吉田伸之が「権力」を議論の中心に据えることを批判し、「私などの依拠する公共性は、現実の地域社会の動向、さらにハーバーマスの著作などにも刺激を受けながら、やっと歴史学のなかで議論されはじめた新参者」と述べている（「近世の地域社会と国家をどうとらえるのか」『歴史の理論と教育』一〇五号、一九九九年、のち、同『近世大坂の史的研究』清文堂出版、二〇〇五年、第六章に再録）。近世史研究をおこなううえで、何らかの理論的枠組みを参照した場合、その依拠した理論を明示することは重要である。その点で、藪田のこの姿勢を評価したい。

（11）拙稿「吹上隧道開通運動と川口昌蔵――積極主義下の地域状況と名望家の要件――」（渡辺尚志編著『近代移行期の名望家と地域・国家』名著出版、二〇〇六年）。

〔初出一覧〕

序　章　本書の課題と構成

第Ⅰ部　一九世紀の畿内における豪農経営と地域社会状況

第一章　近世後期の畿内における豪農金融の展開と地域（渡辺尚志編『畿内の豪農経営と地域社会』思文閣出版、二〇〇八年）

第二章　畿内の無担保貸付への私的所有権確立の影響（渡辺尚志編『畿内の豪農経営と地域社会』思文閣出版、二〇〇八年の副題を表題へと変更したもの）

第三章　地域金融圏における地域経済維持の構造――中核的豪農と一般豪農の関係分析を中心に――（新稿）

第四章　幕末期河内の地域社会状況――棉作から米作への転換と慶応期の社会状況の関係――（新稿）

補　論　大坂本屋・正本屋利兵衛の「武鑑」「在方本」の出版活動（『書物・出版と社会変容』第六号、二〇〇九年）

第Ⅱ部　信州における近世後期の金融活動

第五章　文化・文政期の松代藩と代官所役人の関係（渡辺尚志編『藩地域の構造と変容』岩田書院、二〇〇五年）

第六章　近世後期の信濃国・越後国における豪農の広域金融活動――更級郡今里村更級家を事例に――（『信濃』六二巻一一号、二〇一〇年・六三巻二号、二〇一一年）

終　章　本書の総括と今後の課題

※序章・第一章〜第三章・第五章・第六章・終章は、一橋大学大学院社会学研究科に提出した課程博士論文「一九世紀の豪農・名望家と地域社会」（二〇〇八年六月三〇日学位授与）を一部改稿したものである。論文審査委員を務めてくださった渡辺尚志、若尾政希、田崎宣義、森武麿の各先生に深く感謝申し上げます。

あとがき

本書ができるにあたって、その経緯とお世話になった方々へのお礼を述べておきたい。

北九州の進学校で高校時代を過ごした私は、両親が東京の大学を卒業していたこともあり、地元で進学する同級生も多い中、一橋大学社会学部に入学することになった。

一橋大学には、一・二年生でも履修可能な前期ゼミナールという恵まれた制度があり、一年生のときに日本近代史の田﨑宣義先生の「本を読む」というゼミナールを受講した。『自由からの逃走』『タテ社会の人間関係』といった、社会科学に関する本を正確に読むという目的の授業は、受験勉強に倦んだ私にとってはとても新鮮だったことを憶えている。三・四年では、政治学の加藤哲郎先生のゼミナールに入れていただいた。世界的に反体制運動が起こった一九六八年という共通テーマの討論や、文献輪読、卒業論文作成の過程は、体育会の活動にいそしんだ大学生活を送った私にとっても、大きな財産を残してくれた。この時に、本をきちんと批判的に読む、という力を身につけられていなければ、現在の私はなかったと思う。後に、大学院に復学した際にも、変わらず暖かく接してくださったお二人にはとても感謝している。

実社会をきちんと知りたいという、いま思うと漫然とした生意気な動機から、九州旅客鉄道株式会社に就職した。国鉄の民営化から七回目の採用であったことから、年齢的には不相応な大きな仕事も任せていただいた。五年七か月のサラリーマン生活であったが、多くを鉄道事業本部営業本部企画部運賃制度係で勤務した。JR他社や旧運輸省の出先機関、運賃の清算部門や他部署とのやりとりなど、一生勤務するという前提での親心のような扱いも多く受けていたのだと強く思ったのは、退職してしばらくたってのことであった。直属の上司であった下村裕担当課長と、福嶋和彦副課長（当時）をはじめ、お世話になった方々に深くお礼を申し上げたい。

もう一度勉強したいと強く思うようになり、一橋大学大学院社会学研究科修士課程の渡辺尚志先生のゼミナールにお世話になることになった。先生は、村落共同体のお仕事を土台に、地域社会論、藩地域論、農村と都市の関係、裁判のあり方、災害史といった幅広い分野に積極的に自身のお仕事を拡げられている。私が修士課程から博士課程にかけて在籍した時期は、エネルギッシュにお仕事を展開されていく時期であり、そのような過程を学生として見ることができたのは幸せなことであった。先生から学んだ一番大きなことは「学問に対する厳しさ」である。日々身を以てそれを体現されている先生のもとで研究活動ができることは、本当にありがたいことで感謝している。

同じく大学院では、若尾政希先生のゼミナールで学ぶことができた。思想史の世界に書物研究という新しい分野を切り拓かれた先生からは、「問いを立てる」ことの重要性を学んだ。ゼミナールに入れていただいたのは一年間であったが、研究会やさまざまな機会に、今も多くのことを学んでいる。お二人のゼミナールで学ぶなかで、糟谷幸裕さん、小酒井大悟さんをはじめ、メンバーの方々には本当にお世話になった。その時の議論なくしては、本書のような形は望むべくもなかったと思う。

博士課程を修了するのと前後して、一橋大学附属図書館学術・企画主担当で、大塚金之助関係資料の整理をおこなう仕事に就くことができた。大塚金之助とは、アジア・太平洋戦争中に一橋大学を逐われ、戦後復学した当時のカリスマ的な大学教授である。昭和史は専門ではないが、書簡や講義ノートなどの一次史料は圧倒的な力で迫ってくるものがあった。また、勤務時間の前後に、貴重資料である岡田家文書の閲覧で館員の方々に毎日お手間をお掛けした。ライブラリアン、という一職業を間近に見ることができたのは、とても勉強になった。大学院の同期でもある専門助手の杉岳志さんをはじめ、皆さんには本当に感謝している。

現在勤務しているすみだ郷土文化資料館は、地域資料の収集、展示、調査、研究を目的とする地域博物館である。墨田区は震災と戦災で多くの方々が亡くなった痛ましい場所でもあるが、その中で地域の歴史を発掘し、位置付けていく仕事はとても重要でやりがいがある。望月邦彦館長、田中禎昭専門員（学芸員）をはじめ、館員の方々には日々お世話になっている。また、本書刊行に際しては、思文閣出版の田中峰人さんにいろいろとご配慮いただいた。厚くお礼申し上げたい。

最後に私事で恐縮だが、妻と二人の娘、妻の両親、私の姉と弟の日々の愛情に感謝したい。そして、二〇〇五年に亡くなった父と、育ててくれた母に本書を捧げることをお許しいただきたい。

二〇一二年七月　ふじみ野市福岡にて

福澤徹三

索　引

1：本書中の事項、人名、地名のうち、主なものを採録した。頻出するものは、節および項の冒頭のみ採録したものがある。
2：図表で一覧できるものは、除いたものがある。
3：研究者名は別に掲げた。

【事項・人名・地名】

く

こ

さ

し

【研究者名】

あ行

か行

さ行

た行

な行

は行

ま行

や行

ら行

わ行

◎著者略歴◎

福澤　徹三（ふくざわ・てつぞう）

1972年　福岡県に生まれる
2008年　一橋大学大学院社会学研究科博士後期課程修了
現　在　すみだ郷土文化資料館専門員，埼玉学園大学非常勤講師・博士(社会学)

〔主要論文〕
「農業雑誌の受容と実践」(『一橋論叢』134巻４号，2005年)
「吹上隧道開通運動と川口昌蔵」(渡辺尚志編著『近代移行期の名望家と地域・国家』名著出版，2006年)
「文化・文政期の松代藩の在方支配構造」(荒武賢一朗・渡辺尚志編『近世後期大名家の領政機構』岩田書院，2011年)

一九世紀《じゅうきゅうせいき》の豪農《ごうのう》・名望家《めいぼうか》と地域社会《ちいきしゃかい》

2012(平成24)年７月31日発行

定価：本体6,000円(税別)

著　者　福澤徹三
発行者　田中　大
発行所　株式会社　思文閣出版
〒605-0089　京都市東山区元町355
電話 075-751-1781(代表)

印　刷
製　本　株式会社 図書印刷 同朋舎

ISBN978-4-7842-1642-0　C3021